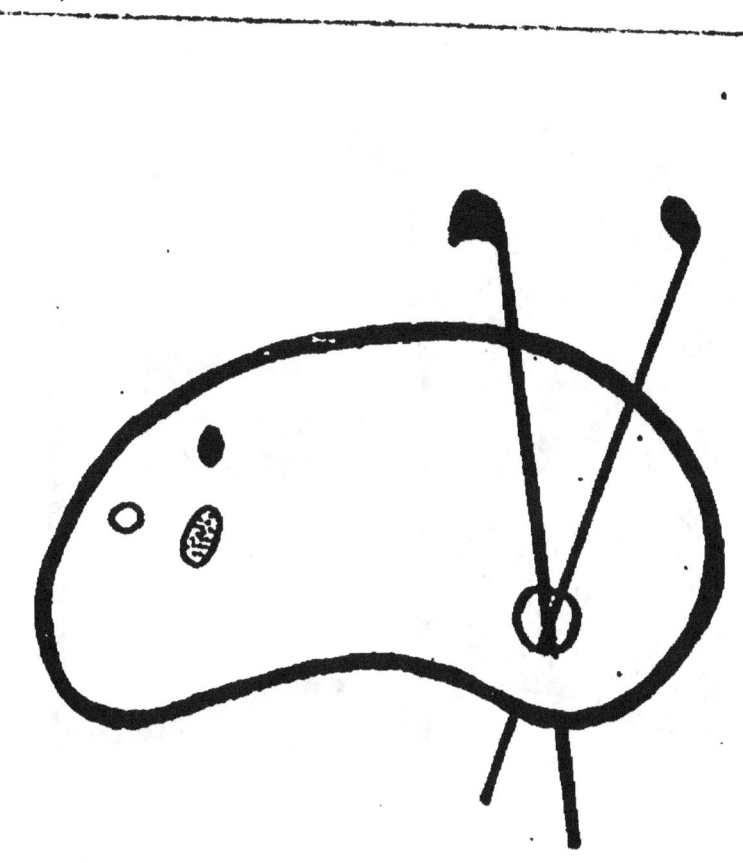

DEBUT D'UNE SERIE DE DOCUMENTS
EN COULEUR

Contraste insuffisant
NF Z 43-120-14

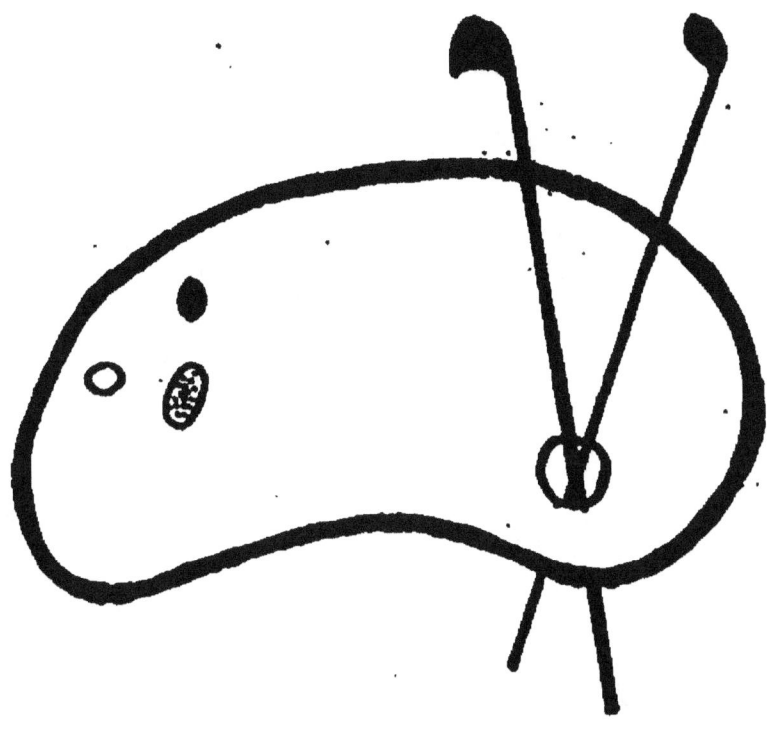

FIN D'UNE SERIE DE DOCUMENTS EN COULEUR

078

GUIDE PRATIQUE EN PAYS ARABE

GUIDE PRATIQUE

EN

PAYS ARABE

PAR

R. J. FRISCH
Capitaine au 106ᵉ Régiment d'Infanterie
Ancien officier des affaires arabes
d'Algérie et de Tunisie
Ancien officier topographe aux cartes
des deux pays

H. DAVID
Docteur en médecine
Médecin-major de deuxième classe
au 106ᵉ Régiment d'Infanterie
Breveté pour la langue arabe

BERGER-LEVRAULT ET Cⁱᵉ, LIBRAIRES-ÉDITEURS

PARIS | NANCY

5, RUE DES BEAUX-ARTS | 18, RUE DES GLACIS

1892

Tous droits réservés

PRÉFACE

Notre livre a pour but :

1° De présenter sous une forme concise à toute personne étrangère à la civilisation musulmane, un tableau de l'organisation sociale et administrative, un exposé des croyances, des mœurs, des coutumes, des conditions de l'existence, et les règles essentielles de la politesse et du savoir-vivre des Arabes ;

2° De mettre à la disposition des officiers, des fonctionnaires, des colons, des voyageurs, etc..., un manuel de renseignements et de données utiles basés sur l'expérience ;

3° De leur fournir un questionnaire et un vocabulaire pratiques ;

4° De conduire à l'étude de l'arabe parlé, en donnant les moyens de faire les premiers essais de conversation.

Notre but répond-il à un besoin ? Oui, sans conteste,

Au nord, possesseurs de l'Algérie et protecteurs de la Tunisie, établis au sud sur le vaste territoire de la côte occidentale, nous tenons les deux bouts d'un immense empire, dont le milieu, il est vrai, est encore à pénétrer.

Serait-il téméraire d'ajouter que nous sommes en Afrique la puissance européenne la plus solidement établie, la puissance qui a le plus fait pour avoir quelque raison de s'y croire chez elle ?

Nous avons donc des droits : le droit de conserver ce qui a été péniblement acquis, le droit de faire prévaloir notre influence. Mais ces droits, ne craignons pas de le dire, ne vont pas sans devoirs.

Nous avons des devoirs vis à vis de ces peuples qui n'ont pas demandé notre venue, de ces races qui, endormies de longs siècles, se réveillent à l'éclat de notre civilisation, flambeau trop vif pour elles ; nous leur devons de les conquérir par des procédés pacifiques, les seuls dignes d'une grande nation ; nous leur devons de les amener à se donner, au lieu de les prendre, de respecter leurs vieilles traditions, leurs mœurs, leur religion, jusqu'au jour où ils seront des nôtres.

Si donc il ne serait point digne de régner par la force brutale ; s'il serait injuste d'abolir d'un trait le long passé de ces peuples, il faut aller à eux pour les gagner à nous. Il faut savoir ce qu'ils ont été, ce qu'ils sont, ce qu'ils pensent, ce qu'ils croient ; et, pour savoir tout cela autrement que par l'inconsistante notion résultant de la seule lecture des livres, il faut connaître quelque chose de leur langue.

Dans quelle mesure convient-il de comprendre cette obligation ?

Nous ne pensons pas que dans les pays occupés par nous et vis à vis de notre langue et de notre civilisation, la langue arabe ait quelque avenir. D'après l'orientaliste Bresnier, appelé à professer à Alger, la langue arabe « peut être
« assimilée à ces antiques machines dont les
« rouages, disposés avec un art infini, sont tel-
« lement compliqués qu'ils absorbent la plus
« grande partie de la force motrice aux dépens
« du produit ».

A l'excessive difficulté de son étude, difficulté telle que le peuple arabe « semble passer sa vie à apprendre à lire dans sa langue, » se joint l'inaptitude à transmettre la plupart des idées modernes.

Mais si la connaissance sérieuse de la langue arabe, nous n'hésitons pas à le dire, ne peut être le partage que de rares privilégiés, il est de toute utilité, nous le disons bien haut, que tout Français appelé par sa situation à être en contact avec les indigènes, en sache assez pour converser avec eux sur les questions courantes.

A ce degré de savoir tout le monde peut prétendre, et pour peu que l'on veuille se mêler aux gens du pays, on peut arriver, sans trop de travail, à un résultat satisfaisant.

C'est pourquoi nous avons songé à offrir à nos compatriotes un livre renfermant tout ce qu'il est nécessaire de connaître pour faire les premiers pas dans cette voie.

Nous avons voulu que la première partie fût composée d'un certain nombre de chapitres descriptifs, destinés à donner une idée de la société musulmane.

Nous avons dû, pour dire le plus possible en peu de pages, sacrifier souvent la forme à la concision. Nous avons à dessein semé notre texte de mots arabes ; il nous a semblé que les vocables, enchâssés dans la phrase française, prenaient ainsi aux yeux du lecteur, un sens mieux établi et susceptible d'être mieux retenu.

Nous avons consacré un chapitre à la description du Sahara, un autre à des considérations sur la médecine : nous avons donné à l'un et à l'autre une certaine extension, en raison de l'importance des sujets.

Nous avons fait, au cours de l'ouvrage, quelques citations d'auteurs arabes (1). Ce n'est point le désir de faire un vain étalage d'érudition qui nous a inspirés, mais la seule pensée de rendre la lecture moins aride et de fixer l'esprit sur certains passages, par un développement attirant l'attention.

A notre deuxième partie, comprenant les renseignements, les conseils et les recommandations qui nous ont semblé indispensables, nous avons ajouté les règles tactiques et stratégiques spéciales aux pays d'Afrique, qui peuvent être utiles à nos camarades de l'armée.

Dans une troisième partie, précédée des quelques notions grammaticales nécessaires pour la

---

(1) Les parties anecdotiques, certains détails de mœurs ont été tirés des classiques arabes. Les textes que nous avons consultés sont ceux que donne le professeur Bel Kassem ben Sedira dans son anthologie, et ceux que renferment les ouvrages destinés, dans les écoles de Syrie, à l'enseignement des belles lettres arabes.

Nous avons aussi fait certains emprunts aux abondants commentaires que le cheikh Mohammed Abdou a écrit pour les séances de Badiá uz Zaman, récemment éditées à Beyrouth.

Enfin nous avons consulté le livre du Père Lammens sur les mots français dérivés de l'arabe, et lui avons emprunté quelques étymologies.

construction des phrases simples, et des conseils sur la manière d'interroger, nous avons donné :

1º Un questionnaire général composé d'après les circonstances variées où l'on peut se trouver, et répondant par là aux besoins de toutes les situations.

2º Un questionnaire médical, d'une utilité indiscutable pour le praticien exerçant dans un milieu indigène.

Les questions sont courtes et précises, toujours faites de manière à provoquer une réponse, le plus souvent simplement négative ou affirmative, concise toujours.

3º Quelques conseils sur la pratique de la mnémotechnie.

4º Un vocabulaire général comprenant les mots usuels.

Nous nous sommes bornés aux mots répondant rigoureusement au sens du mot français. Un tel avantage ne peut être offert par les dictionnaires, obligés de donner des synonymes entre lesquels on est souvent embarrassé de choisir.

5º Un vocabulaire médical.

6º Un appendice renfermant des notes relatives au calendrier musulman, à la division du temps admise par les Arabes, à la numération, etc..., ainsi que des tableaux pour les poids, les mesures, les monnaies, etc...

7° Un répertoire alphabétique de tous les mots arabes contenus dans le texte des deux premières parties.

Tel est dans ses grandes lignes l'ouvrage que nous livrons à nos lecteurs.

C'est uniquement dans la pensée d'être utiles que nous avons écrit ; nos efforts seraient récompensés au-delà de nos prévisions, si nous pouvions espérer avoir rendu le moindre service à notre pays.

GUIDE PRATIQUE EN PAYS ARABE

PREMIÈRE PARTIE
LA SOCIÉTÉ MUSULMANE

CHAPITRE PREMIER
POPULATION

La population indigène musulmane de l'Algérie et de la Tunisie se divise en plusieurs groupes.

Maures. — 1° Les Maures (Hadars (1), disent les indigènes). Les Maures ne constituent pas une race à part ; ils sont le produit des croisements à l'infini qui se sont faits entre les diverses races représentées dans le nord de l'Afrique.

Kolouglis. — 2° Les Koulouglis, descendants de Turcs et de femmes arabes.

Kabyles. — 3° Les Kabyles ou Berbères purs, parlant encore la langue primitive de leur race.

Arabes. — 4° Les Arabes, qui forment la majeure partie de la population et dans lesquels nous comprendrons, outre les Arabes purs, descendants des con-

(1) Dans notre figuration des mots arabes, nous avons cherché à représenter une prononciation approximative, que perfection-

quérants venus de l'est, les Berbères arabisants, c'est à dire ayant avec le temps complètement adopté la langue, les mœurs et les coutumes des Arabes, fait qui ne saurait nous étonner aujourd'hui et qu'Ibn Khaldoun, l'historien des Berbères, signalait déjà.

Les Maures et les Koulouglis, dont le nombre va décroissant, tendent de plus en plus à perdre leurs caractères distinctifs.

Le Kabyle est sédentaire, attaché au sol. Il est positif, économe, travailleur, industriel et patient. Amoureux de l'égalité absolue, il a des dispositions marquées aux formes de gouvernement parlementaire et démocratique. Le Coran est son code religieux, mais il croit et pratique moins que l'Arabe. Il n'est pas polygame. Les kanouns, ensemble de coutumes et de traditions, forment son code social.

Au point de vue du caractère et des habitudes, il existe des différences nettement tranchées entre les Arabes du Tell et ceux de la steppe et du Sahara.

Dans le Tell, le morcellement de la terre au profit de la colonisation, a amené la dislocation à peu près complète des tribus, les parcours se restreignent de jour en jour davantage, et le Tellien tend de plus en plus à devenir sédentaire.

Dans le Sud, où la tribu est demeurée intacte, l'Arabe est resté essentiellement nomade.

L'Arabe nous cache avec jalousie sa vie domestique et ne se livre guère dans la conversation.

La psychologie de l'Arabe est donc plutôt chose à faire que chose faite. Qui veut juger l'Arabe avec équité

---

nera la pratique. Nous avons admis comme règle invariable que toutes les lettres devaient être prononcées ; ainsi :

goudron, qatran, doit se prononcer, *quatrane*
serment, iemin — *iemine*
il est mort, mat — *mate*
linceul, kefen — *kefene*, etc...

ne doit point oublier que ce peuple est en soi tel que l'ont fait ses origines et ses dogmes; qu'il est vis à vis de nous tel que l'a placé la conquête et tel que le maintient sa religion.

N'appelons donc pas défauts ses manières d'être, qui, pour loin qu'elles soient des nôtres, sont conséquentes avec son passé et son présent, avec sa nature, ses instincts, ses besoins, sa résignation fataliste, excès regrettable d'une belle croyance.

Constatons simplement; mais ayons la justice de mettre à son actif, cette dignité de maintien si répandue, cette connaissance innée de l'art de s'observer et de ne point faillir aux convenances; et surtout cette belle institution de l'hospitalité, que pourraient envier nos civilisations.

CHAPITRE II

TRAITS GÉNÉRAUX DE L'ORGANISATION

ORGANISATION SOCIALE

ARABE

L'organisation de la société arabe est tout aristocratique, avec tendance à l'hagiocratie ; les distinctions sociales sont profondément gravées dans les esprits. La classe de la noblesse jouit de privilèges, soit matériels, soit moraux.

Noblesse. — Il y a trois sortes de noblesse :

1º La noblesse de race, fournie par les **chorfa** (pluriel de **cherif**) qui font remonter leur origine à Fatma, fille du Prophète, et à l'oncle de ce dernier, Sidi Ali bou Thaleb.

2º La noblesse militaire, formée par les **Djoued**, descendants des **Mehal**, conquérants venus de l'est, et par les **Douaouda**, rejetons de la tribu des **Koraïch**, dont Mohammed et sa famille faisaient partie.

3º La noblesse religieuse, celle des **marabouts**, héréditaire comme les précédentes, mais qui peut aussi s'acquérir par des faits exceptionnellement méritoires.

Tribus et fractions. — L'influence de la consanguinité a contribué à former une unité politique et administrative, la tribu, **arch** ; elle porte en général le nom de l'auteur commun. Ex. : les Oulad Sidi Cheikh, les enfants de Sidi Cheikh. A la tête de chaque tribu se trouve un caïd.

Les tribus sont divisées en un nombre plus ou moins grand de fractions, appelées **ferka**, dont chacune obéit à un **cheikh** (1).

La ferka, à son tour, est partagée en **douars**. Le douar représente originairement l'élément de famille dans la tribu ; un **cheikh** ou un **kebir** l'administre.

Aghaliks. — Plusieurs tribus peuvent être groupées en **aghalik**, qui obéissent à un **agha** ; de même plusieurs **aghaliks** peuvent être réunis sous l'autorité d'un **bach agha** (2).

Djemâs. — Les chefs des **douars** se réunissent en conseil, **djemâ**, pour discuter les mesures communes et veiller aux intérêts de la tribu.

Chez les nomades, ce sont les djemâs qui combinent les migrations et répartissent les pâturages entre les fractions.

KABYLE

Caractère de cette organisation. — Les Kabyles ont une organisation démocratique.

Le caractère principal de cette organisation est l'indépendance des tribus ; mais des intérêts communs les amènent à se grouper momentanément. Il en résulte des partis, sortes de ligues offensives et défensives, appelés **soff** (rang, ligne).

Soff. — Le **soff** oblige les tribus contractantes à partager la bonne et la mauvaise fortune ; il se proclame dans une assemblée des chefs. Pas un Kabyle n'est

---

(1) Ce terme, qui veut dire vieillard, s'applique aux hommes âgés et considérés ; ainsi les Grecs dirent presbus ; ainsi à une période de notre histoire nous appelâmes conseil des Anciens une assemblée de représentants de la Nation.

(2) Ainsi employé, le mot bach, d'origine turque, comporte une signification d'autorité hiérarchique ; il pourrait se traduire par notre mot archi, comme dans archi-prêtre.

exempt de l'esprit de soff. Il est la source de désordres continuels et de luttes séparées par des trêves.

Citons ici comme conséquence probable de ces luttes intestines, auxquelles l'intérêt de tous commandait de chercher une atténuation, la coutume de l'anaya.

Anaya. — L'anaya (protection) est un sauf-conduit ; il indique le caractère neutre et inviolable de celui à qui il est donné. Tout Kabyle a le droit de l'octroyer, et, comme preuve à l'appui, il délivre à celui auquel il le confère, un objet bien connu pour lui appartenir, comme un fusil, son bâton, etc...

Dans les jours de danger commun, toutes les tribus, à quelque soff qu'elles appartiennent, forment une fédération générale.

Tribus et communes. — La tribu kabyle s'appelle **arch** ou **kbila** ; (1) elle se divise en fractions, **ferka**. Les fractions se décomposent à leur tour en communes appelées **dechera** ou **thaddart**, villages. Chaque dechera a autant de **kharoubas** qu'il y a de familles distinctes.

Les membres d'une même **kharouba** nomment un **daman** pour les représenter à la **djemâ**, sorte de conseil municipal ayant à sa tête un **amin** ou maire choisi dans son sein. L'amin sert d'intermédiaire entre les indigènes et l'autorité ; il administre les affaires de la commune.

La dechera ou village, est la véritable unité constituée de l'organisation sociale kabyle.

En Algérie et en Tunisie, tous les chefs indigènes, arabes et kabyles, reçoivent l'investiture de leur gouvernement respectif.

---

(1) On dit plutôt kbila ; les Arabes, les vainqueurs, s'étant réservé le terme arch.

ORGANISATION ADMINISTRATIVE

ALGÉRIE

La hiérarchie arabe a été conservée dans la mesure que nécessitaient les circonstances locales.

Administration française. — Les tribus arabes et kabyles sont administrées par des fonctionnaires français.

Les chefs indigènes sont leurs agents d'exécution, civils ou militaires.

A cet effet, les trois départements de l'Algérie sont divisés en territoires civils et en territoires militaires. Les territoires civils correspondent d'une manière générale à la région du Tell ; les territoires militaires ou de « commandement » embrassent la plus grande partie des hauts plateaux et le Sahara.

Organisation communale. — Ces territoires sont divisés en communes ; celles-ci sont de trois sortes :

1° Les *communes de plein exercice*, centres de population européenne, sont administrées suivant les règles de la métropole.

2° Les *communes mixtes*, dans lesquelles domine la population indigène et où les Européens ne sont établis qu'en petits groupes, sont régies par des « administrateurs civils ».

3° Les *communes indigènes*, peuplées à peu près exclusivement d'indigènes, sont administrées par l'autorité militaire dans la personne du « commandant supérieur » du cercle correspondant à la commune, assisté d'un « bureau arabe ».

Les communes indigènes, avec un très petit nombre de communes mixtes, forment le territoire militaire.

Fonctionnaires. — Les administrateurs civils et militaires relèvent, les uns des généraux commandant les subdivisions et les divisions, les autres des sous-préfets et des préfets.

Au-dessus de ces fonctionnaires, se trouve le gouverneur général civil, chargé de la direction générale de l'administration. Il est assisté d'un conseil supérieur de gouvernement.

TUNISIE

En Tunisie, l'administration a été laissée aux fonctionnaires tunisiens dans la mesure compatible avec le protectorat.

Provinces et tribus. — Le Sahel et le Tell tunisiens sont divisés en circonscriptions administratives appelées **outhan** (provinces), ayant chacune à sa tête un **amel**, gouverneur, ou un **caïd**, assisté d'un certain nombre de **khalifas** (lieutenants).

Les tribus nomades de l'intérieur sont administrées par des **caïds**.

Contrôle. — Des « contrôleurs » français sont placés à côté des administrateurs indigènes; ils ne doivent pas administrer, leur rôle se borne à veiller à l'exécution des lois et à conseiller les **caïds**.

Service des renseignements. — Un petit nombre d'officiers français, répartis dans les différents commandements militaires de la régence, sont chargés de la surveillance politique des indigènes. Leur service est appelé « service des renseignements ».

Administration des villes. — En ce qui concerne les villes, celles qui sont chefs-lieux de province sont administrées directement par les gouverneurs; les autres le sont par un lieutenant du gouverneur, **khalifa**. Un **cheikh el medina** ou **cheik el bled** (cheikh de la ville ou cheikh du pays), est chargé des détails de l'administration, de la police et de la voirie.

Des agents spéciaux ont dans leurs attributions les marchés, l'entretien des fontaines et la surveillance des prisons, etc...

Chaque corporation industrielle a, de plus, un syndic ou **amin**, qui a sur elle une sorte de juridiction consulaire.

Gouvernement. — Deux ministres tunisiens sont placés auprès du Bey : le « premier » ministre, qui dirige les gouverneurs, et le ministre « de la justice et de la plume »; mais les ministres réels, ceux dont part l'impulsion administrative, sont les ministres français : le ministre des affaires étrangères, qui n'est autre que le résident général, avec les attributions d'un président du Conseil des Ministres, le ministre de la guerre, qui est le général commandant la brigade d'occupation, les directeurs des finances, des travaux publics, de l'enregistrement, lesquels sont appelés dans les conseils du gouvernement et préparent chaque année le budget.

JUSTICE

Tribunaux français. — Les tribunaux français, en Algérie comme en Tunisie, connaissent des contestations entre indigènes et Européens, et même entre les indigènes se présentant d'un commun accord devant ces tribunaux.

Cadis et leur compétence. — En matière civile, la justice est rendue par les tribunaux musulmans appelés **mahakma**, composés d'un cadi, auquel sont adjoints, avec voix consultative seulement, deux notaires indigènes, **adoul** (pluriel d'**adel**); ce sont des témoins pour les actes et les jugements.

Les cadis connaissent de toutes les questions relatives au statut personnel des indigènes et aux successions musulmanes, à l'exception toutefois des actions immobilières, réservées aux magistrats français.

Les **cadis** font également tous les actes de juridiction volontaires attribués en France aux juges de paix.

Appels. — Les appels des jugements rendus en premier ressort par les **cadis** sont portés devant les tribunaux français.

En Kabylie. — En Kabylie, où la juridiction des **djemâs** a été supprimée, la justice est rendue par les juges de paix et les tribunaux d'arrondissement, d'après les règles du droit musulman ou kabyle.

Aux termes de la loi musulmane, les **cadis** devraient être juges au criminel comme au civil; mais les Turcs d'abord, puis l'administration française en Algérie, le Bey en Tunisie, leur ont enlevé la connaissance des crimes et des délits.

Crimes et délits. — Les crimes et délits commis par des indigènes sont déférés, en territoires civils, aux cours d'assises et aux tribunaux correctionnels; en territoires militaires, aux conseils de guerre et aux commissions disciplinaires de subdivision et de cercle.

Dya (prix du sang). — La société musulmane ne s'est pas réservé comme un droit absolu la punition des criminels. Le musulman lésé dans sa personne ou dans la personne des siens peut, ou appeler sur la tête du coupable la rigueur des lois, ou se contenter d'une compensation pécuniaire.

Cette compensation pécuniaire appelée **dya**, prix du sang versé, est fixée en principe par la législation musulmane à une valeur de cent chameaux; mais dans la pratique, elle est proportionnée à la fortune du débiteur. La **qsassa** est la compensation pécuniaire acceptée pour les coups et blessures; c'est l'équivalent de nos dommages-intérêts.

Loi du talion. — Les Arabes se contentent de la **dya**; les Kabyles, au contraire, appliquent dans toute sa rigueur la loi du talion, la vengeance étant considérée chez eux comme un devoir sacré.

La bechâra. — La bechâra est un prix que le volé, pour retrouver son bien, paye à un intermédiaire, souvent le complice du voleur. Cette coutume, bien ancienne, est le résultat de l'absence de toute organisation policière; l'indigène continue à se soumettre dans bien des cas au payement de la **bechâra**, qui est, selon lui, le moyen le plus prompt et le plus sûr de recouvrer son bien.

Peines. — La bastonnade, la peine du falq, si en honneur sous la domination turque, a été abolie par nos règlements; mais que d'indigènes la préféreraient au séjour en prison, **fel habbs**, ou au douloureux payement de l'amende, **khetiya!**

En Tunisie, la pendaison, la strangulation, la décapitation sont encore les variétés du suprême châtiment; mais la vie des sujets n'est plus à la merci du caprice des puissants, comme au temps où tout gouverneur avait son **seyaf** au bras robuste, prêt, sur un signe du maître, à faire tomber la tête du misérable agenouillé sur le **ntâ** de cuir.

CONSTITUTION DE LA PROPRIÉTÉ

ALGÉRIE

La propriété indigène comprend :

1° Des biens **arch**, c'est-à-dire appartenant aux tribus à titre indivis, ne pouvant pas être vendus parce qu'ils « ne sont pas dans le commerce ».

2° Des biens **melk** qui, au contraire, « sont dans le commerce », mais possédés le plus souvent à l'état indivis par une sorte de *gens* ou famille.

La propriété individuelle n'existe chez les Arabes

d'Algérie qu'à l'état d'exception, mais elle est générale chez les Kabyles.

3° Des biens **habbous**, ayant une affectation spéciale à une œuvre religieuse ou de bienfaisance ; ils appartiennent, à l'état indivis, à des mosquées ou à des zaouïas, et rentrent dans la catégorie des biens arch.

4° Le domaine de l'Etat, provenant des terres du **beylik** turc et des confiscations faites aux tribus à la suite de faits insurrectionnels. (1)

TUNISIE

Dans le Sahel et le Tell tunisien, on ignore l'existence de la propriété collective, de la propriété arch. Tous les biens sont possédés par les familles, et le plus souvent l'indivision n'existe pas, la part de chaque membre se trouvant déterminée.

Dans les tribus nomades de l'intérieur, au contraire, la propriété est en général collective, c'est-à-dire arch.

On rencontre donc en Tunisie :

1° Des biens **melk** ;

2° Des biens **arch**, qui n'existent que dans l'intérieur ;

3° Des biens du **beylik** (domaines de l'Etat) ;

4° Des biens **habbous**, qui forment à peu près le tiers du sol tunisien.

Une coutume locale, qui n'existe pas en Algérie, admet, sous le nom d'**enzel**, un louage perpétuel de l'immeuble, moyennant le paiement d'une redevance annuelle invariable.

(1) On appelle **azel** un terrain domanial momentanément aliéné au profit d'un particulier.

IMPOTS

ALGÉRIE

Les indigènes sont soumis à quatre impôts directs : l'âchour et la **zekat**, d'ancienne tradition, le **hokor** et la **lezma**.

Achour. — L'âchour, dîme, est un impôt en argent sur les céréales. L'unité de surface imposée est la charrue, **jabda**, d'une superficie moyenne de 10 hectares. Les récoltes sont rangées en quatre catégories, très bonnes, bonnes, assez bonnes, médiocres, et taxées d'après les tarifs appliqués chaque année aux céréales.

Zekat. — La **zekat** est une aumône prescrite par le Coran. Les gouvernements musulmans ont petit à petit converti cette aumône légale en impôt, se fondant sur ce que, cette institution ayant pour but l'utilité générale, c'est à eux, comme représentants de la société, à en régler l'application. La **zekat** est aujourd'hui une taxe sur les troupeaux (1).

Hokor. — Le hokor, qui ne se rencontre que dans la province de Constantine, n'est pas, à proprement parler, un impôt ; c'est le prix de la location de la terre, qui est en très grande partie arch dans cette province. Il vient en sus de l'âchour.

Lezma. — La lezma, nom générique appliqué à diverses contributions :

1º Impôt de capitation spécial à la grande Kabylie, acquitté par tous les hommes en état de porter les armes,

---

(1) L'unité de troupeau se nomme **assa**, bâton, ce qui veut dire le nombre normal d'animaux que peut conduire un berger avec un bâton. L'assa de moutons est de 400 têtes, celui de chameaux de 100.

à l'exception des indigents. C'est le seul impôt qui soit perçu en Kabylie ;

2° Taxe sur les palmiers-dattiers du sud des provinces d'Alger et de Constantine ;

3° Sommes fixes, au paiement desquelles sont assujettis quelques territoires de nos possessions du sud, et qui sont basées, tantôt sur le nombre des palmiers en rapport, tantôt sur le nombre des palmiers et celui des bestiaux.

TUNISIE

Les indigènes tunisiens sont soumis aux impôts suivants :

1° **Medjeba**. — La medjeba, ou impôt de capitation, que doit acquitter tout individu âgé de plus de quinze ans, en état de porter les armes.

2° **Achour**. — L'âchour (1), commun à tous les états musulmans, sauf qu'en règle générale il est payé en nature.

3° **Kanoun-Zitoun**. — Le kanoun-zitoun, impôt qui frappe les oliviers, c'est-à-dire l'arbre lui-même et non la récolte (2).

4° **Kanoun-Djérid**. — Le kanoun-djérid, auquel sont soumis les dattiers du Djérid.

5° **Mradjas**. — Les mradjas, impôts sur les cultures maraîchères.

6° **Mahsoulas**. — Les mahsoulas ou taxes des marchés.

Etc...

En somme, l'administration française n'a guère fait

---

(1) En Tunisie la charrue, unité de surface imposée, porte le nom de méchia.
(2) De sorte que dans les mauvaises années, l'olivier paie comme dans les bonnes.

que régulariser le fonctionnement fiscal déjà existant, établi d'après les bases de la djezia, impôt personnel, et du kharadj, impôt foncier.

Ces deux impôts datent du premier temps de l'Islamisme ; ils furent institués par celui qui, le premier, prit le titre de prince des croyants, Omar, successeur d'Abou Bekr.

CHAPITRE III

RELIGION

Dogme. — De la divinité. — *La ilah illa Allah ou Mohammed rassoul Allah, sala Allah alih ou slam!* (Il n'y a de dieu que Dieu et Mohammed est son prophète ; que Dieu répande sur lui sa grâce et son salut).

Tel est l'article de foi fondamental, la **chehada**, credo de l'Islam ; qui l'énonce sincèrement fait profession de foi islamique.

Le dogme arabe est donc monothéiste ; et Mohammed a maudit ceux qui donnent des associés à Dieu.

De tout temps, Allah a communiqué avec les humains, en donnant à certains d'entre eux le don de prophétie, la **nboua** ; tout prophète, tout **nbi**, est vénérable ; mais certains le sont plus particulièrement : **Abraham, Moussa** (Moïse), **Aïssa** (Jésus). Mohammed aura été le dernier des prophètes.

Les anges, **el mlaïka**, sont les serviteurs de Dieu ; les démons, **el chiatin**, luttent contre la puissance divine, et ne cherchent qu'à nuire aux hommes. Un bon esprit et un mauvais marchent à la droite et à la gauche de chacun de nous.

Le **djin** est un être intermédiaire entre l'ange et l'homme ; Dieu l'a tiré du feu. La croyance aux djin est une croyance bien ancienne ; car Mohammed a cru devoir leur faire une place ; il est même allé jusqu'à affirmer qu'il en est de convertis, et d'autres qui persistent dans l'erreur. Le djin n'est donc point le démon ; celui-ci est d'ailleurs toujours malfaisant

Il faut croire à la vie future, **el akhera**. Il y aura un jour de résurrection, **nhar el kiama**, de jugement, **ed din**. Leurs bonnes actions vaudront aux uns le paradis, **el jenna**, aux autres l'enfer, **el gehenem**, plus simplement appelé le feu, **el nar**.

Dieu est créateur. Il a tiré du néant tout ce qui existe, **el kaïna**, l'ensemble des choses créées, **el makhlouga**. C'est le maître des mondes, **Rebb el alamin**.

Il s'intéresse à tout ce qui se passe ici-bas, **fel denia**; et, au plus haut des cieux, un ange écrit les actions des hommes et les décisions de la divinité. Toute chose est écrite chez Dieu : « *Koul chi mektoub and Allah !* »

Rien ne doit surprendre le croyant, **el moumen**; vienne la joie ou la douleur, c'était écrit : « *kan mektoub !* » Il se résignera en disant : C'est ce que Dieu a voulu « *ma cha Allah !* ». Ce fatalisme, cette substitution de la puissance divine aux efforts des hommes, a pesé lourdement sur l'évolution sociale des Musulmans.

Le 19 juin 622, Mohammed s'enfuyait de sa ville natale; cette épreuve devait être l'aurore de son triomphe. C'est de sa fuite, **hejra**, que date l'ère de l'Islam, l'hégire.

Le sabéisme dégénéré avait abouti au culte des idoles; Mohammed, c'est là son œuvre, entreprit de donner à ses compatriotes une religion plus noble, et, avec l'unité religieuse, l'unité politique.

Le Coran. — Le Coran est *dogme* et *code* ; la sonna, c'est à dire la loi basée sur la tradition, le complète.

Coran veut dire lecture, ce qui doit être lu. Le Coran se divise en 114 chapitres, **soura**, qui se subdivisent en versets, **aïa**. La première soura, dite **fateha**, mot à mot introduction, est en très grande vénération ; nombreuses sont les circonstances dans lesquelles ont doit prononcer la fateha. La 36ᵉ soura, qui n'a pas de titre, mais qui est souvent appelée **ias**, à cause des lettres mystérieuses qui la précèdent, se lit aux funérailles. Le Coran est si respecté, qu'on en a, pour le fixer à jamais, compté les lettres. Le Coran est fait de 323,015 lettres.

C'est le livre par excellence, **el kitab, el mcehef**. Ainsi, en parlant de leur livre sacré, les chrétiens disent la Bible. Le Coran ne peut être traduit ; c'est en arabe que « Dieu l'a révélé » ; ce serait profaner la parole divine que de le traduire.

Mohammed, prophète illettré (1), le dictait par fragment, selon les besoins de l'heure ; le fond en est emprunté aux livres saints des juifs et des chrétiens. Certains critiques sont allés jusqu'à donner au Prophète pour collaborateur le moine nestorien Sergius, et un docteur juif, Abdallah ben Slam.

Prières journalières. — Le Coran prescrit cinq prières par jour, à des heures déterminées ; ces prières que l'on fait en se tournant vers la **qibla**, (c'est à dire vers La Mecque), s'accompagnent d'attitudes et de prosternations, **rkâa**, dont la suite varie selon les rites. Les prières sont « *les colonnes de la religion et les clefs du paradis* ». Elles sont donc d'impérieuse obligation, et doivent toujours être précédées d'ablutions, **oudou**, ou, si l'eau manque, de semblants d'ablutions : « *La propreté est la clef de la prière.* »

Jeûne. — Le ramdan est un jeûne diurne d'un mois. Le jeûne, **çiam**, obligatoire et très rigoureux, n'est pas une légère pénitence, quand il coïncide avec les chaleurs.

Le commerce avec les femmes est interdit, sauf la nuit ; cette concession a paru nécessaire à Mohammed, « car, Dieu, dit-il, savait que vous auriez transgressé la « défense. »

---

(1) Il est souvent donné à Mohammed la qualification de prophète illettré, el nebi el oumi. « Mais, disent les commentateurs, cette ignorance, défaut chez tout autre, est, chez le Prophète, un mérite. »

Circoncision. — La circoncision, **tahera** (purification) était déjà en usage ; mais recommandée maintes fois de vive voix par le Prophète, elle est considérée comme de droit divin ; ce n'est que quelques années après la naissance qu'elle est pratiquée.

Aumône. — L'aumône, **cedaqa**, n'est pas seulement conseillée, elle est d'obligation. « *Secourez vos enfants, vos proches, les orphelins, les pauvres, les pèlerins ; le bien que vous ferez sera connu du Tout-Puissant.* »

L'hospitalité, la fondation de caravansérails, l'établissement de fontaines, est œuvre d'aumône.

Dans une société à organisation théocratique, l'aumône ne devait pas tarder à se faire au nom de la loi ; elle devint la dîme aumônière, **zekat**, qui « *purifie le pécheur.* »

Pèlerinage. — Le pèlerinage à La Mecque, **haj**, est d'excellente pratique, mais non à la portée de tous ; celui qui en revient, **haaj**, jouit de la considération publique.

Il y a un peu partout des villes saintes qui ont aussi leurs fidèles : « *Sept jours à Kairouan*, dit le proverbe, *valent un jour à la Mecque.* »

Guerre sainte. — Une autre recommandation est la guerre sainte, la guerre aux infidèles, **el djehad** ; c'est au nom du **djehad** qu'en Algérie se levaient les insurrections (1).

Viandes prohibées. — Suivant en cela le législateur israélite, Mohammed interdit le porc, le lièvre, l'usage du sang et des animaux morts étouffés ; cette

---

(1) Le djehad est de tous les temps et de toutes les religions ; aux époques de ferveur, toutes les sociétés l'ont pratiqué. Les chrétiens l'ont fait avec les croisades, et la tradition hébraïque le recommande ; n'est-il pas dit quelque part :

« *Maudit celui qui accomplit négligemment l'œuvre du Seigneur, qui empêche son épée de verser le sang.* »

chair est défendue, haram, l'autre est permise, hallal.

Rites. — Il y a 4 rites orthodoxes : les Algériens suivent l'un d'entre eux, le rite **maleki** (du nom de Malek qui était un des commentateurs du Coran) ; mais il y a des schismatiques, des gens qui sont en dehors de l'orthodoxie, **kharejin**, qui sont d'un cinquième rite, **khamsin** ; tels les beni Mzab.

A un autre point de vue, primitivement plus politique que religieux, les Musulmans se divisent en deux grandes sectes :

1º Les **sonnites**, Arabes, Turcs, qui reconnaissent comme successeur légitime de Mohammed, Abou Bekr, son beau-père.

2º Les **chytes**, Musulmans de la Perse et des Indes, qui donnent cette qualité à Ali, son gendre.

Organisation sacerdotale. — On ne trouve pas à exactement parler dans l'Islam, une organisation sacerdotale.

Le **mufti** est le chef de la circonscription religieuse, et l'interprète de la loi ; sa décision est dite **ftoua**. L'**imam** est celui qui préside à une assemblée de croyants en prière ; il se place devant une sorte de niche, le **mhrab**. Le **hazzab** est un lecteur du Coran dans la mosquée. Le **mouddin**, du haut du minaret crie aux quatre directions l'heure de la prière, **ouqt es sela**.

Le vendredi, **nhar el djemâ**, est le jour du prône, **khotba**, qui, pour le clergé officiel, s'accompagne d'invocations en faveur de l'Etat (1).

Les deux principales fêtes sont :

L'**aïd el kebir**, en souvenir du sacrifice d'Abraham ; l'**aïd es srir**, ou fête de la rupture du jeûne, appelée

---

(1) La première chaire fut construite pour le Prophète par **Tamim ed dari** sur le modèle de celles en usage alors dans les églises de Syrie.

aussi aïd el fteur; elle clôt le jeûne du ramdan.

Il faut ajouter aux diverses fêtes reconnues les fêtes locales, **ouada**, sortes de réunions en l'honneur de tel ou tel marabout.

Les **marabouts** (marbout, mrabet, personnages liés à la religion) sont de plus d'une sorte. Il y a les descendants de Mohammed, les **chorfa**, qui constituent la plus haute noblesse religieuse; il y a encore ceux qui acquièrent par leurs propres efforts de vertu le titre de marabout.

Il y a enfin, faudrait-il ajouter, les faux chorfa, les imposteurs, toujours prêts à se montrer à la moindre sédition.

Les **marabouts** sont plus ou moins vénérés, selon leur degré de pouvoir; quelques-uns prétendent tenir de Dieu la **baraka**, le don de faire des miracles.

Tout visiteur leur laisse une offrande, **ziara** (cadeau de visite!); souvent leurs dévots leur payent annuellement une sorte de tribut en espèce ou en nature, **refar**.

Ordres religieux. — Les ordres religieux sont assez nombreux; ils prennent en général le nom de leur fondateur. Les **khouan** (1), membres de l'ordre, à divers degrés d'initiation, vivent à l'écart dans des **zaouïas**, sous la direction d'un **mokaddem**, espèce de

---

(1) Certains d'entre eux sont appelés çoufi. Ce terme est ancien; dès le second siècle de l'Islam, nous dit Ibn Khaldoun dans ses prolégomènes, des habitudes de faste prirent naissance, et ceux qui, en signe d'humble piété, se firent une règle de porter des vêtements de laine, çouf, furent appelés çoufi. C'est vers cette époque que prirent aussi naissance les associations qui avaient pour but d'imposer, même par la force, aux puissants du jour, la pratique des préceptes religieux.

Le khouan doit être entre les mains de son supérieur, comme le « cadavre entre les mains du laveur des morts ». C'est la même formule de passivité que prononça le fondateur d'une société célèbre, quand il dit : « *perinde ac cadaver* ».

prieur du monastère. Le **dkeur** est leur signe de reconnaissance ; il consiste en une formule d'initiation, d'invocation.

Certains ordres se reconnaissent au chapelet, **tesbih**, à la façon d'en rouler sous les doigts les 99 grains, à certaines prières sans cesse répétées, aux attitudes que l'on doit prendre en prononçant telle ou telle voyelle des textes sacrés.

Les ordres religieux possèdent des biens qui sont dits **habbous** ; il est des biens **habbous** dont ils n'ont pas l'usufruit. Les donations sont recommandées par une parole du prophète :

« *Men bna lilah masjed bna Allah l'hou fel jenna*
« *bit.* » (A qui bâtit un temple, Dieu réserve une mai-
« son dans le paradis.)

Parmi les ordres qui ont leurs affiliés en Algérie, citons :

Les **Aïssaouas**, dont le centre est à Méquinez, et qui sont connus de nous pour leurs jongleries.

Les **Tidjania**, d'Aïn-Madi et Temacin.

Les **Snoussia**, dont l'ordre, d'abord constitué en Algérie, y fait tous les jours des progrès à l'état de société secrète. Leur centre est aujourd'hui à Djeraboub, dans le pays de Barca. Ils sont en Tripolitaine les véritables maîtres, à tel point que les Turcs ont confié le droit de justice à l'oukil du chikh de la confrérie.

Les **Taïebïa**, dont le chef, Si el hadj Abd es Selam, chérif d'Ouezzan, au Maroc, est protégé français, et se montre sympathique à notre domination.

Enfin les **Rahmanya** ou adeptes de Sidi Mohammed ben Abd er Rahman bou Guebrin.

Quelques-uns de ces ordres religieux, et notamment celui des Snoussia, avec leur sévère esprit de discipline, l'obéissance passive qu'exigent leurs statuts, sont pour notre œuvre de colonisation, sinon par eux-mêmes, du moins par leur propagande, un danger qui ne peut que croître (1).

---

(1) C'est à la propagande des Snoussia, qu'il faut attribuer le mouvement anti français qui s'est fait depuis 1880 parmi les populations du Tidikelt, du Gourara et du Touat, par lesquelles nous regardons aujourd'hui comme une nécessité de faire accepter notre influence.

Ould Badjouda qui, au moment de la deuxième mission Flatters, était chef de la djemâ du Tidikelt et qui s'opposa dans la mesure qu'il put au succès de l'expédition, avait fondé dans le pays une zaouïa snoussia.

CHAPITRE IV

ÉTAT FAMILIAL

LA FAMILLE

La famille arabe est organisée sous le régime patriarcal.

L'autorité du père de famille est au-dessus de quelque loi que ce soit ; il reste toujours le gardien, le maître de ses enfants, alors même que le divorce aurait été prononcé contre lui (1).

Le droit d'aînesse est reconnu. Il est de coutume que l'aîné reçoive moitié de ce qu'il plaît au père d'attribuer à ses fils. Ordinairement l'aîné reste seul associé aux affaires du père. Enfin dans les familles maraboutiques, la **baraka**, ou bénédiction divine, se transmet toujours par voie d'aînesse.

Il n'y a pas chez les Arabes de noms de famille. Le fils ajoute au nom qui lui a été imposé, le nom de son père, en le faisant précéder de **ben**, qui veut dire fils ; exemple : **Taïeb ben Abdallah**, Taïeb *fils* d'Abballah.

---

(1) L'anecdote suivante, tirée de Qalioubi, peut donner une idée de ce qu'était le respect de la volonté paternelle dans l'ancienne société musulmane :

Le Khalife Maouïa ben Abi Sofian, arrivé en pèlerinage à Médine, envoya à un des ansars un présent en habits et en argent. Le cadeau fut jugé insuffisant ; l'ansar ordonna à son fils de le rapporter au Khalife et de le lui jeter au visage. Le jeune homme, conduit auprès du Khalife, lui dit sa mission, et le souverain voulut bien souffrir cette insulte, par déférence pour la volonté d'un père.

Certaines familles illustres sont néanmoins couramment désignées par le nom de leur fondateur; ainsi les ben Gana de Biskra, les ben Djillab qui ont gouverné à Touggourt.

Les surnoms sont fréquents ; dans leur composition entre le plus souvent le mot bou, qui signifie père, et, par extension, possesseur de..... Ainsi les Arabes d'Egypte avaient appelé Bonaparte « bou froua », l'homme à la fourrure.

MARIAGE

Le Coran permet aux Musulmans d'avoir quatre femmes légitimes.

Le fiancé est censé ne pas connaître la jeune fille qu'il désire pour femme ; le mariage est traité par des intermédiaires, qui se chargent d'examiner secrètement la future au point de vue physique et moral. Le mari verra son épouse pour la première fois, quand la cérémonie religieuse sera terminée.

L'union conjugale est une sorte de marché. Le futur époux verse entre les mains de la famille de celle qu'on lui destine, un don nuptial, dont la valeur est discutée par les deux pères. Dans le cas où la femme n'a pas de parents, elle est représentée par un curateur, aouali, chargé de soutenir ses intérêts, et la dot est versée à elle-même.

Chez les Kabyles, où la femme circule librement à visage découvert, le futur connaît celle qu'il veut épouser. Il fait faire la demande au père de la jeune fille par un de ses amis. La dot à payer par le mari est ensuite débattue.

Le mariage est l'état naturel dans la société musulmane, et le célibataire de n'importe quel sexe y est une anomalie.

CONDITION DE LA FEMME

La femme arabe vit dans un état d'abaissement qui est le fait des institutions, et non celui d'une infériorité qui lui soit propre.

Sans éducation morale sérieuse, livrée encore adolescente à l'inconnu qui n'a le plus souvent sur son cœur d'autre droit que celui qu'il vient d'acheter, elle est pour son mari la servante, presque jamais la compagne.

Les femmes arabes ont, sous la tente et autour de la tente, la besogne la plus dure, la plus incessante, la plus étendue.

Tous les détails de la vie domestique incombent à leur charge ; et, si nombreux, si absorbants, qu'elles ne pourraient y suffire, si elles n'étaient plusieurs dans chaque tente.

La femme arabe ne peut assister aux réunions des hommes ; elle doit ne paraître que voilée. Elle ne peut manger avec son mari, encore moins avec ses hôtes. En général elle n'est jamais consultée par son époux, ou s'il la consulte, il se souvient du proverbe : « *Chaouer mertek ou dir ala rassek.* » (Consulte ta femme, mais fais à ta tête.)

La situation de la femme kabyle est beaucoup plus relevée que celle de la femme arabe. Plus considérée, plus influente, elle participe à toutes les évolutions de la famille ; elle a sa voix dans la discussion des affaires intérieures ; elle prend ses repas en commun, même lorsqu'il y a des étrangers. En un mot, elle est une personnalité.

DIVORCE

Le Coran autorise le divorce.

Les formalités sont très simples. On va chez le cadi,

ou le cadi vient lui-même, assisté de deux témoins. Il se fait d'abord exposer les griefs, puis il essaie de concilier les parties. Il assure ensuite et avant tout, par mesure préliminaire, l'éducation et l'entretien des enfants, selon la fortune des parents.

Si la femme est enceinte, l'enfant restera à la charge du mari actuel.

Si le divorce est imputable à une femme qui était vierge lors du mariage, ou s'il est demandé par la femme elle-même, le don nuptial doit être rendu au mari. Si c'est le mari qui veut divorcer, il perd ses droits au remboursement.

Le divorce est très usité, aussi bien chez les Arabes que chez les Kabyles (1).

Chez ces derniers il est, pour ainsi dire, livré au caprice du mari. Celui qui veut divorcer dit simplement à sa femme : « Je te quitte pour tant de douros », et la femme se retire chez ses parents avec cette somme, qu'elle conserve en toute propriété si elle ne contracte pas une nouvelle union, mais qu'elle est tenue de rendre à son premier époux si elle se remarie.

CLIENTS — SERVITEURS — ESCLAVES

Suivant son origine, sa bravoure, sa piété, il se groupe autour de chaque chef de grande tente un certain nombre de clients, qui viennent vivre sous sa protection, et en partie à ses frais. Ces clients font son influence politique.

La domesticité comprend les serviteurs, khoudam, travaillant, soit pour des gages, soit pour le seul entre-

---

(1) La femme peut demander le divorce pour raison de mauvais traitements; et aussi pour cette « *injure conjugale* » qu'elle fait connaître au cadi, pudiquement mais éloquemment, quand elle se présente devant lui tenant ses souliers la semelle en l'air.

en, en général très attachés à leurs maîtres ; et les esclaves.

Ceux-ci, malgré la défense des lois françaises, continuent à être introduits dans les tribus du Sud par les caravanes algériennes et tunisiennes, qui vont annuellement en Tripolitaine, au Gourara et au Maroc.

La dénomination d'esclaves, avec ce qu'elle comporte à nos yeux de pénible et de misérable, ne convient pas à leur situation ; car si le Coran a autorisé l'esclavage, il a eu soin d'édicter des dispositions qui, bien observées, sont de nature à le rendre très tolérable.

L'esclave fait partie de la famille; il est nourri et vêtu; il ne doit pas être maltraité. Si la loi n'est pas observée à son égard, il peut même demander au cadi à changer de maître.

Une femme esclave enceinte ne peut plus être vendue: son enfant est légitime (1).

---

(1) La caravane que forme la famille d'un chef avec ses serviteurs, ses esclaves, ses objets précieux, prend le nom de smala.

CHAPITRE V

MŒURS, COUTUMES & CONDITIONS
DE L'EXISTENCE

HOSPITALITÉ

Ida andek ktir, ati men malek
Ida andek glil, ati men galbek
Si tu as beaucoup, donne de ton bien.
Si tu as peu, donne de ton cœur.

Origine. — Commandée par le genre de vie et les conditions sociales, l'hospitalité a toujours été en honneur chez les Arabes. Telle elle se pratiquait aux temps bibliques, telle on la pratique encore chez ces nomades qui, malgré le cours des siècles, sont restés des primitifs Cette vieille vertu, née sans doute de la nécessité, Mohammed la trouva chez ses compatriotes, et, l'estimant à son prix, voulut la conserver à ses adeptes. Il en parle dans ses feuilles sacrées, qu'il écrivait au jour le jour, et qui, réunies par Abou Bekr, formèrent ce Coran « *que Dieu fit descendre parmi les hommes* ».

D'institution humaine, l'hospitalité devint de loi divine, et fut consacrée, pour aussi longtemps qu'Allah serait Dieu et Mohammed son Prophète.

Aussi l'hospitalité est-elle de pratique universelle. Les individus, les sociétés religieuses, l'Etat lui-même se soumettent à ses lois.

Hospitalité privée. — Le riche a pour ses hôtes un appartement séparé, ou une tente isolée sur la lisière du douar. Le pauvre reçoit dans sa tente ; et souvent un simple rideau, un haïk plus ou moins troué, sépare l'étranger du réduit où se sont retirées les femmes.

Dif Allah, l'hôte de Dieu, tel est le mot magique qui, au voyageur surpris par le froid, la chaleur, la nuit, la faim, ouvrira la tente hospitalière ; il y sera l'hôte de Dieu, ou, plus exactement, l'hôte envoyé par Dieu ; c'est en cette qualité qu'il sera reçu, et sa personne sera sacrée. On raconte plus d'une histoire édifiante où on voit que Dieu, pour éprouver l'hospitalité des croyants, a envoyé de ses anges, sous les apparences de mendiants.

Si en route vous avez à faire appel à l'hospitalité, ne vous pressez point dans les quelques pas qui vous restent à faire pour arriver à la tente ; songez qu'il faut laisser les femmes se dérober à votre vue, et, tout au moins, donner le temps d'attacher les chiens, qui n'ont rien des vertus de leurs maîtres.

Abandonnez votre cheval aux soins de votre hôte, et cessez de vous en occuper. L'Arabe sait ce qu'on doit à un cheval ; vous en montrer préoccupé, serait le blesser dans son amour propre. Entrez et prenez place sur le frach quelconque qu'on aura préparé à votre intention. Mangez et buvez ; mais si vous devinez des femmes dans votre voisinage, restez impassible et commandez à vos regards.

L'Arabe qui reçoit quelqu'un de considérable, ne mange pas avec lui ; il préside au service. Il doit à son hôte le coucher, la nourriture ; il lui doit même de le réjouir, ou tout au moins de ne pas l'attrister ; et l'on cite bien des histoires d'Arabes qui, pour ne point troubler le repos de leur hôte, ont su refouler leurs plus chers sentiments, jusqu'à pouvoir paraître oublier que l'ange de la mort venait d'entrer sous leur toit.

Maouna. — La maouna est une soirée de charité. Quelques jours auparavant, on est allé dire aux gens du douar et des environs, qu'il y aura, telle nuit, **maouna**

chez un tel, brave homme tombé dans le malheur. On arrive d'un peu partout, et le bénéficiaire de la maouna reçoit son monde du mieux qu'il peut. A un certain moment quelqu'un étend par terre un tapis, un assistant y met son offrande. « *Un tel, fils d'un tel, a donné tant* », s'écrie le berah, qui proclame ainsi l'importance du don et annoncera de même tous les autres. Chacun ayant donné, la somme est comptée, et aussi dignement acceptée que dignement remise.

Hospitalité religieuse. — Elle se donne dans les zaouïas : ainsi les couvents abritaient autrefois les voyageurs indigents.

La plus grande partie des aumônes que recueillent les zaouïas, sert à la pratique de la charité.

L'hospitalité ne se paye pas ; mais reçu par un marabout, on ne commettrait pas d'inconvenance en déposant une offrande au tronc de la zaouïa.

Hospitalité publique. — Un peu partout sont des **diar ed diaf**, des maisons des hôtes, abris souvent peu confortables, mais où vous pourrez dresser votre lit, déballer vos affaires, remiser vos chevaux et vos bêtes de somme.

En Algérie, les commandants territoriaux, les officiers des affaires indigènes et les cavaliers des bureaux arabes, réguliers ou non, ont droit, dans tous leurs déplacements de service, à la **diffa**, c'est-à-dire à la nourriture et à l'hébergement.

Un règlement spécial détermine, en même temps que le prix des denrées, l'importance du repas pour chaque grade ou chaque situation. Le repas donne lieu de la part de celui qui reçoit la diffa, à l'établissement d'un bon. Ce bon, présenté au moment du versement de l'impôt, exonère le porteur pour la somme correspondante.

La **diffa** est due en Tunisie aux officiers du service des renseignements, et, par tolérance, aux cavaliers-guides. La dépense qui en résulte reste à la charge des chefs indigènes, et ne donne lieu à aucun remboursement de la part du **beylik**.

L'**alfa**, c'est-à-dire la nourriture des chevaux et des animaux de bât, est due, pour les deux pays, dans les mêmes conditions et aux mêmes personnes que la **diffa**.

FUNÉRAILLES

Mort. — Lorsque le croyant, gravement atteint par la maladie, a essayé, mais avec la discrétion que commande la résignation à la volonté d'Allah, les soins du **tebib**, les mystérieuses recettes des vieilles femmes, des **adjaïz**, le pouvoir surnaturel des formules sacrées, des **khott**, qu'ont tracées pour lui les **tolba**, il ne lui reste plus qu'à régler ses affaires, et, quand il sentira sa fin approcher, à réciter une dernière fois la **chehada**.

Toilette et convoi. — Le cadavre est soigneusement lavé par le **rsal el maouta**, le laveur des morts. On le revêt d'une **gandoura**, on noue sur le sommet de la tête les deux chefs de l'**açaba** qui, passant sous le menton, maintient la mâchoire inférieure. Puis, après avoir été enveloppé dans un **kefen**, espèce de linceul qu'on a arrosé d'un peu de cette eau du puits Zem-Zem que rapporte de la Mecque tout pèlerin, le corps est placé sur la litière, le **naach**, qui servira à le transporter à sa dernière demeure. Alors, après que les **tolba** ont récité la **fateha**, et prononcé le **dâa**, les vœux en faveur du défunt, et tandis que retentissent les lamentations des **ndabat**, des pleureuses, se met en marche le triste cortège.

Au cimetière. — Arrivés au cimetière, à la **maqbera**, les assistants se rangent en cercle, et, devant la fosse ouverte, le plus vénérable de l'assemblée dit la prière des morts. Puis, sur le cadavre, qu'on a couché sur le flanc droit la tête tournée vers l'Orient, il laisse de ses mains, et par trois fois, tomber un peu de terre, en prononçant les phrases sacramentelles, ces simples et belles paroles qui sont un acte de foi et d'espérance.

Tombe. — Le mort est alors enseveli ; à ses pieds et à sa tête, on place de champ deux pierres ou deux dalles de marbre, les chouahed, les témoins ; l'une d'elles porte souvent une inscription, de sens analogue à l' « *hic jacet* » de nos tombeaux.

Après les funérailles. — Après les funérailles, des largesses sont faites aux pauvres ; la nourriture et l'abri sont offerts à tout venant ; mais, dans ce cas spécial, la pratique de l'hospitalité prend le nom de cedaqa, aumône, ou bien de fdaoua, rachat, pour indiquer l'intention religieuse qui l'inspire.

Deuil. — Le deuil, variable dans ses manifestations, est suivi pendant un temps plus ou moins long.

Le vendredi, nhar el djemâ, les femmes vont de compagnie visiter les tombeaux ; c'est là à peu près la seule promenade qu'une femme bien élevée se permette.

Monuments funéraires. — Les tombeaux n'ont pas toujours la simplicité que nous avons dite. C'est ainsi que les marabouts ont au-dessus de leur sépulture, un petit monument plus ou moins bien bâti, terminé par une coupole, qobba.

Les marabouts fondateurs d'ordres, ont leur sépulture dans la mosquée de la zaouïa-mère.

Signaux funèbres. — De même qu'en pays chrétien on élève souvent des croix le long des routes, aux endroits où quelque mortel accident est arrivé, ainsi, pour marquer la place où est tombé un homme assassiné, les Arabes élèvent un signal en pierre, nzâ.

CROYANCES POPULAIRES

Malgré la pureté de son dogme religieux, l'Arabe n'est pas exempt de superstition. Il croit :

Aux présages. — Le présage que l'on tire de telle ou telle chose, est dit **fal**. Les mots qui comportent une signification de bonheur, de santé, sont d'un fal heureux. Qui les entend le matin en sortant de sa tente, n'a point à craindre ce jour-là de se mettre en route.

Aux « siècles d'ignorance », la croyance aux présages portait les anciens Arabes à chercher des indices pour savoir si l'issue de leur entreprise serait bonne ou mauvaise. Ces indices, ils les trouvaient dans le chant des oiseaux, dans la direction de leur vol. Ils aimaient à s'en rapporter au sort dans la plupart des circonstances. Quand il s'agissait, par exemple, de partager des dépouilles, ils se servaient de flèches spéciales appelées **guidah** ; certaines étaient marquées et correspondaient à une part, d'autres ne portaient aucun signe. Tandis que ceux qui avaient pris les flèches marquées emportaient le lot échu, ceux qui avaient les flèches perdantes restaient les mains vides. Le mot **sehem**, qui signifie flèche, mais qui veut dire aussi part, portion, n'atteste-t-il pas cette vieille coutume, condamnée d'ailleurs par le Prophète ?

Les **guidah** servaient aussi à interroger la Divinité au sujet de l'opportunité des actes. Pour ce faire, trois flèches étaient nécessaires. Sur l'une était écrit : « *Mon maître le veut.* » Sur l'autre : « *Mon maître le défend.* » La troisième ne portait aucune inscription. Si le hasard faisait prendre une des deux premières, on faisait ce qu'elle commandait de faire ; si la troisième, la flèche blanche, venait à la place de celles-ci, on recommençait la manœuvre jusqu'à ce que vint une des deux autres.

Aux hommes doués de pouvoirs occultes. — Les **sehar**, les sorciers, possèdent les toutes-puissantes formules qui font trouver les trésors, qui donnent pouvoir sur les éléments et sur les démons.

Tout bon sorcier doit être **reurbi** (occidental) ; notre langue a depuis longtemps adopté cette manière de voir, en attribuant au mot *maugrabin* (transcription de meurcurbi), un sens défavorable.

L'aaraf, le devin, n'est pas redouté comme le sorcier ; il est au contraire très consulté. L'espèce la plus commune rend ses oracles en plein marché, en interrogeant des figures bizarres tracées sur le sable ; **khott er rmel.**

La ferara est le don de seconde vue ; qui en est doué, devine les pensées secrètes.

L'Arabe craint le mauvais œil, l'aïn ; il cherche à s'en protéger. La main ouverte, grossièrement peinte, que l'on voit sur les portes des boutiques et des habitations, passe pour être un bon préservatif.

Aux êtres surnaturels. — Ce sont les djin, dont nous avons parlé, les ghoul (1), démons qui boivent le sang des humains, les **tif,** fantômes que l'on voit en songe. Nombreux sont, dans les anciens auteurs, les récits où l'on voit les âmes des morts intervenir dans les affaires des vivants, et se manifester à ceux-ci par les songes ; anecdotes merveilleuses qui ne seraient pas déplacées dans certaines revues psychologiques modernes.

« Des Arabes allèrent un jour visiter le tombeau d'un
« personnage connu pour sa générosité. Comme ils pas-
« sèrent la nuit tout auprès, l'un d'eux vit en songe le
« défunt qui lui demandait d'agréer un échange de cha-
« meaux. Le marché est conclu, et, toujours en songe,
« l'Arabe voit le défunt se diriger vers le chameau, objet
« de l'échange, et l'égorger. Sur ces entrefaites, le no-
« made se réveille, et aperçoit son chameau qui perdait
« du sang par les naseaux ; il va à lui, l'égorge, et en
« partage la chair avec ses compagnons. Ils se remettent
« en route, et le deuxième jour, ils voient venir à eux
« un homme qui leur crie : « N'y a-t-il pas parmi vous

---

(1) Dont nous avons fait goule. Victor Hugo a dit :
« Goules dont la lèvre
« Jamais ne se sèvre
« Du sang noir des morts. »

« un tel, fils d'un tel ? N'a-t-il pas fait en songe un
« échange de chameaux avec le défunt un tel ? » « Oui, »
« lui répond l'intéressé. — « Dans ce cas, reprend l'au-
« tre, emmène ce chameau ; il t'appartient ; j'ai vu aussi
« celui que tu as vu dans ton sommeil, je suis son fils
« et il m'a commandé d'acquitter sa dette. » (*D'après
un morceau de Mostratef.*)

FÊTES PRINCIPALES

Les Musulmans n'ont que deux fêtes religieuses par
an. La première, la petite fête,

    Aïd es srir   ⎫
    Aïd el fteur   ⎬ chez les Arabes.
    petit Beïram,   chez les Turcs.

se célèbre à la fin du Ramdan, qu'elle clôture, et tombe
par conséquent le 1ᵉʳ du mois de Choual.

La durée canonique n'est que d'un jour, mais le peuple la célèbre pendant trois.

On s'embrasse, on se visite, on s'offre des friandises.

La seconde, la grande fête,

    Aïd el kebir,   chez les Arabes.
    Korban,   ⎫
    ou grand Beïram, ⎬ chez les Turcs.

est dite aussi la fête du sacrifice, en commémoration du
sacrifice d'Abraham. Elle tombe le 10 du mois Dzou el
hadja, et dure quatre jours.

En principe chaque individu, petit ou grand, à moins
d'impossibilité absolue, doit immoler un mouton ; l'animal ainsi sacrifié, doit lui servir de monture pour franchir, après sa mort, le terrible pont el Sirat « *plus
mince qu'un cheveu et plus tranchant qu'une épée* »
qui relie l'enfer au paradis.

Les Musulmans ont encore trois fêtes plus civiles que
religieuses, ce sont :

el Mouloud,

ou fête de la naissance de Mohammed, instituée en l'an 996 de l'hégire, 1588 de J.-C., par le sultan turc Mourad III. Elle est célébrée le 12 du mois de Rbiâ el ouel, et dure sept jours. Tout travail est suspendu, on prie, on brûle des cierges, on met ses plus beaux habits et on mange des pâtisseries.

el Achoura,

qui a lieu le 10ᵉ jour de Moharem, anniversaire de la mort de Sid el Hassen, et de Sid el Haoussin, fils du khalife Sidi Ali bou Thaleb, gendre du Prophète.

Ras el âme (la tête de l'année),

premier jour de l'année musulmane, 1ᵉʳ Moharem.

On se souhaite la bonne année : « *Mebrouk el âme* ; » on jeûne, on prie, on s'embrasse.

Enfin les Musulmans ont dans l'année sept « nuits bénies », qui exigent de leur part des actes particuliers de dévotion.

Outre les fêtes précédentes, qui sont des fêtes légales, les Arabes ont des réjouissances publiques, périodiques ou accidentelles.

Citons notamment la **zyara**, visite au tombeau du saint dont ils se sont déclarés les serviteurs, **khoudam** : et remise à la **zaouïa** où il est enterré, de cadeaux en nature et en deniers.

DISTRACTIONS & JEUX

Rkoub el fars,
Outloug el mars,
Ou iguerguib el khars,
Iguela doud men erras.
Monter à cheval,
Lâcher les chiens,
Entendre tinter les bijoux,
Ôtent les soucis de la tête.

La nature contemplative de l'Arabe lui permet de passer sans ennui de longues heures : accroupi, silencieux, il oublie ce qui l'entoure, pour laisser son esprit aller au gré de la rêverie.

Néanmoins les Arabes ne sont point hostiles aux distractions et aux jeux.

Exercices corporels. — Les jeux des enfants sont tels qu'ils sont chez tous les peuples.

Les jeunes gens pratiquent la lutte, el gueurch.

Un des exercices favoris de la jeunesse était autrefois, et est encore aujourd'hui dans certaines contrées, l'exercice du djerid (1). Les combattants, montés sur des chevaux, cherchent, au moyen d'habiles évolutions, à avoir devant eux le dos de leur adversaire, sur lequel ils dardent alors le djerid qu'ils ont à la main.

Visites. — Les visites entre parents et voisins se pratiquent communément ; elles sont presque d'obligation à certaines fêtes de l'année.

Un proverbe bien connu conseille toutefois d'être sobre de visites : « *zour ribban, louzdad houbban;* » (visite peu, tu en seras plus aimé.)

Réjouissances. — Les fêtes religieuses, les grandes circonstances de la vie : mariage, circoncision, naissance

---

(1) Le djerid est la nervure centrale de la palme.

d'un fils, sont des occasions de réjouissances saisies avec empressement.

Un festin, oulima, avec ses pyramides de couscouss, et ses méchouis, longuement tournés au-dessus des charbons, une fantasia aux captivantes péripéties, sont la base de toute fête.

Café — Jeux — Danseuses. — Une bonne partie de la journée de l'Arabe qui a quelque aisance, se passe au café. Outre le plaisir de boire la liqueur nationale, bien des distractions l'y attirent. Ce sont : les interminables parties de dames ou d'échecs (1); les jeux de cartes, auxquels s'applique pourtant ce que dit Mohammed contre les jeux de hasard, mais que la tricherie, habituellement pratiquée, prive presque de ce caractère; les chanteuses, er rnaïa; les danseuses, ech chtahat, aux girations lentes, rythmées sur la musique du joumbri, sorte de guitare, du rbab, espèce de violon, de la flûte arabe, le jouak, dont les sons désagréables mettent nos oreilles au supplice.

Conteurs-bardes. — La vraie jouissance du nomade est d'entendre les conteurs. On en rencontre de 3 sortes :

Les goual, véritables improvisateurs, sont les plus communs : gens pacifiques, ils fréquentent les marchés, les noces, les fêtes; amis de la gaie science, frères des troubadours d'autrefois.

Les médahs ont presque un caractère religieux; leur talent s'exerce sur les vertus des saints et les mérites des combattants pour la foi : fanatiques eux-mêmes, ils exaltent ainsi le fanatisme des autres, et poussent à la haine du chrétien.

---

(1) Le mot échec vient de echchah (le roi en persan) que les Arabes prononçaient avec un g final.
Un jeu analogue, et qui est à la portée du plus pauvre, est le jeu du kharbega, assemblage de trous creusés avec symétrie sur une surface plane servant de damier, et dont les pions sont des cailloux ou des noyaux de dattes.

Les aïat sont des espèces de bardes guerriers ; on en trouve quelques types dans nos troupes indigènes.

Chants. — Les chants sont en honneur parmi les Arabes ; il n'est guère de tribu qui n'ait son chant particulier, long poème qui rappelle les choses d'autrefois et les exploits des ancêtres, histoire à la manière des peuples primitifs, annales rythmées que se transmettent fidèlement les générations.

Fantasia. — La fantasia, image de la guerre, est le suprême ornement de toute fête ou cérémonie. Comment ne mériterait-elle pas sa vogue? On y entend « parler la poudre », on y abuse des jarrets des chevaux ; à plein galop, jonglant avec son arme, on peut faire parade d'une adresse que les femmes récompensent des **yous yous** d'un joyeux **tzeghrit** ; et quelquefois la fête ne finit pas sans que le sang ait coulé, car assez souvent, lorsque tout se passe entre indigènes, les armes sont chargées, et l'habileté des jouteurs ne suffit pas pour éloigner tout danger de ces sortes de tournois.

Spectacles. — Certaines contrées avaient quelque chose d'analogue à notre carnaval, mais ces fêtes, qui s'organisaient aux premiers de l'an, étaient l'occasion de débauches et de désordres, et finirent par être abolies par les chefs arabes eux-mêmes.

Karagouss est encore populaire en Algérie et surtout en Tunisie. C'est lui qui égaye les soirées du Ramdan. Karagouss, dont la légende a fait un personnage bouffon à rendre des points à Djeha, son confrère, a donné son nom à de rudimentaires exhibitions, sorte de guignols populaires, où il tient le premier rôle, toujours satirique et souvent obscène.

Karagouss fut visir du sultan d'Égypte Salah ed din ben Aïoub. Cet eunuque ne devait point être le grotesque que nous serions tentés de voir en lui, d'après les naïvetés qu'on lui a prêtées, car Siouti, qui a recueilli les sentences de Karagouss, nous apprend que lorsque le souverain allait en Syrie, ce qui lui arrivait tous les ans, il confiait à son ministre, de partage il est vrai avec un des princes, le commandement de l'Egypte.

CHASSE

C'est la distraction des gens bien nés et la ressource du pauvre.

Celui qui n'a pour soi que sa patience, chasse au piège, **bel fakha**.

Celui qui a un fusil et un peu de poudre, chasse au tiré; mais en général l'Arabe pauvre n'est pas un brillant tireur, il n'ajuste qu'avec mille précautions; car moins que personne il ne tient à brûler pour rien le précieux **baroud**.

L'Arabe riche chasse à cheval, et derrière ses levriers, ses infatigables **slouguis**, force le lièvre, **erneb**, et la gazelle, **rezala**; sans négliger toutefois, lorsque le peu de distance le lui permet, d'abattre au plein galop de son cheval le gibier fuyant.

A côté du **slougui**, cet animal noble qui, au contraire de l'immonde **kelb**, chien de garde, peut coucher dans la tente du maître, et parfois porte à son collier les parchemins de sa généalogie, il faut citer le faucon, le **tir el horr**, que certains chefs arabes emploient à la chasse.

On se sert du faucon pour prendre l'outarde, **habara**, le lièvre et même la gazelle, mais cette chasse au faucon, pratiquée en plaine, est toujours cruelle et presque sans intérêt, la vue de l'oiseau de proie paralysant l'animal chassé.

Dans le Sahara, on voit des piétons chasser la gazelle, suivre un troupeau de leur pas infatigable (**khozet el kelb**, le trot du chien, comme ils disent), et être assez habiles pour s'en approcher jusqu'à faire feu utilement sur la troupe.

Dans la montagne, on chasse la grosse gazelle, le mouflon, aux sauts vertigineux; et dans certaines régions où les fauves se rencontrent encore, les Arabes, pour mettre fin à leurs déprédations, marchent contre la panthère ou le lion; mais ceci n'est presque plus de la chasse, c'est une expédition en règle (1).

NOURRITURE

Tout le monde connaît la sobriété de l'Arabe : elle est passée en proverbe.

Dans ses courses merveilleuses, Abd el Kader ne se soutenait que de quelques poignées de **cherchem** (blé bouilli dans de l'eau salée). Sobriété de nécessité : aujourd'hui comme autrefois, l'Arabe n'est point hostile à la bonne chère, quand vient l'occasion.

Mets.—Le mets national est le **couscouss**. Composé de farine, **dqiq** (s. ent. **el gmeh**, du blé), de beurre frais, **zebda**, ou rance, **dehan**, **smen**, il comporte certaines variétés, suivant la grosseur et la blancheur du grain. Le **mesfouf**, est le plus fin ; préparé au sucre, **bes seker**, et garni de raisins secs, **zbib**, il constitue un dessert recherché.

Le couscouss est servi accompagné d'une saucière pleine de **marga**, bouillon très épicé (harra, brûlante, cuisante), et où nagent les petites écailles rouges du **felfel** desséché.

---

(1) Le lion, admiré et redouté, est le sujet de nombreuses légendes ; les Arabes lui prêtent, comme presque tous les autres peuples, la magnanimité.

Ils croient avoir surpris le sens de son formidable cri, et prétendent que dans son rugissement on peut distinguer les mots : *ana ou ben el mra*, moi et le fils de la femme ; ne consentant par là à partager la domination avec aucun des animaux.

Ce piment est l'assaisonnement ordinaire dans la cuisine indigène. C'est, comme on a dit, le vin des Arabes; il excite l'estomac à digérer des aliments souvent indigestes. Le poivre noir, **el felfel el akehal**, est beaucoup moins usité.

Viandes. — Le pendant du couscouss est le **mechoui** (le rôti), que l'on appelle aussi **mçaouer**. C'est un mouton, **kebch**, ou le plus souvent un agneau, **kherouf**, que l'on fait rôtir, embroché à une tige de bois, **seffed**, en le tournant au-dessus de charbons ardents.

Le **kebch mechoui** se sert tout entier ; on le mange à la main, **bel ied** ; le morceau délicat est le rognon, **keloua**.

La viande de bœuf, **leham el begri**, n'est pas employée. Le chameau, dont le meilleur morceau est la bosse, **hadba**, est généralement utilisé dans le Sud.

Le porc, **el hallouf**, est abhorré.

Les Arabes, en vue de se procurer, soit en voyage, soit en expédition, une nourriture commode, salent et sèchent de la viande ; cette préparation prend le nom de **khelâ**.

Le mouton est encore apprêté en ragoût, et constitue ainsi divers mets. Le **terbiâ**, entre autres, est un ragoût de mouton aux œufs et aux tomates.

Le poulet, le pigeon, le gibier de plume et de poil, contribuent largement à l'alimentation.

Potages. — Les Arabes connaissent les potages ; certains, préparés avec de gros vermicelles fabriqués dans la maison même, **douida** (de **doud**, vers), et une **marga** bien épicée, sont vraiment très appétissants.

Pâtisseries. — Leur cuisine est encore fertile en ressources pour la préparation des friandises sucrées. Leur énumération serait trop longue ; citons seulement les plus connues, **makroud, kaak, zlabia, rerébia** ; et donnons-leur le terme générique de **halaoua**, sucreries, (de **halou**, doux, sucré). Ce sont ces sucreries et pâtisseries qui, avec les fruits, **fouaki**, servent de dessert, **traz**.

Pain. — Le pain, **khoubz**, utilisé chez eux, diffère du nôtre. Ils mangent avec les aliments des sortes de galettes plates, **kesra**, que les femmes pétrissent et cuisent elles-mêmes.

Le pain est sacré entre tous les dons de Dieu ; c'est un péché que d'en laisser traîner des morceaux à terre.

Aliments de circonstance. — Citons encore, mais à titre d'aliments d'exception :

La rouina, farine d'orge, **dqiq ech chaïr**, que l'on emporte dans un petit sac à provisions, **mezoued** (les provisions de voyage se disant **zad**). On la délaie dans l'eau et on l'avale en boulettes ; c'est avec la **dchicha**, blé grillé, la ressource des pauvres gens en voyage.

Le grain du **drinn**, du volume du grain de millet ; il est utilisé dans le Sud. Le général Margueritte dans ses « *Chasses de l'Algérie* », indique la curieuse façon qu'emploient les femmes pour en faire la récolte.

Le maïs, **mestoura**, dont les épis grillés sont assez estimés.

Les sauterelles ; leur chair est permise, **hallal**. On les mange grillées ; il paraît que les chevaux qui y ont goûté en restent très friands.

Fruits. — Le raisin, **aneb**, est, après la datte, le plus estimé de tous les fruits.

La datte, **temra**, est pour l'Arabe du Sud une précieuse ressource et son plus ordinaire aliment. Les dattes prisées entre toutes, sont les dattes blondes, **deglet en nour**, dattes-lumière.

Boissons. — L'habitude répandue est de ne boire qu'à la fin du repas.

Le lait frais se dit **halib** ; aigri, il s'appelle **leben**, **chnin** ; caillé, **raïb**.

Le lait est très employé comme boisson à table.

Le lait de chamelle est couramment utilisé dans le Sud.

Le lait passe pour avoir de grandes qualités ; on va jusqu'à en abreuver les chevaux de grande race et les chiens de chasse.

Quand on ne peut pas boire du lait, on boit de l'eau.

L'Arabe est très difficile sur le choix de l'eau, ce qui ne l'empêche pas de laisser ses sources ou ses puits dans le plus piteux état.

Les anciens Arabes connaissaient le vin, qui a été maintes fois célébré dans leurs poésies. Mohammed a interdit son usage, ainsi que celui de toute boisson fermentée. Pour dire vin, on se sert couramment en Algérie du mot **cherab**, qui signifie simplement boisson ; le mot **khemeur** serait plus approprié, car il signifie liqueur fermentée. Les eaux-de-vie, **araq**, **mahia**, et le vin de palmier, **lakmi**, le *coryptis* des anciens, font, malgré la défense du Prophète, les délices de bon nombre de nos indigènes.

Café. — Le café, **qahoua**, grillé et pilé, donne une boisson populaire généralement bonne et à bon compte.

On le boit sucré, **haloua**, ou sans sucre, **mourra**. On le prépare spécialement pour chaque client dans une petite cafetière à long manche, **djezoua** ; on le verse dans de petites tasses, **fendjal**, servies sur un plateau de cuivre plus ou moins travaillé, **çenia**.

Comme chez nous, le mot **qahoua** sert aussi à désigner l'établissement où on boit le café ; **qahouadji**, mot à terminaison turque, désigne le cafetier.

Une remarque curieuse à propos de **qahoua**, est que, dans les temps anciens, ce mot voulait dire vin. Bien des passages des anciens poètes permettent d'admettre ce sens primitif. Le mot **qahoua** désigne d'ailleurs seulement la boisson ; la fève du café s'appelant **boun** dans le pays de l'Yémen.

Tabac. — Les Arabes prisent et fument. Le tabac, **ed doukhan**, (en sous-entendant sans doute **hachich**, herbe, car **doukhan** ne signifie pas autre chose que fumée), n'a pas été prévu par le Prophète; il n'est donc point défendu, bien qu'on s'accorde à dire qu'il vaut mieux s'en abstenir.

Kif. — Le kif est le chanvre indien (cannabis indica) : les feuilles séchées et hachées se fument. L'ivresse que procure ce fumer est recherchée par bien des indigènes; le fumeur de kif, comme le fumeur d'opium, ne tarde pas à porter les stigmates de son abrutissante passion.

TOILETTE

Ingrédients de toilette. — Le henné (lawsonia inermis) est employé au double titre de cosmétique et de médicament. Il embellit, tonifie les parties sur lesquelles on l'applique, (el henna, trab el jenna, dit le proverbe, le henné, c'est de la terre du paradis).

La teinte qu'il communique à l'épiderme est d'un rouge orange.

Les feuilles sèches du **henné** sont finement broyées ; à la poudre qui en résulte, on ajoute de l'eau, de façon à en faire une pâte facile à appliquer.

Mohammed teignit ses enfants de **henné** au septième jour de leur naissance.

Les Arabes usent aussi du **henné** pour leurs lévriers et les chevaux de prix.

Le **souaq** est une écorce astringente dont on se sert pour les soins de la bouche; le **souaq** de l'Yémen est bien souvent remplacé par le brou de noix ou l'écorce de noyer.

On appelle **koheul** une préparation complexe dans laquelle entre le sulfure d'antimoine, et dont les ingrédients accessoires sont assez variables. Toute femme porte dans un petit flacon ce précieux cosmétique : il sert à teindre les cils et les sourcils, et passe pour conserver et améliorer la vue.

Tatouage. — Le tatouage, el oucham, est une pratique jugée condamnable, ktibet ech chitan, stigmates du diable, dit-on, en parlant des dessins ainsi imprimés à la peau. Cependant un tatouage discret, une très petite croix au front, est souvent pratiqué sur les petites filles.

Épilation - Rasage. — L'épilation, après application préalable d'une pommade épilatoire, est généralement usitée.

Le cuir chevelu, à l'exception d'une petite place, doit être rasé ; la barbe ne doit être que taillée.

Les moustaches doivent être coupées au ras de la lèvre supérieure.

Ablutions. — Les ablutions, oudou, sont réglées par les prescriptions religieuses : il y a la petite et la grande ablution ; pour celle-ci on ne doit employer que la main gauche.

Bain maure. — Le hammam, que nous appelons bain maure, est si cher aux Arabes qu'il n'est guère de bourgade qui n'en possède un. Les bains établis dans les vieux édifices, sont plus estimés que ceux qui sont installés dans des constructions neuves.

On entre dans une grande pièce qu'entoure une galerie où sont les lits de repos ; on laisse à la caisse les objets de valeur que l'on peut avoir. On se déshabille, se ceint de la fouta, chausse les qebaqeb de bois. Un mouchtou, garçon de bain, jette sur vos épaules un haïk, et, par un obscur corridor au sol glissant, empli d'une fade buée, vous conduit à la chambre du bain ; une fouta est étendue par terre, une autre est roulée pour vous servir d'oreiller. Après quelques instants de sudation dans la chaude vapeur d'eau où l'on suffoque presque, arrive le qeïas, le masseur, avec son frottoir, sa qassa, en poil de chameau. Quelques minutes de massage à la main, quelques minutes de râclage à la qassa, un badigeonnage au savon mou et un lavage à grande eau : tel est le bain. Vous êtes alors enveloppé avec soin dans des tissus de laine et conduit à votre lit, où l'on vient vous sécher par une sorte de massage par dessus les couvertures. Après quoi, sur le « saha! » obligatoire, on vous laisse à un repos bien gagné.

VÊTEMENT

Élégance. — L'Arabe ignore les fluctuations de la mode ; aussi son vêtement est-il, à très peu près, ce qu'il était autrefois ; mais, si du pauvre au riche la coupe ne change guère, le vêtement se remarque par la finesse de son tissu, par le travail délicat de ses broderies. On trouve même des élégants, des façons de petits maîtres, qui savent se distinguer du commun par la manière de draper leur burnous ou de porter leur coiffure, laquelle, dans nos provinces, si elle est haute de forme et cerclée d'une longue brīma, ne manque pas de donner à son propriétaire un cachet de distinction.

Confection. — Les draps, melf, de toute couleur, mais toujours de teinte unique, la soie, harir, khez, la laine, çouf, la toile, kettan, la mousseline, chach, le calicot, anberguiz, entrent dans la confection des vêtements ; le fessal les coupe ; le kheyat les coud ; le traz les enrichit de broderies de soie ou d'or.

Habillement complet. — Un vêtement complet arabe s'appelle un gat.

Les vêtements font partie des présents et des cadeaux ; les vêtements d'honneur, les robes d'investiture que donnaient les souverains arabes, portaient le nom de khilâa.

Burnous. — Le burnous est le vêtement national. Le nom de burnous s'appliquait primitivement à une sorte de long bonnet, comme nous le montrent certains passages des « Prairies d'or » ; ce n'est que plus tard qu'il a qualifié le manteau à capuchon porté aujourd'hui par tous nos indigènes. Du temps d'Ibn Khaldoun, le burnous était le vêtement national des Berbères nomades; on les appelait les hommes au burnous, **assehab el branes**.

Le capuchon, **guelmouna**, est orné d'un gland de soie, **cherraba**; les pans, **adjnah**, sont souvent brodés; la partie qui recouvre le devant de la poitrine et qu'on appelle **cedara** l'est toujours.

Sous la tente on tisse le burnous rustique, grossier et solide, si résistant qu'il dure presque un âge d'homme.

L'Arabe riche porte en général deux burnous, l'un plus fin, l'autre moins. C'est le burnous blanc qui est le plus « habillé »; certains burnous de laine blanche sont de trame si fine que, roulés, ils tiendraient dans les deux mains.

Le burnous rouge à passementeries d'or est l'insigne officiel des chefs arabes qui ont reçu de nous l'investiture.

Sous le burnous. — Au dessous du burnous se porte la veste, **relila**, le gilet, **cedriya**, fermé par une longue rangée de petits boutons. La chemise, **gandoura**, se porte au dessous.

Mentionnons encore l'**abaia**, sorte de sarrau en laine, vêtement de travail, et la **guechabia**, blouse en laine à manches courtes et à capuchon, à l'usage des **Mzabites**.

Coiffure. — La coiffure typique est loin d'être simple. Sur la tête rasée se pose d'abord une calotte en feutre, l'**arguia**, ainsi appelée parce qu'elle est destinée à absorber la sueur; au dessus d'elle se place la **chéchia**, bonnet en feutre rouge. Sur la **chéchia**, serrée par les nombreux tours de la **brima**, corde en poil de chameau, ou d'un turban en soie, **amama**, s'applique le **haïk**, grande pièce d'étoffe légère, qui descend sur le buste en encadrant la figure et se noue élégamment au devant de la ceinture.

Le medell est un très large chapeau en sparterie que, dans la saison d'été, beaucoup d'Arabes de la campagne portent par dessus leur coiffure.

Pantalon et ceinture. — Le pantalon, large et bouffant, **seroual**, est serré autour du corps par un lien en coulisse, **teka**. La taille est ceinte du **hazam**, longue ceinture en soie, aux mille raies, ou de la modeste **chemla** de laine.

Chaussures. — Les chaussettes, **tgacher**, ne sont guère portées que par les riches.

Une espèce de bas en souple cuir rouge, le **mest**, est, avec le soulier ordinaire, **sbat**, la chaussure du cavalier. La pantoufle en cuir jaune que l'on traîne aux pieds, se dit **belra**.

Le vêtement est complété par le **maharema**, le pittoresque mouchoir, de cotonnade rouge pour le peuple, qui, noué au burnous, flotte devant le vêtement et ne sert heureusement pas à se moucher.

Nous n'insisterons pas sur le vêtement des femmes ; on ne les aperçoit guère que roulées dans une vaste pièce d'étoffe, **melhafa**, qui ne laisse voir que les yeux.

HABITATION

Tente. — La tente est l'habitation par excellence des nomades, **er rehala**.

Les tentes dites **kheïma**, **guitoun**, sont souvent en toile. Le **bit ech chaar**, tente en poil, est une vaste et lourde tente faite de longues bandes cousues entre elles. Ces bandes, de couleurs foncées, dites **felidj**, *pl.* **afladj**, sont tissées en poil de chèvre et de chameau, et en filaments de lif.

Les montants plus ou moins longs qui soutiennent la toile, s'appellent, entre autres noms, **rkiza**, *pl.* **rkaïz**. Les piquets qui, fichés en terre, retiennent l'édifice, sont dits **mouteg**, *pl.* **mouateg**.

Une draperie, tag, haïk, sépare du reste de la tente la partie réservée aux femmes.

Les chefs arabes ont d'habitude une tente spécialement affectée aux hôtes (1).

Un groupement de tentes est un douar (2).

Le gourbi, mot arabe francisé, s'entend sans être défini.

Maison — Bordj — Ksar. — Le mot dar, maison, paraît réservé aux grandes habitations faites avec des matériaux résistants.

Le bordj est une maison avec enceinte, en rase campagne ; c'est à peu près ce que la basse latinité nous représente par le mot *burgus*, d'où le français bourg, et qu'on appelait autrefois un lieu fort : quelque chose comme l'intermédiaire entre la maison et la citadelle, qlâa, qasba.

Le ksar est le palais du gouverneur, du sultan, toujours plus ou moins fortifié ; mais en Algérie ce mot est souvent pris dans un autre sens, le sens de bourgade, village placé dans une bonne position défensive.

Les belles maisons arabes sont rares ; un heureux spécimen est celle où a été installée la bibliothèque-musée d'Alger.

Construction. — Dans le Tell, c'est le maçon européen qui travaille ; dans le Sud, où la main-d'œuvre de celui-ci serait trop coûteuse, c'est au maçon tunisien, bennaï, qu'on s'adresse. Sous la direction d'officiers des bureaux arabes s'improvisant habiles architectes, il a, pour sa large part, contribué à élever bien des édifices militaires, ceux d'El Oued et de Touggourt par exemple. L'ouvrier tunisien arrive même, dans ces régions sablonneuses où les seuls matériaux sont le

---

(1) L'expression « *un fils de grande tente* » a la même valeur que l'expression, chez nous courante, de « *fils de famille* ».

(2) Sans chercher une autre étymologie, ne faut-il pas voir simplement dans ce mot un des pluriels du mot dar, qui veut dire maison, et aussi habitation quelconque, tente par exemple ?

plâtre et ces conglomérats de cristaux gypseux qu'on appelle « roses du Souf », à faire des œuvres remarquables, comme le dôme, aux proportions hardies, de la zaouïa de Temacin.

Parties de la maison. — Toute maison est composée d'un certain nombre de chambres, **bit**, *pl.* **biout**. Ce mot ne signifie guère autre chose que endroit où l'on demeure, où l'on passe la nuit.

On distingue les divers **biout** en leur donnant un complément qualificatif : **bit el makla**, par exemple, veut dire salle à manger ; **bit ez ziara**, salon à recevoir les visites.

Villages, villes. — Un groupe de maisons constitue un village, **dechera, gueria**. Les villages aux Kabyles, les douars aux Arabes ; et la différence de race se traduit par la différence des mœurs, différence qui tend toutefois à s'effacer lentement, indéniable modification qu'imprime à l'élément indigène notre présence sur la terre algérienne.

Le mot **blad**, quoique employé, ne désigne pas à proprement parler la ville ; il veut dire plutôt contrée, pays. **Medina** est le véritable mot ; et le nom de Médine qui a été donné à une des villes saintes de l'Arabie, ne signifie pas autre chose que la ville par excellence : « *Urbs* », disait-on autrefois en parlant de Rome.

Autour de la ville, le **fahas**, la banlieue.

Fortifications. — Il ne subsiste plus guère de villes ou de bourgs arabes fortifiés. Les remparts, **assouar**, sont tombés ; les fossés, **khenadeg**, se sont comblés ou sont devenus d'infects marais destinés à disparaître.

Certaines villes, certains villages du Sud ont conservé leurs fortifications : Ouargla, par exemple, fière de ses vieux remparts et de ses portes vermoulues, mais en train de faire de ses fossés une agréable promenade ; ces villages du Souf qui, avec leurs mignons murs de plâtre et de sable et leurs tours grosses comme des guérites, rappellent ces gravures naïves où un vaillant chevalier suffit à garnir un rempart; et, enfin, ces **ksour** de la province d'Oran entourés de leurs chemises de pisé, dans lesquelles l'artillerie est impuissante à faire des brèches praticables.

Mais dans les régions où agissent les dissolvants atmosphériques, la construction arabe dure peu. Que reste-t-il sur ce sol où les ruines antiques sont pourtant encore si imposantes, que reste-t-il des enceintes fortifiées d'Abd el Kader, de Takedempt, par exemple, sa plus sûre place forte?

MOBILIER

Le mobilier est généralement de composition très sommaire.

Meubles. — Le meuble national est le **sandouq**; c'est une caisse plus ou moins décorée, fermant à clef. On trouve le **sandouq** dans les habitations des villes, comme sous la tente. Il représente, chez l'Arabe, le coffre usité chez nous au temps des mœurs plus simples.

Le **fniq** est une sorte de coffret où l'on serre les objets de valeur.

Literie. — L'Arabe ne se sert ordinairement pas de lit. On étend par terre un tapis, un matelas, **metrah**. Le **frach** (1), n'est donc pas un lit à la façon dont nous sommes habitués à entendre ce mot, le cadre en bois ou en fer qui constitue le lit étant appelé **srir**.

Ce coucher très simple est complété par un oreiller, **mkhadda** (mot à mot objet sur lequel on repose la joue); l'**ouçada** sert dans le même but, l'Arabe de la tente y place ordinairement ses objets précieux pour les dérober,

---

(1) Le mot **frach** ne signifie pas autre chose que ce que l'on étend par terre et dispose en vue du repos.

pendant la nuit, au trop habile savoir-faire des voleurs.

Sièges. — Les sièges sont pour les indigènes un produit de la civilisation ; ils n'étaient pas cependant inconnus avant nous. Si l'on ne connaissait guère la chaise, ou **koursi**, on usait assez généralement, dans les maisons, du banc en bois, **mesteba**, dont on peut voir des spécimens à la bibliothèque-musée d'Alger : sur ces sortes de bancs, on se plaçait accroupi plutôt qu'assis. On s'en servait donc seulement en guise d'estrade.

Nattes et tapis. — Le plus souvent l'Arabe s'asseoit par terre sur la modeste natte, l'**haçira**, en jonc ou en alfa, ou sur les tapis, dont on retrouve dans les demeures indigènes toutes les variétés, entre autres le **gtif**, à la longue laine, la **zerbia**, à la laine courte.

Tables. — Notre table lui était inconnue ; il en a simplement arabisé le nom, il l'a appelé **tâbla** ; la tâbla est adoptée aujourd'hui par beaucoup d'indigènes.

Les indigènes avaient, et ils ont encore, un plateau supporté par un pied assez court ; lorsqu'il n'est pas garni c'est le **khouan** ; lorsque les mets ont été déposés dessus, il est appelé **maïda**.

Ils se servent encore du **tebac**, sorte de plateau en sparterie, sur lequel on place les galettes ou les dattes.

Ustensiles de ménage. — Voici quelques-uns des principaux ustensiles usités chez les indigènes :

l'**abriq**, l'aiguière, et, par extension, tout vase qui sert à verser de l'eau, quelle que soit sa forme ;

le **stel**, vase en cuivre avec grande anse mobile : employé de tout temps ; le mot **satla** est plus courant ;

la **baqbaqa**, gargoulette ; le terme arabe est une onomatopée ;

la **matara** est une sorte d'alcaraza en cuir usitée dans le Sud ;

la **tanjera**, la **borma**, la **gdra**, marmites, variables par leur confection ;

la **rallaïa**, tout vase qui sert à faire bouillir de l'eau ;
le **tajin**, plat en terre allant au feu ;

la **tebria** est une grande jarre comme la **guella** du Kabyle ; elle sert à mettre en réserve les provisions ;

le **zenbil** est un panier en sparterie que l'on met de chaque côté du bât.

Sacs. — Les **chouari** sont des sacs usités dans les mêmes conditions.

Le **tellis** est un grand sac en poil de chèvre ou de chameau, dans lequel on descend les bagages pour la plus grande facilité du transport.

Le sac en toile est plus particulièrement appelé **chekara**.

Le **mezoued** est un petit sac en cuir qui sert à enfermer les vivres de route, **zad**.

ARMES

El fares bla slah,
Ou el tir bla djenah.
Le cavalier sans les armes,
C'est l'oiseau sans les ailes.

Armes primitives. — Comme tous les peuples, les Arabes ont employé les armes primitives : la lance, **elmezrag** ; le bouclier, **teurs** ; l'arc, **qous** ; les flèches, **sehem, nebel**.

De nos jours, il n'y a guère que les Touareg qui se servent d'arcs et de lances.

Armes de taille et de pointe. — Les armes de taille et de pointe sont de toutes les époques. Chez les anciens Arabes, les plus en faveur étaient les lames faites aux Indes ou avec le métal rapporté des Indes.

Le mot **hend**, Inde, se retrouve dans les noms de plusieurs armes tranchantes d'autrefois.

Le **khenjer** et la **koumiya** sont des poignards recourbés.

Le **sekin**, le **sif**, sont des variétés du sabre.

Les Arabes ne sont point habiles au maniement du sabre : leurs amples vêtements flottants ne leur permettent guère les mouvements de la contre-pointe.

Le cavalier porte le sabre sur le côté gauche de la selle engagé sous le panneau, la poignée en avant.

Les belles lames sont rares ; la plupart des sabres ont de médiocres lames espagnoles, sur lesquelles on a ajusté une poignée, **guebda**, plus ou moins travaillée.

Le fourreau, **joua**, est tantôt garni de cuir, tantôt doublé d'une lame métallique à dessins repoussés au marteau.

Il nous faut encore ajouter aux armes blanches, le **mouss**, vulgaire « eustache », qui ne quitte guère l'indigène ; et surtout ces longs couteaux, appelés **flissa**, parce qu'ils sont fabriqués dans la tribu kabyle de ce nom, comme le **bou saadi**, arme de même espèce, a pris le nom de **Bou-Saada**.

Armes à feu. — Le fusil primitif se fait de plus en plus rare. Nous entendons par là le long **mokahala**, à pierre, **bez znad** (1).

La détente, **gueurs**, est ou n'est pas protégée par un pontet, **gous** ; le guidon, **debbana**, est plus ou moins bien marqué ; et le long canon, **jaba**, est maintenu sur le bois, **srir**, par une quantité de bagues, **halga**.

Malgré leur pauvre fabrication, ces armes ont parfois une justesse relative assez remarquable ; aussi l'Arabe ne revient que lentement de son opinion sur l'excellence des longs canons : « ils portent loin », dit-il. Et au début de la conquête, nos troupes paraissaient reconnaître ce mérite à l'arme indigène.

---

(1) **Znad** veut dire pierre à feu ; par extension on a appelé **znad** la partie de la batterie qui porte la pierre, le chien en un mot.

Le cavalier porte le fusil en le tenant en travers de la selle derrière le haut pommeau, **guerbouss**.

Le fusil à deux coups, le **magroun**, littéralement fusil à canons jumeaux, a l'estime de l'indigène.

Les modèles perfectionnés qui se chargent au moyen de cartouches, **kortas**, (cornet en papier), sont pour l'Arabe éloigné des centres, moins avantageux que le fusil à baguette, **bel mdegg**.

Le pistolet, **bachtoula**, **kabbouss**, arme que l'on cache facilement, est très recherché.

Canon. — Le canon, **medfâ**, est une arme de sultan. Le canon a un grand effet moral sur l'Arabe. Les premiers canons d'Abd el Kader, servis par ce qu'il put recruter de **teubjia**, (canonniers turcs), ranimèrent le feu de la résistance.

Une pièce de monnaie rappelle le mot de medfâ ; c'est le **bou medfâ**, dont une des faces porte l'image d'un canon.

Il nous reste encore à citer pour être complets :

Crochet de guerre. — **Mokhtef**, crochet souvent garni d'une hachette sur sa convexité. Solidement emmanché au bout d'un bâton, il sert à désarçonner l'ennemi.

Meterg (matraque). — Le **debbous**, le **meterg**, bâtons de longueur variable, mais lourds et massifs, souvent ferrés. Armes sérieuses et opérant sans bruit : « la balle froide ».

Les Arabes sont en général très adroits dans le jet du bâton, comme dans celui des pierres ; à la chasse, ils arrêtent souvent ainsi le gibier qui fuit.

CHAPITRE VI

CULTURE INTELLECTUELLE

ÉCRITURE

> On raconte de Salomon qu'il demanda à un génie ce qu'est la parole : « *Un vent qui fuit* », lui fut-il répondu. — Et quel moyen de le retenir ? « *L'écriture* », dit le génie. (QALQACHANDI.)

L'arabe s'écrit de droite à gauche ; il est caractérisé par l'absence de majuscules et de ponctuation.

L'écriture s'appelle **khett**.

Genres d'écriture. — L'écriture habituelle, celle employée par les copistes, appartient au genre **neskhi**, ainsi appelé parce qu'il est employé dans les transcriptions, **neskha**; par opposition au genre **diouani**, qui comprend les écritures officielles.

L'écriture des Arabes d'Espagne était autrefois réputée pour sa beauté et son élégance.

La manière de disposer les lettres en forme d'ornement et de les enjoliver, s'appelle **taadim el khett**; les écrivains habiles arrivent à représenter, avec des lettres entrelacées, les plus compliquées figures.

La calligraphie est très en honneur ; quiconque aspire à de hautes fonctions doit y être exercé.

« Le prince des croyants, Ali, que Dieu le fasse

« illustre ! a dit : « *La belle écriture augmente l'éclat « de la vérité.* » (Qalqachandi.)

Plumes—Encre. — Les Arabes écrivent avec un roseau taillé, le qlem, mot à rapprocher du latin *calamus*.

L'encre, el midad, el habeur, est fabriquée par les indigènes, au moyen de laine brûlée, délayée dans de l'eau gommée (1). L'encrier portatif se dit **douaïa**.

Lettres. — L'Arabe écrit peu. Les lettres sont établies d'après un type conventionnel, où les formules tiennent une large place, le sujet lui-même étant le plus souvent strictement traité.

La lettre, braïa, mektoub (tout écrit d'ailleurs s'appelle un mektoub), porte le cachet de l'auteur, pour les personnes d'une certaine condition.

Cachet. — Le cachet, tabâ, qui remplace la signature, khett el ied, se place, en tête de supérieur à inférieur, après le dernier mot dans le cas inverse. Agir autrement serait, d'après les habitudes reçues, une insolence.

Poste. — En désignant la poste par le mot bouchta, la poste, on sera compris partout ; le fonctionnaire de ce service est alors le saheb el bouchta.

La poste est faite dans le Sud, par des deïra, cavaliers ou hommes montés à mehara ; plus rarement par des coureurs infatigables, les reggas.

Dans les royaumes musulmans, la situation de préfet de la poste était parmi les plus hautes. Le titulaire de cet emploi avait à renseigner le sultan sur ce qui se passait dans les provinces et à le conseiller suivant les circonstances. Il avait de nombreux auxiliaires. Cet emploi ressemblait à ce qu'est de nos jours la direction

---

(1) Formule que nous donnons à titre de curiosité : « Prendre « de l'huile de graine de rave, et de l'huile de graine de coton, « les faire brûler au dessous d'une tasse, jusqu'à extinction, lever « la tasse et mêler ce qui y adhère avec de l'eau de myrte et de « la gomme arabique. » (Massoudi.)

de la poste, avec l'obligation en plus, de rendre compte au sultan des nouvelles et des événements ; le préfet de la poste, le saheb el brid, était l'intermédiaire entre le gouverneur et le souverain.

Abed el Melk ben Mrouan disait à son chambellan : « Ne laisse entrer que trois personnes : le maître d'hôtel, « car un repas ne supporte pas le retard ; le mouddin, « car il appelle à Dieu ; et le brid qu'on ne peut faire « attendre sans dommage pour les peuples. » (D'après les commentaires de Chikh Abdou.)

Journaux. — Les journaux, jrida, ou plus simplement journala, gazetta, n'ont que peu de succès auprès des Arabes. Le journal officiel imprimé à Alger pour les indigènes, s'appelle le mobacher, c'est à dire le nouvelliste.

SCIENCES ET ARTS

> « *Atelbou el alem men el meheud ila* « *el lekheud.* »
> Recherchez la science depuis le berceau jusqu'à la tombe.

Limites de la science. — Cette science, si désirable et d'un prestige si haut qu'aux beaux temps de l'Islam de grands criminels lui durent la vie, n'a pas en général des limites bien reculées.

La connaissance du Coran, des ouvrages de ses commentateurs, dont un des plus réputés fut el Khazin ; les conversations du Prophète, hadit, c'est à dire son enseignement oral pieusement recueilli ; la théologie, alem et touhid, science du Dieu unique ; le livre du droit de Sidi Khelil, qui n'est qu'un commentaire du Coran au point de vue légal ; la grammaire, compliquée à plaisir et divisée en deux parties, le sarf et le nahou ; la versification, alem el aroud ; car il est bien peu de gens qui ne se croient poètes, **chaar**, à leurs heures. Enfin, les mathématiques, **alem el hassab**, l'astronomie, **alem el felk**, et la médecine, **alem el teub**.

Telles sont les connaissances enseignées et parcimonieusement répandues parmi les Arabes; encore ce bagage intellectuel, qui ne constitue à nos yeux qu'une faible partie des connaissances humaines, en est-il resté, à très peu près, et plutôt même amoindri, au point où l'a laissé la décadence des brillantes écoles qui, au moyenâge, portèrent si haut le renom des savants de l'Islam (1).

Les Arabes sont donc restés bien loin derrière nous, attachés à des méthodes qui ont fait leur temps, nourrissant leur esprit des spéculations métaphysiques, mettant la vie scientifique dans les disputes d'écoles, remplaçant les découvertes par les commentaires et les paraphrases, et dédaignant l'étude des choses, pour chercher le vrai dans les lignes des anciens maîtres de la pensée.

Ecoles — Grades. — Une de nos villes d'Algérie, Tlemcen, fut un des plus actifs foyers d'instruction; c'est là qu'autrefois professait le célèbre Ibn Khaldoun, auteur de bien des écrits estimés, et notamment d'une belle histoire des Berbères. Fez est aujourd'hui, moins brillamment sans doute, ce que fut Tlemcen.

Dans les espèces d'universités qu'on appelle **medaress**, affluent les **tolba**, c'est à dire les étudiants, ceux qui viennent demander la science. C'est déjà beaucoup d'être **taleb**, et, dans nos possessions, ce mot est bien près de désigner un savant; mais il y a au dessus ceux qui sont arrivés à une plus haute connaissance, le **hakim**, le **faqih**, qui néanmoins ne se contenteront pas de leur

---

(1) Les souverains arabes protégeaient la science. Mamoun, que l'on considérait comme le plus savant des khalifes Abassides, consacrait deux jours par semaine aux tournois de l'esprit. Les « Mille et une nuits » nous ont conservé l'histoire d'un savant arrivé en haillons à ces sortes d'assises publiques, et, de réponse heureuse en réponse heureuse, s'élevant jusqu'au plus haut rang.

savoir déjà acquis ; ils étudieront jusqu'à la mort, entourés, il est vrai, de considération et de respect, ne cessant, suivant leur belle expression, de « demander la science » parce que l'arabe, langue et œuvres, est un « puits sans fond ».

L'enseignement primaire est donné dans les dépendances de la mosquée, où les enfants du quartier, du village, sous la direction d'un maître, mallem, apprennent à lire en épelant les versets du Coran, et à écrire en traçant sur leurs planchettes polies, louh, les mots du livre saint.

Le mallem a, en général, fort à faire pour inculquer à ses turbulents disciples les « principes de toute science » ; et, s'il a peu à peu renoncé à l'usage du falq, ce rouleau de bois machiné indispensable à l'application d'une bonne bastonnade, il use largement de la modeste férule.

Le mallem, d'ailleurs, peut-être à cause de la modestie de son rôle, ne semble pas avoir joui d'une bien respectueuse considération : nombreuses sont, dans les auteurs, les anecdotes comiques et amusantes sur le mallem et ses bizarreries d'esprit ou de conduite.

Bibliothèques. — Les souverains arabes se plurent en général à former des bibliothèques, khaznet el ktoub. Il n'en subsiste plus guère, même en pays vraiment arabe ; mais on ne peut s'empêcher de citer à la louange du peuple musulman, l'ancienne bibliothèque des Abbassides de Bagdad, qui fut dispersée à la prise de cette ville par les Tartares, et celle des khalifes Ommiades d'Espagne, qui disparut avec la domination musulmane.

Arts. — Les arts, el fenoun, sont bien peu cultivés de nos jours ; il n'en fut pas de même au moyen-âge, où Tunis était le foyer des lumières, la ville des artistes : « *Tunis invente, Alger arrange, Oran gâte,* » dit un vieux proverbe qui a subsisté.

Tunis avait donc la palme sur ses rivales, et, pour les Arabes, n'a pas encore perdu sa vieille réputation.

Architecture. — L'architecture arabe, alem el bena, qui eut une si belle période et a laissé à notre admiration des monuments tels que l'Alcazar, la Mesquita de Cordoue, n'existe pour ainsi dire plus dans nos pays.

Le dessin et la peinture sont forcément restés dans la phase embryonnaire, puisque la loi religieuse défend la représentation des êtres animés.

Si donc les Arabes sont arrivés en ce genre à exécuter de charmantes choses, ils n'ont point constitué un art ; par la même raison la sculpture n'a pu se développer ; quelque gracieuses et soignées que soient les œuvres qu'elle a produites, ces souples et déliées colonnettes de marbre, ces dalles brodées d'arabesques aux subtils enchevêtrements, elle n'a été que la servante de l'architecture.

Musique, chant. — La musique et le chant, el rena, sont demeurés dans la plus grande simplicité d'expression ; la voix se meut dans les limites d'un octave, et le retour constant des mêmes modulations, à la fin desquelles la voix fléchissante paraît s'exhaler en un soupir, donne à la plupart des chants arabes quelque chose d'indiciblement triste.

Il y a toutefois dans nos pays quelques chants populaires un peu plus gais, un peu plus vifs, à ce point qu'un chef de musique de l'armée a pu faire une manière de quadrille avec les airs les plus connus.

Les Arabes ne manquent pas d'instruments de musique ; il les confectionnent assez grossièrement.

Les instruments à cordes, el aoutar, sont le goumbri, a qouintra, sortes de guitares, le rbab, espèce de violon. Leur flûte la plus simple est un roseau ; de là son nom gasba ; la zmara est une espèce de hautbois ; dans ce genre encore, l'insupportable jouak aux sons perçants,

Le bendir, la derbouka, sortes de tambours de basque, et l'énorme tebel, très comparable à notre grosse caisse, sont les auxiliaires indispensables d'une fête bien ordonnée.

Un orchestre s'appelle nouba, mot répandu, quoiqu'il ne soit pas de source arabe. Depuis quelque temps on a doté certains régiments indigènes de noubas, formées d'artistes dont une instruction préparatoire a discipliné les talents.

S'adonner au chant et à la musique n'est point le fait d'un homme qui se respecte, et Ibn Khaldoun nous raconte qu'il ne se gênait point pour en faire un jour le reproche à un amir de sang royal.

Danse. — Quant à la danse, ech chtih, elle est laissée aux femmes qui en amusent leur seigneur; la danse est donc un spectacle et non un divertissement auquel on se livre ; elle est très goûtée des Arabes, qui laissent aisément fuir le temps en s'extasiant devant les lentes évolutions des danseuses, ech chetahat. Les femmes instruites de la danse, les almées en un mot, puisque alima veut dire instruite, font profession de se donner en spectacle, et, accompagnées de leurs musiciens, fréquentent les cafés achalandés.

MÉDECINE

Généralités. — La pratique de la médecine est chez les Arabes une sorte de sacerdoce.

Celui qui a lu les livres des maîtres, qui est versé dans l'interprétation des textes sacrés où il sait trouver les bienfaisantes formules, celui-là est le hakim, le médecin vénérable par son savoir, et dont les préceptes font loi.

Chez nos sujets indigènes ce degré de science ne se rencontre guère, mais on trouve partout le tebib, médecin au sens général du mot; le **djerrah**, chirurgien qui s'occupe des blessures; le **jebar**, rebouteur, qui traite les entorses et place les appareils à fractures, les **jabaïr**.

Brillamment représenté jadis, au temps où les médecins musulmans traduisaient les manuscrits grecs et romains, et joignaient aux solides connaissances des anciens les enseignements de leur propre expérience, l'art médical arabe est tombé de bien haut.

Quelques justes préceptes; quelques pratiques utiles, mais appliquées sans discernement; l'opération grave de la trépanation, faite souvent sans raison, et exécutée dans les plus mauvaises conditions; des talismans; quelques vieilles formules du genre de celles que nous avions il y a deux siècles, et que, dans ses lettres, l'humoristique Guy Patin qualifiait de cuisine arabesque; telles sont, en gros, les ressources de l'art.

Thérapeutique. — Dans nos possessions, la thérapeutique en général vise à la simplicité : on n'y emploie guère les bézoards (1), ces précieuses substances dont le nom, venu du persan, signifie exactement chasse-poison; ni les élixirs (2) liquides; ni les robbs, sucs de plantes desséchées au soleil, et dont on peut consulter dans Ibn el Beïthar, traduit par le D' Leclerc, la longue liste; ni l'huile de ben, si employée jadis que Siouti l'a déclarée bonne pour tous les maux; ni le fenugrec, le houlba, dont Razi, Avicenne, Ibn el Beïthar recommandent l'usage contre la constipation, et dont un dicton populaire a fait une panacée; ni la momie, el moumia el gbouri, cette substance bitumeuse dont les Egyptiens se servaient

---

(1) Contre la piqûre de scorpion, rien ne vaut d'après Ibn el Beïthar un bézoard enfermé dans une bague en or sur laquelle est gravée la figure d'un scorpion.

(2) Le mot élixir, qui a désigné par la suite des préparations liquides, était le nom de cette fameuse poudre qui devait changer les métaux en or et dont les « Mille et une nuits » décrivent l'origine singulière.

pour embaumer leurs morts, et qui est tenue pour un miraculeux vulnéraire.

Mais on trouve universellement répandu l'usage du koheul, du henné, cosmétiques et médicaments décrits ailleurs ; du drias, ou bou nafa (le bienfaisant) ; une espèce, le *thapsia garganica*, serait le *silphium* des anciens, dont le suc valait son poids d'argent ; du toutia, oxyde de zinc, employé en collyre ; de la cautérisation, el key, que l'on pratique avec la pointe d'un couteau rougi au feu ; de la saignée, souvent périodique, dont tout barbier doit savoir le manuel opératoire ; de la trépanation, dont nous avons parlé ; enfin des amulettes, des herouz, consistant en formules que l'on porte sur soi soigneusement enfermées dans un sachet de cuir, et que l'on a chèrement payées à un taleb ou à quelque saint marabout.

Traitement. — L'Arabe ne comprend pas, à notre manière, le traitement des maladies. Il ne se décide qu'assez tard à consulter le médecin.

Lorsqu'il ne s'agit pas de bourse délier, il peut y avoir une longue course à faire, et, en tout cas, il lui faut se soumettre à un examen corporel qui lui déplaît.

L'action du médecin doit d'ailleurs avoir pour l'indigène quelque chose d'instantané, de miraculeux. La longueur du traitement, la persévérance qu'il faut mettre à le suivre, il ne l'admet guère. « Est-ce la peine de s'a-
« dresser au médecin français, si lui aussi doit compter
« avec la puissance du mal ? »

Amputation. — S'il accepte assez facilement les autres opérations, il se refuse en général aux amputations ; c'est le fait d'un préjugé religieux, non de la crainte de la douleur ; car « pourquoi toucher à ce que Dieu a créé,
« n'est-il pas le suprême guérisseur ; une invocation,
« une prière, si elle est exaucée, ne vaut-elle pas mieux
« qu'un remède ? »

Nous ne saurions leur faire un reproche de leur résignation; Paré disait bien : « Je le pansai, Dieu le « guarit. »

Conseils au médecin français. — Si difficile que soit chez l'Arabe la thérapeutique, si faible que soit votre espoir de voir vos prescriptions suivies, ne vous laissez pas aller à l'indifférence.

Ce n'est pas seulement pour les guérir de leurs infirmités, petites ou grandes, que l'on a institué pour les indigènes un service de secours médicaux, c'est aussi pour conquérir leur esprit et dissiper leurs préventions contre nous.

Si vous êtes là pour guérir, vous y êtes aussi pour faire aimer la France.

N'oubliez point que si la médecine vous a revêtu d'un tel caractère que l'Arabe, quelque jaloux qu'il soit de cacher sa vie de famille, vous introduira quelquefois dans sa maison pour y exercer votre ministère, vous ne sauriez vous départir d'une grande discrétion dans ces circonstances.

Il faut se le rappeler, car n'étant point fait à de telles mœurs et à de telles habitudes, vous pourriez, sans vous en douter le moins du monde, porter à votre propre considération un immense préjudice.

Exagérez la gravité dans l'exercice de vos fonctions, ce n'est nullement ridicule vis-à-vis de gens auxquels, dès l'enfance, s'enseignent les préceptes d'un sévère maintien.

Le genre de vêtement n'est pas non plus sans influence auprès d'eux. En France naguère, les médecins s'habillaient-ils comme tout le monde ?

A ceux qui vous consultent, donnez toujours quelque chose, le conseil vaut peu sans le médicament.

Le médicament le plus estimé est, bien entendu, celui dont l'effet est rapide et apparent, alors même qu'il est quelconque.

Souvent l'Arabe ne vient pas à la visite pour lui-même, mais bien pour quelqu'un de chez lui, femme, vieillard ou enfant, qu'il n'a pu ou n'a voulu amener.

Le cas est embarrassant ; outre qu'il est difficile et même dangereux d'instituer un traitement à distance, il est encore à craindre que l'homme ne vienne chercher des médicaments dans le but de les revendre.

Inspirez-vous des circonstances, des renseignements que vous pourrez avoir, pour le satisfaire ou le renvoyer.

L'Arabe a l'esprit vague : la notion précise du temps lui fait défaut, il ne s'observe que très peu. En l'interrogeant, il faut donc vous attendre à n'en tirer que d'incomplets renseignements.

Faites en sorte que cela vous suffise, il ne vous en saura que plus de gré : « Pourquoi tant de questions, se
« dit-il ; si vous êtes un vrai savant, en regardant un
« homme ne savez-vous pas ce qu'il a ? »

Toutefois les plus sages pensent comme le proverbe :

« *Ida lam tâlem tebibek koul ma issouk, abddet el doua*
« *an el sguem.* »

Si tu ne dis pas au médecin toutes les souffrances, tu te soustrais au remède.

Enfin comme dernier conseil nous dirons :

Ne soyez pas sans méfiance vis-à-vis de votre entourage, vis-à-vis du cavalier qui vous accompagnera en tribu, des chaouchs que l'administration civile ou militaire mettra à votre disposition, et qui vous serviront plus ou moins d'interprètes.

Tenez-les, surtout en public, à leur place ; n'ayez pas de familiarités avec eux ; besogneux et avides, ils ne se feront pas scrupule de tirer profit de la situation qu'ils paraîtront avoir auprès de vous, surtout si elle est grandie par une intimité apparente. Ils ne craindront pas, par exemple, de présenter à leurs crédules compatriotes, une autopsie que vous aurez jugé à propos de faire superficiellement, un certificat que vous aurez délivré dans les conditions les plus justes, comme l'œuvre de leur entremise.

Votre ministère, tout de désintéressement, y perdrait de son caractère ; et vous-même, sans vous en douter, ne tarderiez pas à voir diminuer votre considération et votre prestige.

CHAPITRE VII

AGRICULTURE

El barka men el harka.
L'abondance naît de la peine qu'on se
donne.

La terre africaine a encore beaucoup à faire pour être vis-à-vis de nous ce qu'elle fut pour les maîtres du monde, alors qu'elle méritait le surnom de grenier de Rome.

Kabyle. — Le Kabyle, sédentaire, s'attache à son champ, même lorsqu'il n'est qu'un pauvre negach, c'est-à-dire une parcelle trop petite pour la charrue et à laquelle suffit la pioche ; il cultive volontiers, et commence à rajeunir ses primitifs procédés, en apprenant quelque chose des nôtres.

Arabe. — L'Arabe ne cultive guère qu'à contre-cœur, et pour la satisfaction stricte de ses besoins. Sur les quelques arpents qu'il possède ou qui lui reviennent d'année en année, une vieille jument promène la charrue, le maharet, si simple parfois qu'au lieu du soc est un épieu de bois.

A la terre ainsi grattée, plutôt que labourée, il confie, sans y plus penser, le grain de semence, la zeriaâ, que Dieu tout puissant fera monter en épis, et que lui-même reviendra moissonner à la saison.

Si la récolte est belle, s'il y a saba, il enfermera le surplus des grains dans ces cachettes de réserve qu'il appelle mtamir, et que nous nommons silos ; et, aux moments de pénurie, aux jours de rla, de cherté, il viendra chercher sous l'herbe poussée, la cefaha, large dalle qui couvre la bouche de la **metmoura**, vidée peut-être par un astucieux voleur.

Fermes indigènes. — Rares sont les Arabes qui possèdent un **houch**, c'est-à-dire une ferme, avec ses dépendances ; son **djenan**, sa **baïra**, jardin potager et fruitier ; ses pâturages, **meredj** ; ses terres de labour, divisées en **zouidja**, espace qu'une paire de bœufs peut labourer en la saison, et où dressent leurs tentes les **khammès**, métayers au cinquième.

Dans le Sahara. — Même dans le Sahara, où pourtant le sol ne donne quelque chose que si le travail le lui demande, la plupart des Arabes, bien que possesseurs de maisons dans les **ksour**, de jardins dans les oasis, aiment mieux errer par la plaine vide, pour ne revenir qu'au moment de la récolte, laissant à leurs domestiques et à leurs esclaves, le soin des palmiers et l'entretien difficile de ces jardins, chefs-d'œuvre d'industrie, où la **saguia**, en méandres étudiés, sillonne le sol argileux volé aux sables.

Incendies. — Les incendies de récoltes ou de forêts sont très fréquents en Algérie ; ils ont généralement pour cause l'imprudence ou la malveillance. En été, il suffit souvent d'une étincelle sur l'herbe sèche pour mettre le feu à des étendues considérables.

Comme moyen préservatif des incendies, on place de distance en distance des postes-vigies fournis par les indigènes ; ces postes-vigies signalent immédiatement les commencements d'incendie et cherchent à les éteindre. Le feu se transmettant plutôt au ras du sol par les herbes sèches que par les branches des arbres, on peut creuser des tranchées pour le circonscrire.

CHAPITRE VIII

COMMERCE

Généralités. — L'indigène ne travaillant guère qu'en vue de sa propre consommation, toujours très limitée, l'exportation, et par suite le commerce, est nul ou presque nul, du moins en nos pays.

Nous devons toutefois signaler ce mouvement commercial intérieur, qui consiste dans l'apport que les tribus sahariennes venant chaque année dans le Tell, font des produits de leur terre ou de leur industrie, et dans l'emport qu'elles font des grains du Tell dont elles vivent.

Et pourtant, quoique bien déchu de ce qu'il était, alors que le tager, le marchand arabe, traversant les déserts et sillonnant les mers, accumulait des richesses, le commerce musulman n'est pas mort.

CARAVANES

Des pays qui nous avoisinent partent à certaines époques les caravanes, les qfoul, dont les sinueuses files ramperont de longues semaines à travers les solitudes du Sud ; mais ces caravanes passent en général loin de nous, se signalant nos frontières comme un écueil qu'on évite.

Trafic. — Elles transportent avec la menue pacotille d'échange, quelques marchandises de prix : armes tunisiennes, soyeux vêtements de khez ou de harir, objets de vente ou de cadeaux. Elles rapporteront les gommes; la plume d'autruche, richa en nam, si rare dans nos régions; le âdj, ivoire brut; le précieux teber, or natif en paillettes ou en pépites; sans compter les nombreux abid, esclaves, de tout âge et de tout sexe; car il n'y a guère de marchand qui ne soit aussi un nekhass, et ne bénisse Dieu pour avoir fait ce bon pays des nègres où on achète un homme pour un burnous.

Organisation. — Les qfoul vont donc au Soudan. Long voyage. Aussi s'organise-t-on en conséquence. On choisit un bon **khebir**, un delil sûr, c'est-à-dire un guide qui sait son chemin, qui connait les mouiâ, les points d'eau, et répondra devant Dieu du salut de son monde. On élit un chaouch énergique pour faire respecter l'ordre, un mouddin pour appeler à la prière, un khodja, espèce de notaire qui rédigera les actes et consignera les dernières volontés de ceux qui pourront mourir en route. On n'oublie point les armes, car si on transige avec les bandes de Touareg, on fait le coup de feu sur les pillards isolés qui volent les chameaux avec leurs chargements.

Mais les fatigues et les dangers comptent peu pour ceux qui vont au Soudan; ne se souviennent-ils pas de ce qu'aurait dit le Prophète :

El djereb doua el qatran
El fqeur doua es Soudan.
A la gale, le qatran (goudron)
A la pauvreté, le Soudan.

MARCHÉS

Appelés uniformément souq.

Des Villes. — Est un souq, la halle couverte qui, dans les grandes villes, abrite les marchands et leurs étalages. Est un souq, le quartier aux rues étroites, affectées chacune à une branche de l'industrie, bordées de petites boutiques, où, accroupi sur son comptoir, le marchand reçoit sans empressement le client. Tels sont certains quartiers de Tunis, certaines rues de Constantine, ces villes qui ont si bien conservé leur cachet arabe.

Des Campagnes. — Est encore appelé souq, cet emplacement en plein air, aux portes des villes ou des villages, que l'autorité assigne aux indigènes comme lieu de rendez-vous pour tel ou tel jour de la semaine. Pittoresques réunions, où après avoir acquitté le droit d'octroi, le mekes, prennent place les Arabes venus de leurs douars, avec leurs chouari pleins de dattes ou d'orge, le jeune poulain, les longs afeladj qu'ils tendent sur le sol, le tapis neuf, travail de l'hiver, et souvent, hélas ! le vieux gtif, criant misère, couche de toute la famille, que le besoin fait porter au marché ; le Kabyle, avec ses fruits, ses légumes, ses qsa plus ou moins bien tournés, ses guereb, pleines d'une huile d'olive encore impure, produit imparfait de ses mâcera; le **Mzabi** de la ville qui, pour éviter la concurrence, a payé sa place au marché, et étale ses menues marchandises sous le guitoun de toile ; les gens de toute race qui font le métier de boucher, djezzar, et dépouillent chèvres et moutons dans un coin réservé, medbah ; tandis que non loin de là de petits débitants en plein air offrent, à un prix modique, le produit d'une cuisine d'où l'art est exclu autant que la propreté.

CHAPITRE IX

INDUSTRIE

Saheb senda, saheb qlda.
Un métier vaut une forteresse.

Si l'on peut sans emphase appliquer le mot d'industrie aux travaux de nos indigènes, nous dirons que l'industrie fleurit chez le Kabyle et est à peu près nulle chez l'Arabe. Car l'Arabe est nomade (1) et il n'est guère de métier, si simple qu'il soit, qui n'exige un outillage de transport peu facile.

Kabyle. — C'est donc surtout chez les Kabyles que l'on trouvera le forgeron, le **haddad**, battant sur son enclume, **zebra**, les socs des charrues, les lames des couteaux et des faucilles, les fers des chevaux ; le **nejar**, menuisier, en général assez habile ; le **slahdji**, qui ne fabrique pas d'armes, mais chez qui l'on porte les **mkahel**, fusils, et les **kouabes**, pistolets, qu'a endommagés le feu de la fantasia ; le **fakharji**, le potier, qui, tout en ignorant le plus souvent l'art du tour, dresse l'argile en vases parfois élégants ; le **debbar** qui, malgré ses procédés imparfaits de tannerie, prépare les cuirs, sait les teindre, et donner aux plus souples l'aspect du **filali**, ce cuir rouge que les tanneurs du Tafilalet colorent avec le fruit d'un acacia.

Ce sont encore les Kabyles et, avec eux, certains Arabes fixés dans les villes et les villages, qui travaillent ces coffrets de bois, qui font au marteau ces jolis plateaux

---

(1) Qui dit nomade, dit pasteur ; les biens de l'Arabe sont ses troupeaux « ces silos qui marchent », el mtamir er rahala.

en cuivre battu qu'on appelle çeni ; qui garnissent et décorent les selles ; qui enrichissent les cuirs de ces belles broderies où le fil d'or et d'argent se marie aux soies multicolores.

L'on rencontre parfois de véritables artistes en ce genre, comme cet El Maouch, qui vit peut-être encore à Msila, et ne manque pas de signer ses œuvres.

Arabe. — Chez l'Arabe nomade au contraire, on ne se livrera guère qu'au travail du tissage, à la confection du vêtement national, du burnous, des nattes et surtout des tapis, parce que la matière première, la laine se trouve sous la main, et que sa mise en œuvre n'exige point d'attirail bien encombrant. C'est donc sous la tente que l'on fera les **afeladj**, ces longues bandes de couleur foncée que l'on joindra ensemble pour en faire un **bit ech chaar** ; les tapis ; les **tlales**, les **reraïr**, sacs que l'on place de chaque côté des animaux de bât ; les **djllal**, qui seront la couverture des chevaux au piquet devant la tente ; les cordes en poil de chameau ou en alfa, et celles que l'on tresse avec le **lif**, grossière fibre textile tirée du palmier.

Bijouterie. — Une place à part doit être faite au bijoutier, au **seyar**, le plus souvent israélite. — Le seyar n'a pas grand outillage :

Un **mizan**, balance, assez sensible, avec son jeu de poids ; un **kanoun** en terre pour y disposer ses charbons ; un **rabouz** pour activer de son souffle leur combustion ; des **qoualeb**, moules, de diverses formes pour y couler les métaux précieux ; enfin quelques menus outils de gravure.

Il ne lui faut pas plus pour faire avec les douros et les louis que lui confient les clients :

les **mnagech** de diverses formes, ornement et torture des oreilles, si gros, parfois, qu'on est obligé de les soutenir par une chaîne fixée à l'ensemble de la coiffure ;

les tzaîm ajourées, qui agraferont sur la poitrine les vêtements des femmes ;

les brim, simples anneaux pour les doigts ;

les khouatem, à chatons gravés ou incrustés de pierres ;

les qlada, les reqba, colliers souvent faits de pièces d'or soudées entre elles ;

les msaïs, les redif, les souar, anneaux d'or ou d'argent qui surchargent les poignets des femmes de condition ; les larges plaques en argent repoussé que certaines portent en ceinture ;

et, enfin, le khalkhal, ce lourd anneau des chevilles, singulier bijou qui fait penser aux fers des temps de servitude.

CHAPITRE X

LE SAHARA

Naguère encore, quand le chemin de fer ne descendait point jusque là, le voyageur qui allait à Biskra devait, un peu avant le terme de sa route, gravir la pente raide du col de Sfa ; et alors, si par une heureuse coïncidence il arrivait au point culminant avec le déclin du jour, ses yeux étaient étonnés par un spectacle grandiose et inoubliable : le Sahara lui-même qui apparaissait soudain, emplissant l'horizon, et, dans le lointain du ciel, fondant son profil « fauve » en une ligne indécise, laissant deviner l'immensité de l'au-delà.

ASPECTS PRINCIPAUX

Sahara n'est qu'un des noms de ces indéfinies solitudes. On ne sait au juste d'où vient ce nom de Sahara ; dans un de ses beaux livres, le général Daumas rapporte, d'après les tolba, une étymologie ingénieuse, sinon naturelle, que nous ne pouvons que rappeler.

Comme cet illustre observateur, nous décrirons au Sahara trois modes principaux :

1º Le Sahara est dit fiafi.

Ceci est le Sahara habitable ; il est resté à la surface du sol quelque chose de cette eau qui aujourd'hui coule en nappe souterraine ; et autour des behour, des aïoun naturels, ou des hassi hardiment creusés, la vie s'est mise à renaître ; le palmier porte haut sa dure frondaison, protégeant de son ombre la végétation plus modeste des arbres à fruits, tandis que, tout auprès, les maisons s'élèvent et se serrent en **ksour**. Telle est l'origine des **ouahat**, des **ziban**, comme on dit dans le Sud constantinois, des oasis en un mot, véritables îles verdoyantes, semées sur la mer des sables, mais que, trop souvent, empoisonne le **tehem**, ce funeste produit des eaux croupissantes.

2° Le Sahara est dit **guifar**.

Ici plus d'oasis ; mais l'immense plaine vide, quelque peu accidentée pourtant par ses **chott**, fangeux en hiver, couverts en été d'une croûte saline, élargissements de lits de fleuves disparus ; par ses **coudia**, collines plus ou moins élevées, ses **hamada**, plateaux pierreux et stériles, et les dépressions en forme de cuvettes de ses **sahan**.

On ne bâtit pas dans le **guifar** ; mais, de loin en loin, on rencontre quelques campements de ces nomades qui font paître à leurs troupeaux les **acheb** de toutes sortes poussés sous les pluies de l'hiver.

3° Le Sahara est dit **fala**.

Voici enfin les lieux de solitude, de nudité, de stérilité, où « *la puce même abandonne le pèlerin* », le domaine des sables où les dunes se font et se défont sous le souffle des vents du désert.

AUTREFOIS & AUJOURD'HUI

Cette vaste étendue, dont on ne sait pas au juste les limites méridionales, fut autrefois bien différente de ce qu'elle est aujourd'hui.

Certaines pétrifications témoignent d'antiques forêts disparues ; de nombreux silex taillés rappellent l'existence de races primitives.

Alors de grands fleuves sillonnaient cette terre ; descendant des massifs montagneux, ils allaient porter aux mystérieuses régions du centre le tribut de leurs eaux.

Magnifique dut être, entre autres, cet Igharghar, au nom imitatif, dont le large lit creusé entre des berges abruptes, est encore en certains endroits si bien conservé.

Aujourd'hui, il ne reste plus de l'eau que les traces de son passage : ces érosions de rives, ces ghours, îles aux flancs rongés qui se dressent brusques au sein des vallées. L'eau est rentrée sous terre, elle est devenue le bahar tahtani s'étalant plus ou moins bas sous la dernière couche dure que va défoncer le courageux retass. Les aïoun naturels diminuent de nombre de jour en jour : ils meurent, et l'Arabe appelle aïn meïta la source desséchée, lui prêtant ainsi poétiquement les attributs de la vie qu'elle donne. Çà et là seulement, dans les plis de terrain où l'eau est moins basse, une végétation plus dense, des espèces plus herbacées, jalonnent de vert le courant qui passe au-dessous.

Et pourtant cinq siècles avant l'ère chrétienne, Hérodote faisait du Sahara septentrional une description que nous ne reconnaissons plus ; pourtant dans une antiquité moins lointaine on donnait des noms à des fleuves aujourd'hui disparus comme cet oued Souf, qui fut, paraît-il, le fleuve Triton ; presque hier encore la plaine d'el Hadjira, nous disent les chroniques, était couverte de villages, et au Sud-Ouest de Ouargla florissait Sedrata, la Pompéï saharienne, dont les sables gardent les ruines.

Dans certaines contrées le sable est devenu le maître ; il ne se contente plus de saupoudrer le sol, le zébrant de rides que dispose le grê des vents ; il s'élève en dunes, zemoul ; il forme ces pyramidaux et parfois énormes oghroud, d'où partent en ramifications les longs areg, les sîouf à la crête affilée, séparés par les minces intervalles des khlout : tout un système orographique instable, mobile sous le souffle du chehili et du simoum.

Tel est, par exemple, ce curieux pays du Souf, où au milieu de la désolation des sables, le voyageur rencontre de populeux ksour, entourés de jardins, et dont les laborieux habitants luttent de leur mieux contre le permanent et impalpable envahisseur, le consignant à la limite de leurs rieb verdoyantes, auxquelles il fait un mur de dunes.

VÉGÉTATION

Dans les régions sahariennes, surtout là où le sable domine, la végétation est rare et peu variée.

On trouve un peu partout :

1° Dans l'ordre des herbes :

une **halfa** qui n'est point celle des hauts plateaux, fournissant de son grain appelé loul, une ressource en cas de besoin;

le **sfar**, nom sous lequel on connaît deux espèces d'arthraterum;

le **foul el djemal**, c'est-à-dire la fève du chameau;

le **teskera**, gros chardon rempli de suc;

le **helma**, plante d'environ 0^m 30; à la feuille d'un blanc mat d'argent, fleurissant en corymbes de petites fleurs rouges et jaunes;

le **drinn**; les Arabes d'ailleurs appellent du nom de drinn toute herbe grande et sèche.

2° Dans l'ordre des arbustes :

le **zeïta**, aux sucs huileux;

le **tarfaïan**, qui comprend quelques espèces de tamarix;

l'**artha**, dont les chameaux aiment à ronger l'écorce;

l'**alenda**, aux feuilles aciculaires, aux sucs résineux;

le **hennet el djemal**, à la feuille vert sombre, à la fleur violette;

le **rtem**, dont les tiges souples reviennent vers la terre pour y prendre racine.

Le **merkh**, genêt du Sahara, ainsi que le **had**, arbrisseau épineux, gonflé de suc, commencent à nous signaler les régions moins sèches.

Dans les ahouad, ces fonds argileux et humides qui séparent certaines dunes, pousse toute une minuscule végétation, où l'on distingue :

la chaalet er rih, la flamme du vent ;

l'odoriférante dehina ;

le khobeïz, dont le nom indique que les graines sont en forme de pain ; et cette petite plante qu'on a appelé el meïta ou el hia.

Tandis que sur les pentes des oghroud, le bel arbuste solitaire que l'on a pour cela appelé azel, se pare au printemps de petites fleurs blanches odoriférantes.

FAUNE

Il nous faudrait trop dire si nous devions décrire les diverses araignées et les divers scorpions qui pullulent dans le Sahara, et qui, les jours de vent, chassés de eurs abris, se mettent en campagne.

Il nous faut ajouter aux arachnides, les insectes représentés par les sauterelles (acridium migratorium). Le Sahara est leur patrie.

Elles en sortent, portées par les vents, et s'abattent dans les régions du Tell, où elles pondent leurs œufs, desquels, après 30 ou 40 jours, naîtront les criquets qui achèveront la dévastation de la surface du sol. D'après les Arabes, les sauterelles voyagent guidées par une sorte de reine, qu'ils appellent le « sultan » des sauterelles.

Nommons parmi les ophidiens, la lefaâ, la dangereuse vipère à corne (cerastes égyptiaca) ; le zorreïg, qui s'élance comme un trait ; le naja, cantonné dans quelques régions ; le monstrueux python, qui n'existe que loin de nos contrées.

Parmi les sauriens : l'ouran (varanus arenarius), énorme lézard, qui a son habitat dans les plateaux pierreux ; le debb, lézard moins grand que l'ouran ; enfin, le hout er remel, poisson des sables, ainsi appelé parce qu'il s'y plonge comme dans son élément, et auquel, sous le nom de *scinque officinal*, on a attribué des propriétés thérapeutiques.

L'autruche, le corbeau, quelques espèces de faucons, entre autres le bou djerad, qui se nourrit de sauterelles, représentent les oiseaux ; tandis que parmi les mammifères comptent :

le jerd, gros rat des champs, dont les terriers se rencontrent à chaque pas dans les terrains de heïcha, ou terrains de brousse ;

le chat sauvage, et le fehed, guépard, que l'on rencontre dans les régions boisées de l'Erq ;

la gerboua, gerboise, le guenfoud, hérisson ;

le lièvre, très rare dans les dunes ; le feneo, vivant de proies et au besoin d'herbes ;

le leroui, sorte de mouflon ; les antilopes, dont les plus connues sont : la gazelle, le meha, le bguer el ouach.

POPULATION

Il y eut autrefois une population foncièrement saharienne, une population aborigène ; depuis longtemps détruite ou poussée vers le centre, elle a cédé la place aux races conquérantes.

Une partie pourtant des Rouara paraît tenir à cette race primitive des anciens maîtres du sol ; aujourd'hui les tribus nombreuses des nomades se partagent ces étendues, en même temps qu'une population variée, d'instincts plus sédentaires, est venue s'attacher en certains endroits au sol cultivable, tels les Souafa, habitants du Souf, qu'on divise en Throud et en Rbaïa, et qui, au dire d'Ibn Khaldoun, auraient été chassés de l'Arabie et, d'exode en exode, se seraient rejetés sur cette partie du désert.

Quant aux Touareg, dont l'origine berbère paraît certaine, nous n'avons eu jusqu'ici aucun contact suivi avec eux ; les seuls d'entre eux qui puissent nous intéresser sont les Touareg du Nord, comme les appelle Duveyrier, les Touareg blancs, comme disent les Arabes. Ils se divisent en **cheraga** et en **reraba**, orientaux et occidentaux, et sont de la nation des **Imoucharh**, dont Hanoteau leur a restitué le nom ; car **Targui**, mot de forme arabe, vient de **Targa**, qui n'est que le nom d'une de leurs tribus.

Ils sont musulmans si l'on veut, mais si indépendants, qu'on les a appelés les voltairiens de l'Islam. Vêtus de la djeba, longue robe de couleur foncée et d'une espèce de pantalon ; si constamment couverts de leurs voiles qu'Ibn Khaldoun les appelait « porteurs du litam », armés de la lance, du sabre et du bouclier, rarement du fusil, ils vivent de la guerre : vrais pirates du Sahara, n'offrant aux caravanes que l'alternative du pillage ou d'une protection chèrement achetée.

DEUXIÈME PARTIE

RENSEIGNEMENTS UTILES
ET
DONNÉES PRATIQUES D'EXPÉRIENCE

CHAPITRE PREMIER

RELATIONS AVEC LES INDIGÈNES

Ahsin in aredet an thesenou tlik.
Conduis-toi bien, si tu veux qu'on fasse
de même à ton égard.

« Dans la conquête, dit Montesquieu, il ne suffit pas
« de laisser à la nation vaincue ses lois ; il est peut-être
« plus nécessaire de lui laisser ses mœurs, parce qu'un
« peuple connaît, aime et défend toujours plus ses
« mœurs que ses lois. »

Le peuple arabe se distingue de nous par ses mœurs et ses usages restés immuables devant le cours des siècles.

La conquête, en mettant sous le « talon de l'infidèle », ce morceau du sol musulman, ce coin de la dar el Islam, a donné une trempe nouvelle aux traits distinctifs de la race. Elle a réveillé sa susceptibilité et l'instinct de sa dignité ; c'est que, si l'Arabe a pu, pendant des siècles, se courber sous la main de maîtres issus de lui, il s'est redressé devant la domination de l' « impie ».

Ces idées, ces sentiments, cette attitude, pour n'être point de notre goût, ne sont pas sans grandeur, et méritent mieux qu'un irraisonné dédain.

Respectez donc la religion, les mœurs, les coutumes et même les préjugés du vaincu; et, par là, vous ferez acte de générosité comme de bonne politique.

Observez vis-à-vis de lui les règles de la politesse et du savoir-vivre qui lui sont propres, afin de ne pas le pousser à la rancune par de misérables blessures faites à son amour-propre.

Cette manière d'agir n'exclut nullement la fermeté. Soyez au contraire, dans vos rapports officiels avec l'Arabe, très ferme, sévère même; il ne se plaindra pas, si en même temps vous êtes poli et juste.

Dans l'application de votre autorité, soyez toujours énergique et tenace, car s'il vous trouve faible un jour, c'en est fait de votre prestige.

« L'Arabe est comme l'amande, quand on veut en « manger le fruit, il faut en briser l'écorce. » (Mustapha ben Smaïl.)

Quand il le faut, n'hésitez pas à employer la force; il y cède toujours. « Respectez la force, dit Abi Saïd, « un des commentateurs du Coran, car la force est « une manifestation de Dieu sur la terre. » Ces paroles sont presque un article de foi chez les Musulmans, et elles sont le secret de bien des soumissions inattendues. Cependant n'oubliez pas que cette résignation à la volonté d'en haut, n'a pas abdiqué toute espérance; tôt ou tard, pensent-ils, l'Islam sera délivré du joug des Chrétiens. « Leur domination, « calamité qu'Allah permit, prendra fin à l'heure « écrite. »

Rappelez-vous que la religion entretient toujours au fond des âmes musulmanes cette vieille idée, que la guerre contre l'« infidèle » est un devoir sacré; le Prophète l'a prescrite, quand il a prononcé ces terribles paroles.

« Tuez partout où vous les trouverez ceux qui donnent
« des associés à Dieu. »

L'Arabe a l'orgueil du croyant; il sait qu'il est « peuple de Dieu » et par là « supérieur à tous les autres »; cette idée est tellement enracinée dans son esprit, que le mot adjemi, étranger, est pour lui un terme de dédain et de mépris.

Ne faites pas fond sur les compliments exagérés; c'est la monnaie courante de la politesse indigène.

Dans les affaires de service, ne vous laissez pas circonvenir par des paroles mielleuses; les Arabes sont des diplomates d'autant plus habiles qu'ils sont passés maîtres dans l'art de dissimuler.

Souvenez-vous que dans l'administration et le commandement des indigènes, il n'y a ni petit emploi ni petit poste; que dans le moindre d'entre eux vous pouvez faire œuvre utile; mais que votre ligne politique ait toujours pour base l'esprit de suite.

Ayez pour but constant d'attirer à nous les chefs, les membres des familles puissantes, c'est à dire de nous gagner des influences, qui seules permettent de réduire et même de supprimer les gros et ruineux effectifs.

Dans les circonstances graves efforcez-vous de rester impénétrable.

Aux questions indiscrètes, les échappatoires ne manquent pas, et les habitudes arabes elles-mêmes vous les fournissent. Que de fois ces seuls mots : « Rebbi ! »; « el akhbar and Rebbi ! » (*Dieu le sait,*) seront la plus opportune des réponses.

Renvoyez un quémandeur fâcheux en lui disant.

« Rebbi ikfik, » (*Dieu le pourvoira.*)

Si vous adressez la parole en français à un Arabe de grande tente, à un fonctionnaire, à un lettré qui ait l'habitude de notre langue, n'oubliez pas qu'il serait de mauvais goût de le tutoyer.

Évitez d'un autre côté de vous rendre ridicule, en

appelant **Sidi** (littéralement Monseigneur) le premier venu ; vous n'aurez le plus souvent qu'à employer le titre de **Si**, qui correspond à notre mot de Monsieur.

N'entamez jamais de discussions religieuses.

Si, lors d'une rencontre, un Arabe venait à se permettre de vous offrir la main gauche, sachez que c'est plus qu'une impolitesse, c'est une insolence ; de votre côté, gardez-vous de l'offrir ; car la main gauche est celle qui fait les ablutions secrètes.

Vous entendrez parfois, si vous vous trouvez dans des réunions d'Arabes, au café maure par exemple, des gens dire en entrant : « **Es selam ala ahal el Islam** » ou « **Ala men taba el houda.** » (*Salut aux croyants.*) C'est là un salut dont vous êtes exclu de par votre condition de roumi ; si vous tenez à relever l'impolitesse dites simplement : « **ou alik kima goult** » (*je te salue de même.*)

Chez les Arabes, nul, quelles que soient sa naissance et sa position sociale, n'ignore les obligations qu'impose la fréquentation de ses semblables ; la notion du savoir-vivre n'est pas, comme en Europe, le privilège de certaines classes, elle est le partage de toutes.

En parlant de l'avenir, ajoutez la phrase :

« **In cha Allah !** » (*s'il plaît à Dieu !*) C'est d'obligation.

Si vous êtes amené à vous servir d'un mot malsonnant pour les oreilles arabes, faites-vous le pardonner par la formule ordinaire de **hachak, hachakoum**, qui correspond au « *sauf votre respect* » de nos paysans.

Parlant d'une personne décédée, faites suivre son nom de l'expression : « **Allah irahamhou** » (*Dieu lui pardonne.*)

Les Arabes évitent de prononcer les mots **mat**, il est mort, **mout**, la mort ; ils emploient volontiers des périphrases ou des synonymes.

Si vous voulez vous informer de la santé de la femme de votre interlocuteur, tout en restant t e aux convenances, dites : « kif rahi djemâtek ? » (*comment va-t-on chez vous.*)

Si vous avez exprimé votre admiration pour un cheval, un cavalier, un enfant, ajoutez : « fih el baraka, » (*avec lui la bénédiction divine.*)

Remerciez en disant :

« Kattér kheirek, » (*qu'il augmente ton bien,*) en sous-entendant le nom de Dieu.

N'offrez pas à un Arabe des liqueurs défendues, surtout s'il est en présence de ses coréligionnaires.

N'invitez pas un Arabe à faire une promenade à pied avec vous, à chanter, à danser.

Manger dans la rue n'est pas décent; siffler un air quelconque, en guise de passe-temps, est tout à fait contraire aux convenances.

Si vous avez à encourager, à applaudir, dites : « Saha ! Saha ! ».

L'éructation n'est pas une grossièreté ; c'est un remercîment sans paroles à l'adresse de l'amphitryon ; « el hamdoul lillah ! » (*louanges à Dieu,*) dit-on aussitôt après.

Avez-vous besoin de feu, ne prononcez pas le mot nar, remplacez-le par le mot aafia, qui veut dire *paix*.

La plupart des couleurs éclatantes, le rouge principalement, éveillent chez les Arabes des idées de joie et de bonheur « Allah ihammer oudjehek » (*que Dieu te rougisse la face,*) dit-on à son ami ; « issefer oudjehek, » (*qu'il te jaunisse le visage,*) dit-on à son ennemi. Le jaune est la couleur qui répond au chagrin, aux calamités.

Voici quelques proverbes répandus qui nous aideront à fixer l'opinion du lecteur :

Mendahak dahaka medj men aqelhou medja.

Chaque fois que tu ris, c'est comme si tu crachais quelque chose de ta raison.

Ma koul mala ma, ou la koul sguef sma, ou la koul bit, bit Allah.

Tout ce qui coule n'est pas eau, tout toit n'est point ciel, toute maison, maison de Dieu.

Ida lam ikoun ma trid, arid ma ikoun.

S'il n'arrive pas ce que tu désires, désire ce qui arrive.

Koum men dem sefekhou foum.

Que de sang a versé la bouche.

Roubma elisan ihellek el ensan.

Que de fois la langue perd l'homme.

CHAPITRE II

L'EAU

Ma tkiss ma, hatta tsib ma.
Ne jette pas l'eau avant d'avoir trouvé de l'eau.

Un proverbe arabe prise trois choses :
el zin ou el khadouri ou el mal el djari.
(la beauté, la verdure et le bien qui court.)

Ce « bien qui court », que le proverbe n'explique pas autrement, c'est l'eau, emblème et facteur de la vie dans les régions chaudes.

Sources. — Toute source, toute aïn, est utilisée ; son courant, sous forme de saguia, va féconder un coin de terre.

L'eau chaude minéralisée sort de partout en Algérie : les dépôts salins forment parfois d'énormes monticules, tels ceux de Hammam-Meskoutin, auxquels la légende, comme pour la statue de sel de la Bible, prête une origine humaine.

Rivières — Fleuves. — La rivière est dite ouad ; ce mot signifie aussi vallon. Il est bien peu de rivières assez importantes pour conserver pendant l'été un certain débit à la surface ; elles coulent alors souterrainement ; la plupart ne sont que des torrents pendant la saison pluvieuse. Tel ouad va à la mer, y portant ses eaux par une embouchure, un foum plus ou moins large ; tel autre va au désert se perdre dans les sables, comme le premier se perd dans les flots salés.

Lacs — Chott. — De grands lacs, de grands chott, couvrent çà et là des milliers d'hectares de la terre algérienne. La quantité de sel que pourraient abandonner leurs eaux serait formidable ; quelques-uns sont l'objet d'une certaine exploitation. Au sens géographique du mot, un **chott** est l'élargissement du cours d'un fleuve, une dilatation énorme d'un endroit de son lit. Ainsi le lac de Genève serait un vrai chott.

Sebkha. — Autre est la sebkha, elle aussi vaste étendue d'eau ; mais que l'on peut regarder comme la réunion, dans une dépression du sol, des eaux d'infiltration des terres voisines : différence technique dont, en pratique, il n'est souvent pas tenu compte.

Eaux stagnantes — Mares. — Moindres sont les bahira, les guelta, les daïa, mares formées sous les pluies d'hiver, les rdir, où souvent l'eau a fait place à une nappe de vase.

Puits. — Creusé dans le roc, le puits est dit **bir** ; creusé dans le sable, **hassi**. Dans les oasis, on rencontre assez souvent une ligne de puits reliés par une galerie souterraine, conduisant l'eau aux terrains à irriguer. Cette disposition hydrotechnique s'appelle une **fogara**.

Les **hassi** sont donc les puits du Sahara. Quelquefois pourvus d'une margelle et d'un petit abreuvoir, ils s'ouvrent le plus souvent à fleur de terre, au fond d'une dépression, sorte d'entonnoir, où vont, avec le surplus des eaux épandues, les urines des bestiaux qu'on abreuve et où tombent souvent les animaux eux-mêmes.

L'Arabe insouciant ne s'occupe guère de ses hassi qui lui sont pourtant aussi nécessaires que l'air qu'il respire ; tant pis si un jour son faible coffrage en bois de palmier ou en tronc d'azel a cédé, si le sable a repris le puits, et si une confiante caravane, en fuyant la soif, y a trouvé la mort.

Puits artésiens. — Le puits artésien, plus exactement dit **aïn**, était connu des Arabes du Sahara. Ils savaient qu'au delà de la nappe d'infiltration plus ou moins pure, plus ou moins salée, se trouve, à une profondeur variable, la nappe d'eau potable que l'on peut faire jaillir. C'était l'affaire des **retass**, plongeurs, formés en corporation, jouissant de certains privilèges dus à la reconnaissance publique ; dangereux métier que celui du **retass**, car, en outre des accidents qui peuvent l'atteindre dans son mystérieux travail, l'obligation de passer sous l'eau un temps énorme, physiologiquement parlant, le conduit à une mort prématurée. Mais aujourd'hui le **retass** peut renoncer à son ingrat labeur. Nos ateliers de forage font vite et bien ; et pour quelques cent douros un village saharien peut se donner une petite rivière. Ce que d'ailleurs s'empressent de faire nos indigènes du Sud, bien obligés de convenir que le fameux **dou el guernin**, qui, d'après la légende, aurait inventé le puits artésien, faisait moins bien que le « diabolique Roumi ».

Réservoirs. — En Tunisie, il existe de grands réservoirs appelés **fezguia**, vers lesquels on détourne les ruisseaux dans la saison des pluies. On peut citer dans ce genre la grande **fezguia** des Aglabitt à Kairouan.

CHAPITRE III

LE CHEVAL

Hçoum el arab el khil ou el slah.
Les forteresses des Arabes sont leurs
armes et leurs chevaux.

Chevaux du nord de l'Afrique. — Le cheval arabe proprement dit n'existe qu'à l'état d'exception dans le nord de l'Afrique.

De l'océan Atlantique et de la Méditerranée d'une part, au grand désert de l'autre, la population chevaline appartient au type barbe qui descend de l'ancien cheval numide (1).

Le barbe n'a pas les formes aussi gracieuses, les allures aussi rapides, les proportions aussi belles et aussi harmonieuses que l'arabe; il est plus anguleux et se rapproche moins du type idéal de la perfection; cependant il est en général fort, énergique, docile et sobre; il réunit les qualités du cheval de guerre.

Les chevaux de la province d'Oran ont de la taille, de l'ampleur dans les formes et une bonne membrure.

Le cheval d'Alger a le corps bien développé, mais il est plus petit de taille et plus grêle des membres. Néanmoins il est susceptible de faire un bon service.

Le cheval de Constantine, élancé, étroit de poitrine,

---

(1) C'est ce type primitif qui a fourni sans doute certaine race espagnole estimée. Dans le mot *genet*, qui la désigne, on trouve presque intégralement, et Dozy a prouvé l'exactitude de l'étymologie, le nom de la tribu berbère des **Zenata**, renommée jadis pour sa cavalerie.

pêche par les membres, dont les articulations manquent de largeur.

Le cheval tunisien est le plus beau représentant de la race; il est élégant, gracieux, bien proportionné et a beaucoup d'ensemble.

Le cheval marocain appartient également à la grande famille barbe, mais il est moins pur que celui de Tunisie et d'Algérie.

Les chevaux les plus résistants se trouvent de préférence dans le Sahara; à peu d'exceptions près, ils sont excellents.

Dénominations suivant le degré de pureté. — Le horr, noble ou, ce qui est la même chose, le aatik, qui signifie excellent au plus haut degré, marche chez les Arabes le premier dans l'échelle des races.

Après lui vient le hadjin, l'incomplet, le défectueux, dont le père est pur et la mère d'origine inférieure.

Après le hadjin, le moukheref; sa mère est noble, son père est de basse extraction.

Enfin, du moukheref nous arrivons au berdoun; on n'en fait aucun cas, son père et sa mère sont roturiers.

PRINCIPES GÉNÉRAUX DU CAVALIER ARABE

Le général Daumas a groupé les principes généraux du cavalier arabe; nous ne saurions mieux faire que de reproduire les plus importants (1). Tout cavalier devrait les savoir par cœur, ne jamais les oublier, et les mettre constamment en pratique; ils constituent le véritable catéchisme de l'homme de cheval.

---

(1) Ces principes sont indiqués en petits caractères.

QUALITÉS DU CHEVAL

Le cheval de race est bien proportionné; il a les naseaux larges comme la gueule du lion, le poitrail avancé, le garrot saillant, les reins ramassés, les hanches fortes, les côtes de devant longues et celles de derrière courtes, le ventre peu prononcé, la croupe arrondie, les rayons supérieurs longs comme ceux de l'autruche, et garnis de muscles comme ceux du chameau, la queue très grosse à la naissance et déliée à son extrémité.

Le cheval doit avoir quatre choses larges :
le front, le poitrail, les lombes et les membres.

Quatre choses longues :
l'encolure, les rayons supérieurs, la poitrine et la croupe.

Quatre choses courtes :
les reins, les paturons, les oreilles et la queue.

Préfère le cheval de montagne au cheval de plaine, et celui-ci au cheval de marais.

Prends, autant que possible, pour la guerre, des chevaux entiers : un cheval castré est réduit au degré de la jument.

Choisis des robes franches et foncées.

Prends toujours pour la fatigue et les combats, un « traîneur avec sa queue » (*cheval de sept ans et au dessus*).

Méfie-toi du cheval qui mouille sa musette en mangeant l'orge, qui goûte l'eau du bout des lèvres, dont l'anus est béant et venteux, ou dont les crottins ne sont pas égaux.

Le cheval dont le poitrail est enfoncé, fuis-le comme la peste.

Mais celui dont la croupe est aussi longue que le dos et le rein réunis, prends-le les yeux fermés, c'est une bénédiction.

Pour t'assurer promptement de la valeur d'un cheval, mesure-le depuis l'extrémité du tronçon de la queue jusqu'au milieu du garrot; et puis du milieu du garrot, jusqu'à l'extrémité de la lèvre supérieure, en passant entre les oreilles.

Si, dans les deux cas, la mesure est égale, l'animal est bon, mais d'une vitesse ordinaire.

Si la mesure est plus longue en arrière qu'en avant, le cheval est sans moyens.

Mais si, au contraire, la mesure est plus considérable en avant qu'en arrière, l'animal, sois-en certain, a de grandes qualités.

Plus l'avantage appartient à la partie antérieure, plus le cheval a de prix.

NOURRITURE

Ne laisse jamais ton cheval à côté d'autres chevaux qui mangent l'orge, sans qu'il la mange aussi.

Préfère la paille d'orge à la paille de froment, et ne donne jamais cette dernière avant l'automne.

Quand tu peux faire autrement, ne donne pas de vert à ton cheval de guerre. Le vert engraisse, mais ne fortifie pas.

Ne permettez ni aux chiens, ni aux ânes, de se coucher sur la paille ou sur l'orge que vous donnez à vos chevaux.

La nourriture du matin s'en va au fumier, celle du soir à la croupe.

Le cheval marche avec la nourriture de la veille, et non avec celle du jour.

Si le cheval a bu à satiété la veille et bien mangé pendant la nuit, on peut, sans le moindre inconvénient, ne rien lui donner le lendemain.

En Afrique, l'orge remplace l'avoine pour la nourriture des chevaux.

L'orge de bonne qualité a une couleur jaune paille, une odeur agréable, son grain est renflé, lourd et sec, et son poids à l'hectolitre ne doit pas être inférieur à 60 kilos.

Les altérations de l'orge sont les mêmes que celles de l'avoine, elle peut être germée, moisie, charbonnée, cariée, ergotée, etc..., mais elle est plus fréquemment charançonnée que l'avoine.

L'armée seule et les Européens, donnent du foin aux chevaux, l'Arabe ne le récoltant pas ; mais il leur donne de la paille dépiquée.

La paille d'Afrique est plus riche en principes alibiles que nos meilleures qualités de France ; mais elle renferme une grande quantité de terre, ce qui donne lieu à des accidents.

Dès qu'on s'éloigne des lieux habités ou des centres d'approvisionnements, on est obligé de compléter la nourriture des chevaux par des aliments qui croissent naturellement sur les lieux, car on ne peut emporter avec soi que de l'orge.

Au printemps, on trouve de l'herbe à peu près partout ; pendant les autres saisons, on donne du diss, qui croît dans les montagnes du Tell, et que les chevaux et les mulets mangent assez volontiers.

Sur les hauts plateaux et dans le Sud, on trouve :

l'alfa qui, lorsqu'elle est encore tendre, est agréable aux animaux ; « dans cet état, disent les Arabes, l'alfa vaut de l'orge ; »

le chîh, sorte d'armoise que les chevaux mangent volontiers, mais dont l'usage prolongé irrite les organes urinaires ;

le drinn, qu'il faut préalablement battre avec une baguette pour le débarrasser du sable qui y adhère ;

le rtaf, petit arbrisseau dont les chevaux mangent les feuilles et les jeunes rameaux ; c'est un végétal diurétique.

Enfin les Arabes du sud donnent encore à leurs chevaux : du lait, des dattes, des noyaux de dattes, des sauterelles grillées et jusqu'à de la viande de chameau séchée au soleil.

Il est important de faire toujours manger l'orge dans une musette, car en donnant ces grains sur le sol, les animaux en perdent une grande quantité et avalent beaucoup de terre et de graviers, qui peuvent occasionner des coliques mortelles.

Le passage brusque de la pénurie à l'abondance expose les chevaux à des indigestions très graves ; régler la distribution des aliments de manière à ménager les forces digestives affaiblies par l'abstinence.

Lorsque l'on veut exiger ou que l'on a exigé des efforts considérables d'un cheval, il ne faut jamais le faire manger immédiatement avant le départ, ni aussitôt après le retour. Des accidents sérieux pourraient être la conséquence de la non observation de ce principe.

BOISSON

Soyez très scrupuleux sur le choix de l'eau que vous donnez à vos chevaux.

En hiver, ne fais boire qu'une fois par jour, à une heure ou deux de l'après-midi, et ne donne l'orge que le soir au coucher du soleil. C'est une bonne habitude de guerre, et, en outre, le moyen de rendre la chair du cheval ferme et dure.

En été, fais boire deux fois par jour; le matin de bonne heure, et le soir, après le coucher du soleil.

Ne fais jamais boire ton cheval après avoir donné l'orge, ce serait le tuer.

Ne fais jamais boire ton cheval après une course rapide ; tu risquerais de le voir frappé par l'eau (arrêt de transpiration).

Cependant quand, à la guerre ou à la chasse, tu as mis ton cheval en nage et que tu rencontres un ruisseau, ne crains pas de laisser ton cheval avaler 7 ou 8 gorgées d'eau avec son mors. Cela ne lui fera aucun mal et lui permettra, au contraire, de continuer sa course.

Après des fatigues excessives, fais boire avec la bride, fais manger avec la sangle, et tu t'en trouveras toujours bien.

Les chevaux du Sahara ne boivent qu'une fois par jour, quand ils trouvent de l'eau. Plus un cheval a travaillé, plus on lui distribue l'eau avec précaution ; souvent le jour d'une course excessive, on ne le fait pas boire du tout.

Les Arabes empêchent leurs chevaux de boire beaucoup. Ils disent que l'excès de boisson pousse au ventre, ramollit les tissus et diminue l'ardeur au travail.

Préférer l'eau de source à l'eau de puits, parce qu'en Afrique les puits n'ont en général pas de margelle et ne sont pas couverts, de sorte que les vents y amènent des matières organiques qui en altèrent la qualité.

En avril et en mai surtout, l'eau des rivières et des fontaines est peuplée de myriades de sangsues. Les chevaux les hument et quelques unes parviennent à se fixer dans la bouche, dans l'arrière-bouche ou dans les cavités nasales, et y vivent pendant un certain temps ; s'en débarrasser en les saisissant avec un chiffon ou avec des pinces. Les indigènes excellent dans cette opération. En préserver les chevaux en faisant boire à travers une musette en poil de chèvre ou de chameau, amara.

Pendant les fortes chaleurs de l'été, éviter de faire boire de l'eau de mare, elle est trop chaude, ne désaltère pas et rend la digestion languissante. Ne pas craindre dans ce cas, même après une longue étape, de faire faire aux chevaux un supplément de marche pour les abreuver à une source d'eau pure et fraîche.

Si l'on est forcé d'abreuver dans un redir dont l'eau est fétide, y jeter du charbon de bois.

HYGIÈNE – SOINS

Tiens ton cheval propre.

Préserve-le avec une égale persévérance et des froids rigoureux et des chaleurs excessives.

Pendant la nuit, été comme hiver, couvre bien ton cheval.

Le froid de l'été est pire qu'un coup de sabre.

Au bivouac, choisis un terrain sec, à l'abri des courants d'air, et éloigne de ton cheval la boue, les excréments, l'urine, et place-le de manière que l'avant-main soit un peu plus élevé que l'arrière-main. Placer ton cheval, le devant plus bas que le derrière, c'est vouloir la ruine de ses épaules.

Lorsqu'il fait chaud et que tu le peux, lave ton cheval matin et soir ; après une longue course, ou bien desselle immédiatement ton cheval et jette-lui de l'eau froide sur le dos, en ayant soin de le faire promener en main, ou bien laisse-le sellé jusqu'à ce qu'il soit entièrement sec et qu'il ait mangé l'orge. Point de terme moyen entre ces deux partis.

En station, comme en campagne, entrave ton cheval, tu éviteras les accidents et pourras dormir tranquille.

Leur religion, leur vie agitée, leurs luttes incessantes, portent les Arabes à aimer passionnément les chevaux. Le dernier cavalier d'une tribu a une expérience hippique que l'on est étonné de trouver chez un homme qui ne sait ni lire ni écrire.

ÉDUCATION

Si tu veux un cheval « des jours noirs », un cheval « de la vérité » « pour les jours de poudre », rends ton cheval sobre, dur, sage au montoir, et inaccessible à toute espèce de crainte.

Ne battez pas vos chevaux, ne leur parlez qu'à voix basse et sans emportement, faites-leur des remontrances et ils éviteront les fautes qui les ont provoquées, car ils comprennent la colère de l'homme.

Si cependant, tu viens à rencontrer, par hasard, un animal insensible à la douceur, ne crains pas alors d'employer la puissance des éperons, et fais-le de manière à ce qu'il n'oublie jamais la punition que tu lui auras infligée.

Le cavalier qui ne donne pas un bon pas à son cheval excite la pitié.

L'éperon arabe consiste en une longue tige sans molettes avec laquelle on ne pique pas, mais on fait sur le ventre des raies sanglantes ; un maladroit peut piquer son cheval à la rotule et l'estropier.

TRAVAIL

Oukelni ki khouk,
Ou rekebni ki adouk
Soigne-moi comme ton frère,
Et monte-moi comme ton ennemi.

Pour préparer un cheval trop gras aux fatigues de la guerre, fais-le maigrir par l'exercice, jamais par la privation de nourriture.

Au départ, le cavalier ne doit pas craindre de jouer pendant quelques minutes avec son cheval. De la sorte, il lui déliera les jambes et s'assurera du repos pour toute la journée.

Quand tu as une longue course à faire, ménage ton cheval par des interruptions au pas qui lui permettront de reprendre haleine. Continue jusqu'à ce qu'il ait sué et séché trois fois, laisse-le uriner, ressangle-le et demande-lui ensuite ce que tu voudras, il ne te laissera jamais dans l'embarras.

Si tu poursuis un ennemi et qu'il commette la faute de pousser son cheval, modère le tien, et tu es sûr d'atteindre le fuyard.

Dans un cas de vie et de mort, sens-tu ton cheval près de manquer d'haleine, ôte-lui la bride, ne fût-ce qu'un instant, et donne-lui sur la croupe un coup d'éperon assez fort pour amener le sang, il urinera et pourra peut-être te sauver.

Ne faites pas courir vos chevaux en montant ou en descendant, à moins que vous n'y soyez forcés. Vous devez au contraire ralentir le pas.

Après avoir marché longtemps dans la montagne et par des sentiers difficiles, quand le cavalier vient à déboucher dans la plaine, il est bon qu'il fasse courir un peu son cheval.

Ne faites pas courir vos chevaux, à moins de force majeure, dans les grandes chaleurs de l'été.

Celui qui, le pouvant, ne s'arrête pas pour laisser uriner son cheval, commet un péché. Ses compagnons doivent s'arrêter aussi, c'est une action méritoire.

Lorsqu'en marche, tu as un vent très fort en tête, arrange-toi, si c'est possible, pour l'éviter à ton cheval ; tu lui épargneras des maladies.

Quand après une marche longue et pénible, en hiver, par la pluie et par le froid, vous regagnez enfin votre tente, couvrez bien vite votre cheval, donnez-lui de l'orge légèrement grillée, et ne le faites boire ou ne le laissez boire que modérément ce jour là.

Les Arabes ne vont d'ordinaire qu'au pas et au galop ; ils appellent le pas, le « galop de toujours ».

Ils détestent le cheval qui trottine sans cesse.

CHAPITRE IV

LE MULET

Généralités. — Le mulet d'Afrique est plus petit que le mulet français ; il est aussi plus doux et a des allures plus rapides. Il est très fort et a le pied d'une très grande sûreté. Il est sobre, craignant peu la chaleur, facile à nourrir, rarement malade.

Il est utilisé pour le bât et la selle.

Quelques chefs arabes ont des mules de grande taille qui vont l'amble rompu et le pas relevé, et qui font, à cette allure, trois lieues à l'heure.

Tout ce qui a été dit du cheval est en grande partie applicable au mulet, avec cette différence qu'il est plus difficile sur la qualité des eaux ; il refuse souvent, malgré sa soif, celles qui sont bues volontiers par les chevaux.

Le mulet est plus facile à conduire et à garder que le chameau.

Le choix d'un bon mulet est de la plus grande importance.

Chargement et précautions en route. — Vérifier le rembourrage du barda (bât arabe) ou du bât ordinaire avant de charger ; surveiller le chargement soi-même, pour éviter les négligences qui causent toujours des blessures.

Faire suivre la bête par un homme qui observe les mouvements de la charge, surtout dans les montées et les descentes, pour en rétablir l'équilibre.

Décharger dès l'arrivée. Ne débâter que deux heures après l'arrivée au gîte.

Visiter le mulet afin de porter remède aux blessures récentes, de reconnaître les défauts du bât et d'en faire modifier convenablement le rembourrage.

Exposer les bâts au soleil pour les faire sécher, et, lorsqu'ils sont secs, battre légèrement le rembourrage avec une baguette.

Pour transporter un bât, le saisir toujours par les arcades de l'arçon, afin d'éviter tout dérangement dans le rembourrage.

Charge du mulet, 120 à 150 kilos, y compris le bât; mais, autant que possible, ne pas dépasser 120.

Ration journalière, 5 kilos d'orge, plus de la paille, du foin ou de l'alfa.

CHAPITRE V

LE CHAMEAU [1]

Généralités. — Sans le chameau, il n'y aurait point de relations possibles entre les peuples du Sahara ; les Arabes l'appellent le vaisseau de la terre, *gareb el berr*.

Il est d'une grande sobriété et ne se nourrit que de plantes qu'on rencontre partout. Il peut rester plusieurs jours sans boire, supporte facilement les plus grandes chaleurs. Ses pieds larges et mous sont faits spécialement pour marcher sur le sable. Il porte plus que le mulet.

Par contre, il n'a pas la rusticité qu'on lui attribue souvent ; il est même très délicat : il lui faut un climat chaud et sec ; le froid, la neige, les pluies persistantes lui sont mortels ; il prend sa nourriture dans certaines conditions, il a des allures à lui qu'il faut respecter ; s'il est surmené, mal nourri, il dépérit rapidement et meurt.

Il s'effraie facilement et se débarrasse parfois de son chargement. Il se jette souvent au milieu de ses congénères et leur communique une sorte de panique.

Tous les chameaux sont châtrés. Un étalon suffit pour 50 chamelles.

La plupart sont assez doux, mais dans la période du rût, ils deviennent quelquefois furieux et sont alors très

---

[1] Dénomination habituelle mais impropre, le *chameau* ayant deux bosses, tandis que le *dromadaire*, qui seul existe en Afrique, n'en a qu'une.

dangereux, surtout pour les hommes à pied qui les approchent.

Les chameaux du Sahara septentrional ne valent rien dans le Sahara méridional et réciproquement, ils sont dépaysés et ne distinguent plus les plantes qui leur conviennent.

On reconnaît si un chameau est en bon état à l'examen de sa bosse; si elle est pleine et proéminente, l'animal est apte à faire campagne.

Nourriture. — Absorbe de 30 à 40 kilog. de fourrage par jour ; il est nécessaire pour cela de le mettre au pâturage pendant 3 ou 4 heures au moins par 24 heures.

Ne mange pas les plantes détrempées par la pluie.

Éviter au printemps de l'envoyer au pâturage le matin.

En cas de marche forcée, donner un peu d'orge en sus des plantes broutées en route.

Supporte moins bien la faim que la soif.

Boisson. — En été, faire boire tous les 2 ou 3 jours; en hiver, le chameau arrive à rester jusqu'à 10 jours sans boire, mais il ne mange presque plus.

En colonne, abreuver chaque fois qu'on en trouve l'occasion. Après une longue marche sans eau, il est nécessaire d'abreuver deux jours de suite.

Le chameau affectionne les eaux claires et limpides et celles qui sont chargées de sels.

Chargement. — Il est nécessaire de faire un bât, kteb, particulier pour chaque chameau. Le bât est muni d'une matelassure, haouïa.

Avoir soin que le bât ne touche pas la bosse, autrement celle-ci se meurtrirait et la gangrène ne tarderait pas à s'y mettre.

Chargement maximum 150 à 160 kilos ; il est même prudent de ne pas aller au-delà de 120 à 130 pour les longues colonnes.

Placer seulement deux colis par chameau, jamais trois. Tous les colis sans exception doivent être mis dans une **rerara**, double sac spécial en laine et poil de chameau.

Il est très important de bien équilibrer la charge pour éviter les blessures.

Les caisses et tonnelets constituent un très mauvais chargement, car ces colis serrent les flancs, gênent la respiration et occasionnent par suite une plus grande fatigue.

Pour charger, faire agenouiller le chameau ; 2 hommes sont nécessaires.

CHAPITRE VI

LE MEHARI

Généralités. — Le mehari (1) paraît être au chameau ordinaire, djemel, ce qu'un cheval de course est au cheval de trait.

Il supporte mieux que le chameau la faim et la soif; en voyage, il peut ne boire que tous les cinq jours. Le djemel s'effraie facilement, et, s'il est blessé, il beugle incessamment; le mehari, plus patient et plus courageux, ne trahit jamais sa douleur.

Le mehari est moins rapide à la course que le cheval, lorsqu'il n'y a qu'une faible distance à parcourir.

Son allure ordinaire, avec laquelle il peut aisément fournir une course de 10 kilomètres à l'heure, est une sorte d'amble qui n'est pas fatigante pour lui. Bien entraîné et bien conduit, il peut franchir moyennement à cette allure de 80 à 100 kilomètres par jour.

Selle. — La selle est appelée rahala; son assiette est concave, le dossier large et haut, le pommeau élevé, mais échancré de sa base à son sommet. Le cavalier est

---

(1) Au pluriel mehara.
Le nom de mehari viendrait de la ville de Mahra dans l'Oman. Dans le Kordofan et le Dar For le mehari est appelé heguin.
On appelle rahila la chamelle de race, choisie comme monture de course; la chamelle de somme est dite zamila.
Le proverbe suivant prouve l'estime en laquelle sont tenues les premières :

« *el nass kif el ibell; mala la tkad toujed fiha rahila.* »

(Les gens sont comme les chameaux, prenez cent de ces animaux, vous pourrez vous dire heureux si vous y trouvez une rahila).

assis dans la rehala comme dans une tasse, le dos appuyé, les jambes croisées sur le cou du mehari et assurées par leur pression même dans les échancrures du pommeau.

Conduite. — Un anneau de fer rivé à la narine droite du mehari et dans lequel est attachée la rêne en poil de chameau, sert à le conduire ; il est assez difficilement maniable.

Pour le monter on le fait accroupir.

Le mehari ne doit pas brouter en route, car sa première qualité est d'aller vite.

La seule vue des chevaux cause au mehari, non habitué à vivre avec eux, une terreur folle, et les Touareg, bien que fort adroits dans le maniement de cet animal, redoutent de se mesurer avec des rezzou, montés sur des chevaux.

L'éducation du mehari est très difficile et dure en moyenne plus d'un an.

Note. — Sans troupes montées à mehara, nos postes de l'extrême Sud seront toujours dans l'impossibilité de faire efficacement la police de la région du Sahara qui les avoisine.

CHAPITRE VII

DONNÉES PRATIQUES
A L'USAGE DES OFFICIERS EN COLONNE
DES FONCTIONNAIRES
ET DES VOYAGEURS ISOLÉS

> « En colonne, il n'y a pas de petits
> détails, tous ont leur importance si
> l'on veut conserver intacts son moral
> et sa santé. »
> Dr LEGOUEST, Médecin-inspecteur-général.

EFFETS, ARMES & OBJETS DIVERS A EMPORTER

Tenue. — S'habiller autant que possible d'effets de laine claire.

Vareuse ou veston ample, pour laisser circuler l'air et pouvoir mettre à l'occasion un tricot de laine ; bien dégager l'encolure ; porter des chemises de flanelle à col mobile rabattu avec cordelière ; pantalon large et flottant ; casque blanc en moelle de sureau, ou képi élevé à grande visière, muni de ventouses avec couvre-nuque large à plis flottants.

Brodequins lacés en cuir fauve, et houseaux ou jambières ; éperons à la chevalière.

Un bon burnous, sur soi ou bouclé sur la selle (pas de manteau en caoutchouc d'avril à octobre, car le caoutchouc se fond).

Équipement, armement, et accessoires. — Revolver, toujours en sautoir avec 24 cartouches — Lunettes en verre fumé — Jumelles — Petite gourde avec un cordial — Fort couteau de poche à scie — Carnet — Crayon — Boussole — Montre — Baromètre anéroïde de poche — Cartes, etc.

Un fusil de chasse à deux coups, à broche ou à percussion centrale ; cartouchière-ceinture avec cartouches.

Effets et objets divers. — A mettre : *1º Dans les sacoches et les bissacs :* Une chemise et un caleçon de flanelle — Un tricot — Une calotte de nuit ou un foulard — Un mouchoir — Une serviette — Cordons de chaussures et de houseaux — Un paquet de ficelle.

Une pharmacie de poche — Tabac — Briquet et allumettes — Un repas froid — Une buvette plate en cuir — Un filtre de poche — Une petite lanterne sourde — Une bande de pansement avec charpie et épingles.

2º Dans les cantines. — Une vareuse, veston ou dolman — Un képi ou casquette — Un pantalon de laine ou de drap — Un pantalon de toile.

Une paire de brodequins — Une paire de chaussures de repos en toile — Une paire de pantoufles — Une paire de sabots-galoches et une paire de chaussons fourrés à lacets, montant jusqu'au dessus de la cheville (on sera très heureux de les mettre au bivouac les jours de pluie ou de froid).

Dix mouchoirs — Un bonnet de coton — Trois chemises de flanelle — Deux caleçons de flanelle — Deux cols en flanelle — Cinq cols et deux paires de gants d'uniforme, s'il y a lieu — Une paire de gants fourrés — Sept paires de chaussettes — Cinq serviettes — Une paire de draps — Quelques bandes de pansement en toile fine; charpie.

Une trousse avec aiguilles, alène, épingles, fil noir, rouge, bleu et blanc; boutons de chaque genre pour vêtements et linge.

Une boîte ou un nécessaire de toilette — Trois pains de savon de toilette.

Provision de tabac — Cartouches de revolver — Accessoires de fusil de chasse; poudre surfine; plombs de différents numéros; douilles métalliques et douilles en bon carton; bourres grasses et sèches — Matériel de pêche à la ligne.

Agenda-journal — Mains de papier; papier à lettres; enveloppes; crayons; plumes, encre; double décimètre; colle à bouche — Cartes.

Un coffret de sûreté vissé au fond d'une cantine solide.

Allumettes; mèche à briquet — Boîtes de thé — Flacons d'alcool de menthe — Alcoolature ou poudre de quinquina — Pilules d'opium et de sulfate de quinine.

Cuvette en caoutchouc pour la toilette.

LIT DE CAMPAGNE & ACCESSOIRES

Un lit de cantine (le plus simple et le plus pratique) ou un lit portatif reposant sur deux pieds en X en fer. — Avant de se mettre en route, le faire monter pour vérifier son état.

Une paire de draps; une couverture en laine et une couverture caoutchoutée; un traversin en crin animal (peu chaud) et un matelas mince en laine.

Pour le transport, loger les effets de literie dans un large sac imperméable.

Une peau de mouton descente de lit, sur laquelle couchera l'indispensable chien de chasse.

TENTE

Généralités. — Tente marquise (préférable) ou bonnet de police, doublée d'étoffe verte ou bleue; à portière fermant au moyen de boucles et de courroies en cuir, à l'exclusion des agrafes ou des boutons.

Piquets solides, sans nœuds, en chêne vert ou en olivier sauvage (en faire un paquet à part avec les montants et le maillet, et ne jamais les mettre dans le sac avec la tente, pour ne pas percer la toile).

Mettre la tente dans un sac goudronné pour le transport.

Avant de se mettre en route, faire monter la tente pour en vérifier l'état et l'ajustage.

Montage. — Au bivouac, avant de dresser la tente, débarrasser le sol des pierres et des mottes qui pourraient cacher des insectes ou des reptiles ; boucher les trous. — Répandre, si possible, des broussailles sur l'emplacement choisi, y mettre le feu pour l'assainir, puis balayer les cendres.

Dresser la tente, le montant sur une cale quelconque ; ouverture du côté opposé au vent, et, pour faciliter la surveillance, placer le personnel et les animaux en face de cette ouverture.

Creuser des rigoles profondes autour de la tente, puis, suivant la ligne de plus grande pente, un petit fossé d'écoulement.

Mettre la « toile à pourrir » à l'extérieur et rejeter dessus la terre des rigoles, que l'on piétine légèrement, pour se garantir de l'air et du froid. — Repousser la terre vers l'intérieur de la tente jusque sous l'extrémité de la toile, pour éviter que la pluie ne l'emporte.

Planter les piquets inclinés vers la terre en frappant bien normalement avec le maillet pour ne pas casser les têtes.

Dans le sable, où les piquets tiennent fort mal, faire, pour chaque piquet, un trou où le bras plonge à peu près jusqu'au coude ; en élargir le fond en gourde ; remplacer le piquet par une botte d'herbe liée au milieu par l'extrémité de la corde ; caler la botte au fond du trou ; recouvrir de sable, et piétiner.

Ne pas arracher les piquets en les ébranlant avec le maillet, mais les retirer normalement avec le fer de la pioche, en pesant sur le manche comme levier.

Organisation au bivouac. — Ne plus toucher aux piquets ; si la pluie vient à tomber, retirer la cale, pour laisser la toile se resserrer librement et éviter que les piquets ne soient arrachés.

En cas de sirocco, doubler la cale, s'il y a lieu, pour tendre la toile et éviter qu'elle ne se fende du haut en bas par suite de son extrême sécheresse.

Aérer et protéger la tente contre la chaleur, en relevant le côté opposé au soleil, étendre par dessus des couvertures ou des branchages ; si l'eau est abondante, arroser la toile. Quand on le peut, protéger la tente contre le vent par un clayonnage ou un petit mur en pierres sèches (très bonne précaution contre le sirocco).

En cas de séjour prolongé, abattre fréquemment la tente par le beau temps ; exposer le sol, les effets de literie et autres au soleil ; enlever la litière, s'il y en a, pour la faire sécher (la renouveler si l'on peut).

Si l'on dispose d'une grande et d'une petite tente, dresser la petite sous la grande, et placer son lit sous la petite.

Ne jamais creuser le sol de la tente sous le prétexte d'augmenter les dimensions de l'abri.

CANTINES, OUTILS
ET ACCESSOIRES DE CAMPEMENT

Cantines à bagages et à vivres (avec chaînes et cadenas très solides) en nombre correspondant aux moyens de transport.

Une table à X et un pliant.

Un maillet en bois — Une hache à tête petit modèle — Une pelle-bêche — Une petite pince — Une lime — Un marteau — Une scie égohine.

Une corde de puits de 15 à 20 mètres de long et d'un centimètre 1/2 d'épaisseur — Un paquet de petites cordes de réserve de 8 à 10^{mm} d'épaisseur.

Une dizaine de grands et de petits piquets de rechange — Deux seaux en toile — Deux sacs.

Deux cordes à fourrage — Fers de rechange — Une entrave et une musette de réserve par animal — Une boîte de saddle-past — Une boîte d'onguent de pied — Deux époussettes.

MATÉRIEL DE POPOTE

Une ou deux cantines, suivant les moyens de transport dont on dispose.

Une cage à poules légère et une boîte en bois à couvercle avec du son ou de l'orge pour loger la provision d'œufs.

Réduire à l'indispensable les ustensiles, car on n'a jamais trop de place pour les provisions (la marmite-popote occupe peu de place et contient tout le nécessaire).

Ne prendre que de la vaisselle émaillée ; les bidons en fer battu et non en fer-blanc — Double assiette dite à la minute (très pratique pour improviser rapidement un repas chaud) — Couverts.

Un moulin à café — Une lanterne — Un chandelier photomobile — Un grand filtre — Bougies — Allumettes — Un petit bidon d'alcool — Une petite lampe à alcool — Une cafetière.

Un tonnelet de 15 à 20 litres, allongé, aplati d'un côté, et muni d'une anse pour le fixer commodément sur le bât, et d'un robinet à clef.

VIVRES

Fort assortiment de julienne, potages-purée, tapioca, pâtes, légumes secs.

Quelques conserves de viande — Sardines et thon en

boîte — Bœuf salé — Lard — Vessies de graisse et de beurre salé.

Riz — Farine — Chocolat — Thé — Sucre et café.

Fromage de Hollande — Vinaigre — Condiments et Épices.

Garnir les vides de la cantine avec des pommes de terre, oignons, carottes, ail, etc.

Mettre les denrées en poudre dans des boîtes en fer battu, et celles en grains, dans des sachets en toile étiquetés.

Provision d'œufs de poule, qu'il faut toujours maintenir au complet.

Liqueurs et eau-de-vie de très bonne marque — Un flacon d'extrait de quinquina — 15 à 20 litres de très bon vin.

Graisse à chaussure — Savon de Marseille complètement sec — 300 grammes au moins d'alun pour la clarification de l'eau.

COMBUSTIBLE

Le combustible est rare en Afrique, surtout au delà du Tell; et c'est souvent la nécessité d'en trouver qui détermine la direction stratégique des colonnes.

Tell. — Dans le Tell, on rencontre des forêts sur les crêtes et les pentes déclives ; le sol non cultivé est presque partout recouvert d'une végétation broussailleuse assez épaisse.

Hauts plateaux. — Dans la région des hauts plateaux, les broussailles deviennent plus rares, moins drues, plus épineuses ; mais on y trouve à peu près partout deux combustibles médiocres, l'alfa et l'armoise. Le long des rives des cours d'eau, on rencontre le laurier-rose, le jujubier, le karoubier, etc...

Sahara. — Dans le Sahara, en dehors de certaines

régions couvertes d'une très abondante végétation arborescente, vraies forêts en raccourci, le combustible ne se compose plus que de plantes desséchées, de racines, de brindilles, de crottin de chameau, etc...

En marche, si, d'après les renseignements recueillis, on peut craindre de manquer de combustible au lieu de la couchée, en faire ramasser tout en cheminant.

Principes à observer pour la coupe du bois. — Pour éviter le déboisement dans les régions forestières, prescrire, pour la coupe des bois, des règles basées sur les principes suivants, et veiller avec la plus grande rigueur à leur exécution (1) :

Ne jamais décapiter complètement les arbres ; n'enlever que les branches de la couronne, et laisser les plus rapprochées de l'axe (on évitera ainsi la mort de l'arbre, en lui permettant de continuer à respirer par les feuilles des branches restantes).

Couper les branches à quelques centimètres au dessus de leur suture au tronc, les blessures faites à celui-ci pouvant amener rapidement sa pourriture. Même recommandation au sujet des branches latérales ; celles-ci peuvent sans inconvénient être coupées à tous les arbres de la famille des chênes.

Si le bois est clairsemé et les arbres épars à une certaine distance les uns des autres, faire du combustible en procédant par émondage, comme il vient d'être indiqué; on maintiendra l'état forestier et l'on permettra aux jeunes pousses, auxquelles l'ombre est indispensable, de se développer.

Si au contraire le bois est épais, procéder par coupe

---

(1) Si, depuis la conquête, nos troupes avaient agi d'après les principes que nous émettons, des milliers d'hectares de forêts aujourd'hui disparus, existeraient encore ; nous ne citerons, comme exemple entre mille, que la belle forêt du Mkaïdou, de plus de 2,000 hectares de superficie, que la garnison du poste d'El Aricha et les colonnes mobiles qui s'y sont succédé, ont presque entièrement détruite.

(la surface étant préalablement lotie si le séjour sur les lieux doit être long et la consommation importante), en faisant abattre complètement un tiers ou un quart des arbres, de préférence les plus vieux; ou en enlevant çà et là les arbres qui dépérissent; ou encore en abattant les arbres situés dans les endroits les plus épais, de manière que ceux restant conservent un ombrage égal à toute l'étendue du sol.

Enfin, défendre l'abattage des arbres et des bouquets d'arbres isolés, et « faire flèche de tout bois » avant de recourir à une pareille extrémité (1).

ALIMENTATION

Être sobre et ne pas abuser des spiritueux. — Pendant les chaleurs, la nourriture doit être surtout végétale et pimentée. — Par les basses températures, une nutrition énergique est nécessaire; doubler la consommation habituelle de la viande, du café, et avaler des boissons bien chaudes.

Aliments solides. — Manger toujours de la viande fraîche, moutons, poules, gibier, etc...— Être très sobre d'aliments conservés, c'est une réserve à laquelle il ne faut toucher qu'à défaut absolu de vivres frais. — S'abstenir de conserves de gibier, poissons, volailles. — Faire cuire les viandes au moins trois heures pour obtenir un bon consommé.

Le riz et les œufs sont des préservatifs contre la diarrhée.

Ne considérer le biscuit et le pain biscuité que comme des aliments de circonstance; à défaut de pain, il est préférable de manger des galettes arabes.

Si les légumes verts font défaut, les remplacer par

---

(1) Les arbres isolés sont des repères; les bouquets d'arbres donnent de l'ombrage et abritent souvent une source.

des juliennes et des fécules. — Faire rechercher, chaque fois qu'il est possible, les plantes et herbes comestibles, cardons, **khorchef**; asperges sauvages, **skoum**; pourpier, **redjila**; chiendent, **sboulét el far**; pissenlits, **senn el asd**, etc.; se méfier de la jusquiame, **bounj**, plante très dangereuse qu'on trouve dans le Sahara.

Utiliser pour l'alimentation du personnel les dattes et les figues conservées et pressées. — Pendant les grandes chaleurs, ne manger que des fruits mûrs et à dose modérée. — Ne pas manger avec excès des figues de Barbarie, des pastèques.

Vin et autres boissons. — Boire du vin et de l'eau-de-vie modérément. — Boire beaucoup de café. — Prendre de temps à autre le matin un petit verre de vin de quinquina. — Emporter le plus possible de vin, et du meilleur, de préférence des vins généreux, du Banyuls et du Bordeaux. — A défaut de vin, boire du thé. — L'eau coupée avec du café sans sucre est la boisson la plus désaltérante et la plus saine.

Eau. — L'eau des rivières est remplie de microzoaires; celle du Sahara est magnésienne et purgative; celle des mares ou des fontaines contient généralement des sangsues imperceptibles, et est quelquefois empoisonnée par des matières toxiques ou des cadavres d'animaux.

Ne jamais boire d'eau sans l'avoir filtrée ou fait bouillir. — Le thé, l'alcool de menthe, le jus de citron, la menthe poivrée, etc.., combattent la mauvaise qualité de l'eau. — En été, pour rafraîchir l'eau, se servir d'**alcarazas** (vulg. gargoulettes) ou de bidons recouverts de drap mouillé, et les suspendre à l'ombre en leur imprimant un balancement.

Dans le thalweg des **ouads** desséchés, on trouve généralement de l'eau en creusant le sable à une assez faible profondeur. — Faire dégager et nettoyer les abords des sources avant d'y puiser de l'eau.

Dans les mares, redirs, veiller à ce que l'on prenne l'eau avec précaution à la surface, sans agiter le fond ; si elle a été troublée, il suffira d'y jeter un peu d'alun pour la clarifier.

HYGIÈNE INDIVIDUELLE

Précautions générales. — Ne négliger aucune précaution hygiénique, si futile qu'elle paraisse. — Être toujours vêtu de drap du coucher au lever du soleil. — Avoir toujours dans une sacoche ou dans un bissac un tricot de laine à mettre dès que la température baisse ou qu'il pleut.

En cas d'engourdissement par le froid, ingurgiter quelques gouttes d'éther sulfurique ou un peu de vin avec de la cannelle, etc...

Porter sur soi, jour et nuit, en été comme en hiver, une ceinture de flanelle faisant trois ou quatre fois le tour du ventre.

Avant de se coucher ou de s'asseoir sur le sol, le frapper ainsi que les bouquets d'herbes avoisinants, pour en chasser les bêtes venimeuses, s'il y en a.

Pendant les fortes chaleurs, faire la sieste de onze heures à deux heures.

Toilette. — Les soins de propreté corporelle et de tenue sont indispensables ; se soumettre à des ablutions froides chaque matin ; si l'eau est rare, se contenter de lotions avec un linge mouillé ; s'en abstenir absolument les jours de sirocco, pour éviter la fièvre.

Dans le Sahara, quand on doit se mettre en route, ne se laver le visage qu'en arrivant à l'étape, pour ne pas gagner des gerçures.

Ne pas se baigner dans les cours d'eau.

Quand on est en transpiration, se frictionner avec un linge sec.

Précautions sous la tente. — Ne jamais se coucher sans manger, quelle que puisse être la fatigue.

La nuit, tenir toujours la tente complètement fermée ; se couvrir les yeux très régulièrement soit avec une calotte de nuit, soit avec un foulard ; si l'on a des tendances à sortir inconsciemment les bras du lit, ne pas oublier de toujours se coucher avec un tricot, même en été ; si l'on ne se déshabille pas, déboutonner pantalon et caleçon.

Ne jamais sortir de la tente la nuit déchaussé ou incomplètement vêtu.

A défaut de lit de campagne, ne pas manquer de s'isoler du sol avec une peau de mouton, des couvertures, des toiles imperméables, de la paille, des branches ou des feuilles sèches, du diss, de l'alfa, etc., en évitant toutefois les joncs humides, les lauriers-roses et les plantes odoriférantes.

Sangsues. — Si une sangsue s'est fixée à l'arrière-gorge et qu'on l'aperçoive, la saisir avec une pince ; si elle est invisible, lui faire lâcher prise avec de l'eau salée, de la fumée de tabac.

Vipères à cornes. — La piqûre de la vipère à cornes peut être mortelle : sucer la plaie ou la cautériser avec de l'ammoniaque ou de l'acide phénique suffisamment étendu d'eau, après l'avoir incisée en croix ; faire une ligature sur le membre lésé, entre la plaie et le cœur, le plus tôt possible.

Scorpions. — Les scorpions sont cachés sous les pierres : scarifications, frictions à l'ammoniaque, à l'acide phénique étendu sur la partie lésée ; boire un verre d'eau avec 8 ou 10 gouttes d'ammoniaque.

MARCHE

Dispositions préliminaires. — Avant de se mettre en route, se munir auprès des administrateurs civils, chefs de bureaux arabes ou officiers de renseignements, suivant le cas, des mercuriales des régions que l'on va traverser, de manière à pouvoir ramener aux prix des marchés les indigènes qui exagéreraient leurs prétentions.

Avoir la plus grande partie de la somme nécessaire pour couvrir les frais de la route en monnaie d'argent, surtout de douros (pièces de 5 francs). — Les chefs et les gens de grande famille acceptent volontiers l'or ; le papier ne peut être utilisé que si on peut le changer dans des localités où se trouvent des Européens.

Toujours se renseigner très exactement la veille du départ sur les ressources en eau, bois, vivres, que l'on pourrait trouver le lendemain sur la route à suivre, et arrêter, d'après les renseignements reçus, le lieu de la couchée.

Quand le départ est fixé, avertir tout le monde la veille (les hommes feront leurs petits préparatifs). — Faire faire les cantines à bagages et à vivres avant de se coucher, en ne laissant dehors que les objets indispensables le lendemain matin. — Le soir, faire remplir d'eau tous les récipients. — Inutile de se préoccuper du réveil des indigènes, l'habitude de prier and el fedjer, leur rend inconnu le *far niente* matinal.

Levée du camp — Départ. — Après une toilette rapide, faire démonter la tente et faire charger ; compter soi-même les piquets (un piquet perdu ne se remplace pas toujours aisément).

Ne jamais partir à jeun (le café chaud avec du pain est préférable au bouillon).

Ne jamais se mettre en route sans que tous les bidons soient pleins.

Si les indigènes ont fourni des animaux de bât, vérifier leur état, ainsi que celui des bâts et des cordes de brêlage. — Veiller à ce que l'on soutienne le chargement d'un côté pendant qu'on charge de l'autre.

Donner le signal du départ et mettre tout le monde en marche, puis revenir une dernière fois sur l'emplacement du camp et de la tente, pour s'assurer qu'il n'est rien resté.

Exécution de la marche. — Partir toujours de très bonne heure, mais en principe pas avant le petit jour.

Régler la marche sur celle des bêtes de somme. — Tenir son monde groupé en ne perdant jamais de vue que, dans le Sud surtout, le plus grand ennemi c'est l'indiscipline.

Si l'on chasse, se maintenir toujours en vue de la colonne. — Dans le Sud, défendre absolument de la quitter, car, outre que les ondulations des dunes bornent l'horizon à des distances souvent inférieures à cent mètres, il suffit d'un léger coup de vent pour faire disparaître les traces de la colonne, et un homme égaré dans ces régions est presque infailliblement perdu.

Grandes chaleurs. — Pendant la période des chaleurs, arriver au bivouac avant neuf heures du matin ; si la chose est impossible, s'arrêter en un lieu où l'on trouve de l'eau et de l'ombre, laisser passer la grande chaleur, et se remettre en marche vers trois ou quatre heures du soir.

Marcher à une vitesse modérée ; faire des haltes courtes, mais fréquentes.

Dès les premières chaleurs, s'habiller légèrement et de manière que l'air puisse toujours circuler facilement sous les vêtements. — A cheval, mettre, comme surtout, un burnous en laine blanche pour réfléchir la chaleur. — Ne jamais oublier le couvre-nuque si l'on n'a pas de casque.

S'accoutumer à boire le moins possible ; avant de boire, se reposer un peu, se laver les mains et le visage, puis avaler par petites gorgées. — Si l'eau est croupie, s'en rincer simplement la bouche et la rejeter.

S'arrêter à chaque point d'eau et faire remplir les bidons et autres récipients.

Neige. — En cas de surprise par la neige, envelopper les sabots des animaux avec des chiffons ou des torons de paille.

BIVOUAC

Choix de l'emplacement. — Toujours choisir pour bivouaquer les endroits élevés, abrités des vents du nord en hiver et de ceux du midi en été. — Eviter le voisinage des marais, les bas-fonds et les terrains déjà infectés par le séjour de troupes ou d'indigènes.

Si l'on doit camper le long d'un cours d'eau, le traverser, afin de n'avoir pas à faire cette opération le lendemain au moment du départ (une crue subite pourrait intercepter le passage).

Sur un terrain déclive, creuser un petit fossé brisé en amont, A B C par exemple, pour éviter que tentes, bagages, etc., ne soient emportés par un orage subit toujours possible.

Dispositions à l'arrivée. — Sitôt arrivé, organiser rapidement le camp et monter de suite la tente, quelle que soit l'heure de l'arrivée. — Rester à cheval pour dominer tout le monde et faciliter la surveillance.

L'emplacement de la tente choisi, y faire porter le campement et les bagages personnels.

Disposer le camp en face de l'ouverture de la tente (pour l'avoir sous ses yeux), à moins d'être assez nombreux pour pouvoir camper au centre.

Déchargement des bagages. — Assigner les emplacements des différents chargements et les y faire déposer de suite. (Ces mesures d'ordre préliminaires sont indispensables pour ne pas s'exposer à faire piétiner par les animaux les effets ou faire défoncer les cantines par des ruades).

Ne faire décharger les mulets ou chameaux que l'un après l'autre. Veiller que dans les déchargements la partie du chargement que l'on ne descend pas encore soit soutenue, pour éviter de faire tourner les bâts, de blesser les animaux.

Si le personnel indigène, muletiers, guides, escorte, etc., ne dispose pas de tentes, faire déposer à proximité des animaux les sacs d'orge, les bâts, en un petit réduit qui servira d'abri.

Chevaux et animaux de bât. — Ne pas placer les chevaux et mulets près de la tente, mais à l'autre extrémité du camp.

Se servir de cordes de bivouac goudronnées et de piquets ferrés. — Enfoncer les piquets jusqu'à l'anneau. — Dans le sable, fixer les cordes avec une botte d'herbe dans le fond d'un trou en gourde comme il a été expliqué pour la tente (v. page 122).

Entraver les animaux d'un seul pied, mais solidement. Laisser au cou des chevaux, s'il est possible, une longe, pour les rattraper plus facilement quand ils se sont détachés.

Les entraves doivent être garnies de cuir souple à l'intérieur, afin de ne pas blesser le paturon.

Faire faire le pansage à la main et à l'époussette.

Cuisines et feux de bivouac. — Placer les cuisines et les feux de bivouac en dehors du camp, du côté opposé au vent.

Déblayer les herbes sèches autour des feux, pour éviter que les tentes ne deviennent la proie des flammes, car le feu se propage dans les broussailles avec une vitesse inouïe.

Distribution — Eau. — Faire appeler le chef du douar ou de la fraction voisine et lui demander à acheter l'orge, la viande sur pied, les volailles, les œufs nécessaires.

Ces denrées apportées, les payer au prix de la mercuriale, puis faire la distribution ; y présider toujours soi-même.

S'assurer également soi-même, dans toutes les situations, que les animaux reçoivent et mangent bien leur ration.

Service de garde. — Si l'on a droit à la protection, ce qui sera généralement le cas, exiger du chef indigène que les hommes de garde, **nass el assa**, pour la nuit, soient à leur poste avant la chute du jour.

Ne leur défendre ni de causer, ni de chanter ; ils veillent mieux et l'on s'habituera à dormir quand même.

ORIENTATION

D'après le soleil. — Il passe à l'Est à 6 heures du matin, au Sud-Est à 9 heures, au Sud à midi, au Sud-Ouest à 3 heures après-midi, à l'Ouest à 6 heures du soir, temps vrai. *La différence entre le temps vrai et le temps moyen varie suivant les époques de l'année ;*

l'écart maximum est d'un quart d'heure environ, soit en plus, soit en moins.

SCHÉMA DE LA MARCHE DU SOLEIL

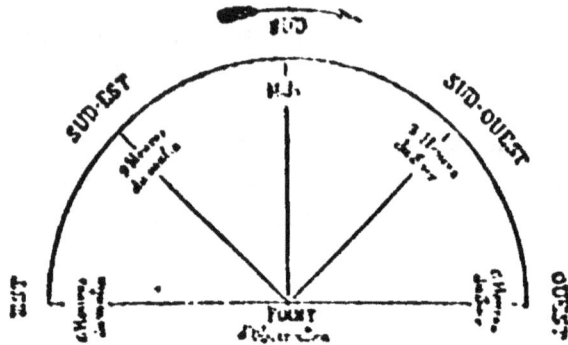

D'après la lune. — Elle va de l'Est à l'Ouest en passant par le Sud, aux heures suivantes :

—	EST	SUD	OUEST
1er quartier ☽	midi (pas visible)	6 heures du soir	minuit
Pleine lune ☉	6 heures du soir	minuit	6 heures du matin
Dern. quart. ☾	minuit	6 heures du matin	midi (pas visible)

Quand la lune croît, le croissant a la forme d'un D ; quand elle décroît, il a la forme d'un C.

SCHÉMA DE LA MARCHE DE LA LUNE

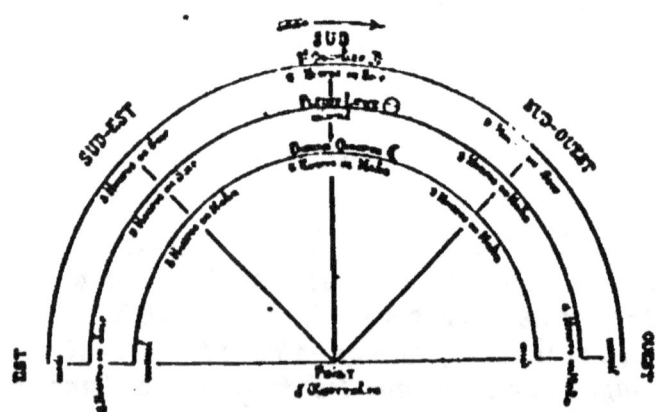

D'après l'étoile polaire. — On la trouve en prolongeant environ cinq fois la distance apparente qui sépare les gardes A et B de la grande Ourse.

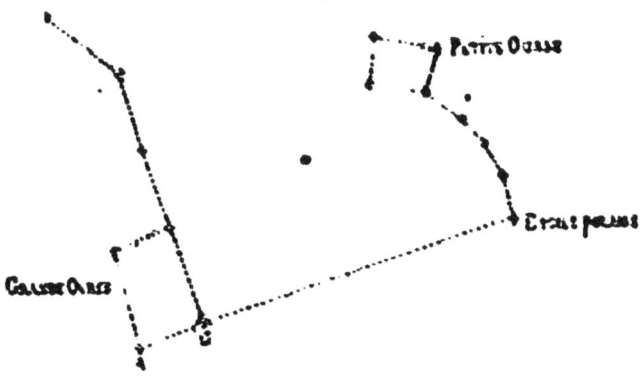

D'après la boussole. — La déclinaison varie avec les lieux ; elle diminue quand on marche du nord vers le sud et de l'ouest vers l'est. (Voir à l'Appendice : Positions géographiques.)

Quand on fait usage de la boussole, il faut s'éloigner de tout objet en fer capable d'influencer l'aiguille : se tenir à 2 ou 3 mètres d'une arme portative.

D'après la montre. — La montre est tenue horizontalement à la main, et tournée de façon que la petite aiguille soit dans la direction de l'ombre de l'observateur. La bissectrice de l'angle formé par cette aiguille et par le rayon qui aboutit à XII, donne sensiblement la direction du nord.

PRÉVISION DU TEMPS

La connaissance préalable du temps est très importante ; car, le cinquième et le sixième jour de la lune étant beaux, et le baromètre montant, il y a presque certitude que le temps sera beau pendant le restant du mois lunaire; si, au contraire, le temps est mauvais au cinquième et au sixième jour de la lune et qu'il continue à l'être après le premier quartier, il y a onze chances sur douze que toute la lune sera en mauvais temps. Cette règle, formulée par le maréchal Bugeaud, se vérifie généralement.

CHAPITRE VIII

GUERRE D'AFRIQUE

La première condition des opérations militaires en Afrique, est la rapidité.

Hors d'Europe, contre des bandes sans discipline, presque sauvages, marcher, c'est combattre, marcher, c'est vaincre ; mais comme il faut manger pour pouvoir marcher et qu'on ne trouve rien dans le pays, il faut emporter de quoi faire vivre la colonne, emmener un convoi.

En Europe, quand les troupes n'ont pas de vivres, elles vont à la maraude. En Afrique, quand le convoi a disparu, les troupes sont condamnées à mourir de faim. Partant de là, les dispositifs de marche, variables suivant qu'on se trouve en plaine ou dans la montagne, n'ont qu'un seul but, la protection du convoi.

COMPOSITION DES COLONNES

En pays de montagne. — En pays de montagne, les colonnes doivent pouvoir se suffire à elles-mêmes et comprendre de l'infanterie, la masse principale ; de la cavalerie, 1/20 de l'effectif des combattants ; une section d'artillerie ; une section ou une demi-section du génie ; un goum, (cavaliers arabes irréguliers, commandés par des officiers des affaires arabes) ; une ambulance, dont les approvisionnements sont calculés sur 1/10 de l'effectif ; un service des subsistances ; un convoi.

La force normale de ces colonnes est de 4.000 hommes : en Kabylie c'est un minimum indispensable. Au delà de 4,000 hommes, on forme une ou plusieurs colonnes convergentes.

Le convoi est approvisionné à 15 jours de vivres. Les hommes ont 4 jours de vivres de sac.

En Kabylie, tous les transports s'exécutent à dos de mulet.

Une colonne de 4.000 hommes exige :

    100 mulets portant les munitions d'artillerie et d'infanterie ;
    100 mulets pour le service des subsistances, service de la solde et ambulance ;
    1.275 mulets pour le transport de 15 jours de vivres et d'orge ;
    300 mulets pour le transport des tentes d'officiers, des cantines, des vivres de la troupe.

Total : 1.775 mulets.

En plaine. — En plaine, où il faut une grande mobilité pour atteindre les tribus des hauts plateaux et surtout celles du Sahara, et où l'espacement des points d'eau exige souvent le parcours de grandes distances, la légèreté prime la force et le nombre ; les colonnes ne doivent pas dépasser 3.000 hommes.

La colonne est également composée de toutes les armes et des divers services, avec cette différence que la cavalerie s'élève au $1/6$ de l'effectif total, et que le goum est plus considérable, sans cependant jamais dépasser la moitié de la cavalerie régulière.

2.000 fantassins, 400 cavaliers, une section d'artillerie, 1/2 section du génie et les accessoires, exigent :

    380 chameaux pour les vivres et l'orge ;
    640 chameaux pour l'eau.

Total : 1.020 chameaux.

MARCHES

On a adopté un ordre de marche normal pour la montagne, un autre pour la plaine, et l'on ne s'en écarte que quand les circonstances l'exigent.

L'infanterie est divisée en deux parties, l'une mobile et indépendante, c'est l'élément de combat ; l'autre exclusivement affectée à la garde du convoi.

1º En pays de montagne

CAVALERIE

Exploration : Le goum en avant et sur les flancs ;
(Les premiers coups de fusil affirment sa fidélité.)

Service de sûreté : Un escadron en avant, et sur les flancs si le terrain le permet.

AVANT-GARDE

Pointe
- Un peloton de cavalerie.
- Une section ou une compagnie d'infant.

Gros (compact en vue de la colonne)
- Le reste de la compagnie ou du bataillon.
- Détachement du génie.
- Mulets d'outils et de cacolets.

Distance : 200 à 300 mètres au plus.

CORPS PRINCIPAL

(La moitié de l'infanterie, l'artillerie et souvent une grande partie de la cavalerie ;)

Etat-Major ;
1 bataillon ;
Artillerie ;
1 bataillon ;
Mulets de cacolets.

Distance : 50 à 100 mètres.

CONVOI

1 bataillon de garde sur le flanc le plus menacé, à hauteur du convoi ;

1 compagnie ;
Section de munitions ;
Ambulance ;
Trésor ;
1 compagnie ;
Bagages ;
1 compagnie ;
Vivres, troupeau ;
1 compagnie.

} 1 bataillon fournit les compagnies échelonnées entre les diverses sections.

Distance : 150 mètres.

ARRIÈRE-GARDE

Gros { 1 ou 2 bataillons, suivant l'effectif de la colonne.
Détachement d'ambulance.
Mulets de cacolets.

Distance : 50 mètres.

Pointe { 1 compagnie ou 1 section d'infanterie.
1 peloton de cavalerie.

Les Kabyles s'attaquent surtout à l'arrière-garde ; la constituer aussi fortement que possible.

Faire flanquer la colonne par les goumiers et par la cavalerie ; n'y employer l'infanterie que si on ne peut faire autrement.

Dans les passages difficiles ou en présence d'un ennemi nombreux et audacieux, se couvrir à 3 ou 400 mètres, portée maximum du fusil arabe, par des flanc-gardes fixes ou mobiles d'une section au moins.

Passage d'un défilé. — Faire occuper la tête du défilé par le bataillon d'avant-garde, puis ensuite, sur les flancs, à hauteur de la colonne, les pitons et les mamelons ; la colonne s'engage alors.

Si le défilé est trop long, dans les pays boisés ou hérissés de pics, marcher en tiroir, c'est-à-dire faire occuper successivement par des fractions prises en tête, les points latéraux qui commandent le passage, et les rallier en arrière-garde chaque fois qu'elles sont dépassées par la queue de la colonne.

DISPOSITIF NORMAL DE MARCHE EN PAYS DE MONTAGNE

Exploration. — Le goum au loin en avant.
Service de sûreté. — 1 escadron en avant et sur les flancs si le terrain le permet.

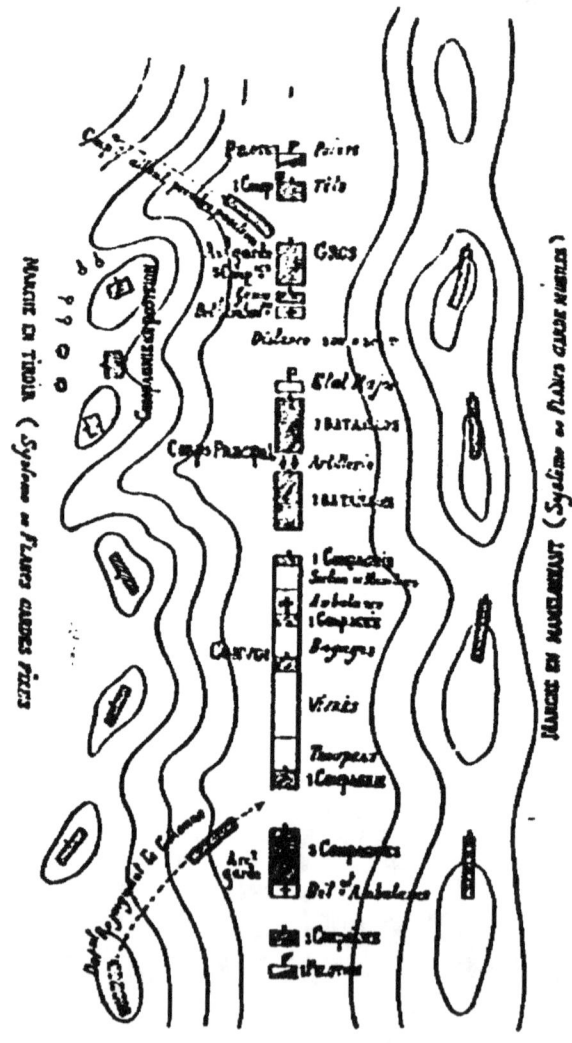

2° En pays de plaine

Dans le Sud, où l'on est exposé à des attaques subites de la cavalerie arabe, on emploie le carré de marche, au centre duquel sont abrités le convoi, l'artillerie, les munitions, etc.

EXPLORATION ET SERVICE DE SURETÉ

Le goum est chargé du service d'exploration au loin, la cavalerie régulière derrière, pour le soutenir, et, au besoin, pour sabrer les goumiers en cas de trahison.

AVANT-GARDE

Un peloton de cavalerie en pointe d'avant-garde.

L'avant-garde et l'arrière-garde d'infanterie marchent par compagnie en colonne de compagnie, de manière à pouvoir former rapidement le carré.

Si l'avant et l'arrière-garde sont fortes d'un bataillon, les compagnies, en cas d'attaque, se forment rapidement en échelons.

Un détachement du génie marche à l'avant-garde.

CORPS PRINCIPAL

Suivant l'effectif, la 1re face est formée par un bataillon en ligne de colonnes de compagnie, ou par une compagnie ayant ses sections déployées à de larges intervalles.

La 4e face est formée par une compagnie.

Sur les 2e et 3e faces, 1 ou 2 bataillons en colonne par section, à distance déterminée par la nécessité de couvrir le convoi sur toute sa longueur.

Sur les flancs, en dehors de chacune des deux faces, 1 ou 2 escadrons en colonne de pelotons.

L'avant-garde marche à peu de distance du carré.

En tête du convoi se trouve la section d'artillerie.

CONVOI

1ʳᵉ face : bagages, sections de munitions, ambulance, bagages ;
2ᵉ face : vivres et troupeau ;
3ᵉ face : orge ;
4ᵉ face : vivres, troupeau.

Dans l'intérieur, l'équipage d'eau, s'il y en a un.

Le poste de police d'infanterie et le poste de police à cheval du convoi, dans l'intérieur, en avant de la 4ᵉ face.

ARRIÈRE-GARDE

Une compagnie ou un bataillon, suivant le cas.
Un détachement d'ambulance.
Un peloton de cavalerie en pointe d'arrière-garde.

Les distances et les intervalles se resserrent ou s'écartent, selon la nature du terrain ; le principe est de marcher le plus compact possible.

DISPOSITIF NORMAL DE MARCHE EN PAYS DE PLAINE

Exploration : Le goum au loin, en avant et sur les flancs.

Service de sûreté : 1 escadron de cavalerie régulière en avant; et, parfois sur les flancs, tout ou partie des escadrons, comme ils sont figurés ci-dessous.

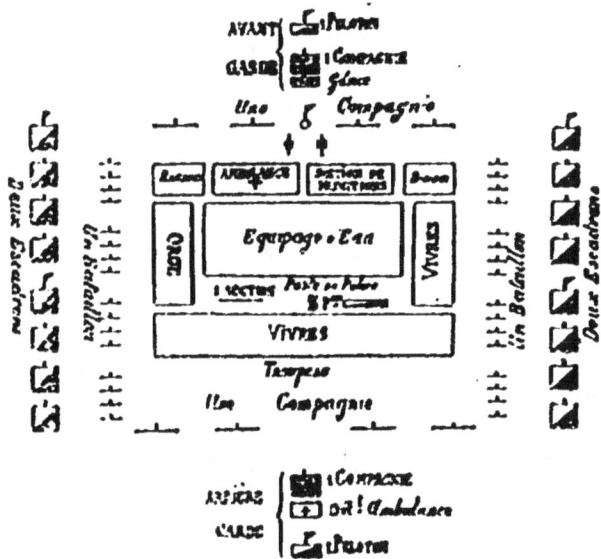

Mesures d'ordre : Partir de très bonne heure pour éviter la chaleur, mais pas avant le petit jour. Faire prendre aux hommes un café chaud avec du pain. S'assurer qu'ils ont un repas froid dans le sac et que les bidons sont garnis.

Ne pas faire des haltes régulières, mais se baser sur la nécessité d'avoir de l'ombre, un abri ou de l'eau, etc. Supprimer la grande halte, de manière à arriver au gîte avant neuf heures du matin.

Si l'étape est longue, se reposer de 9 heures à 3 ou 4 heures, et terminer ensuite le parcours.

Aérer les colonnes autant que le permettront les circonstances et le terrain.

Arrêter la colonne à chaque point d'eau.

Un officier par bataillon, avec un caporal et 4 hommes par compagnie, sans sac, à la gauche, pour ramener les traînards.

STATIONNEMENT

Le seul mode employé en Algérie est le bivouac sous la tente abri.

Établir toujours le bivouac dans une position défensive, à proximité de l'eau, des bois et du fourrage.

Organiser, sous la responsabilité d'un officier supérieur, un service spécial de police, aux abords des fontaines, puits, redirs, rivières.

On campe en carré, le convoi dans l'intérieur.

En Kabylie, les quatre faces sont fournies par l'infanterie ; la cavalerie et l'artillerie au milieu.

Dans le Sud, la cavalerie forme une des faces, la moins exposée, les chevaux en dedans.

DISPOSITIF NORMAL DU BIVOUAC

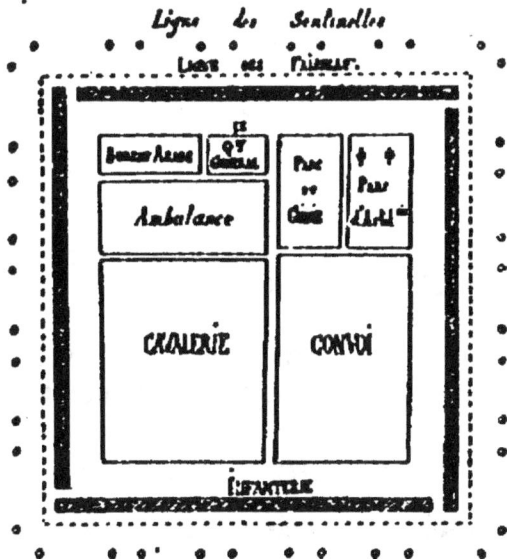

Emplacement du camp, déterminé au moyen de jalonneurs à cheval; officiers montés des corps les précèdent et fixent les emplacements particuliers.

L'installation doit se faire immédiatement, sans perte de temps, en alignements réguliers. — Former les faisceaux en carré. — Tentes dressées par 3 ou 6, à 6 pas en arrière.

Si le bivouac est établi près d'un cours d'eau, réserver $a\,b$ pour l'eau à boire des hommes et l'eau de cuisine; $b\,c$ pour abreuver les chevaux et les mulets; $c\,d$ pour abreuver les chameaux; $d\,e$ pour le lavage.

Si l'eau est peu abondante, faire 3 barrages, en b, en c et en d, avec des piquets et une claie en genêts, alfa ou jujubier tressés ; consolider le bâti en aval par un talus en terre damée.

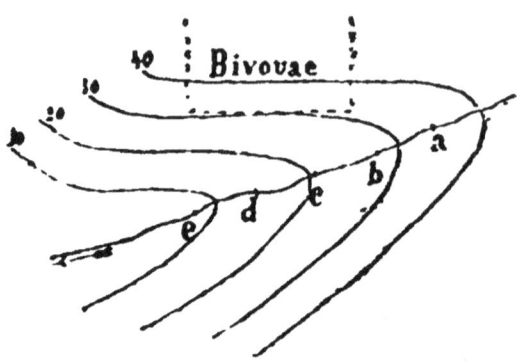

AVANT-POSTES

Les dispositions du service en campagne sont la plupart applicables, sauf modifications suivantes :

1° En pays de montagne

Service de sûreté, en principe assuré par l'infanterie seule. — Sur chaque face, une grand'garde variant d'une section à une compagnie.

Indispensable que les grand'gardes soient toujours en vue du camp ; inutile de les pousser à plus de 5 à 600 mètres ; construisent petit retranchement.

Emplacements, autant que possible, points dominants.

A 150 ou 200 mètres, postes de 4 hommes accroupis et masqués ; la nuit, se replieront à une trentaine de mètres des grand'gardes.

Ligne de sentinelles sur le front de bandière, en avant des faisceaux.

Avec troupes jeunes, envelopper le camp sur tout le périmètre par une tranchée-abri.

Attaques de postes très fréquentes en Kabylie, surtout pendant la nuit.

Les grand'gardes ne tirent la nuit qu'en cas d'absolue

nécessité ; attendre l'ennemi derrière le retranchement et le rejeter à la baïonnette.

Une compagnie de piquet par bataillon.

Près du commandant de la colonne, dans l'intérieur, une compagnie en réserve générale.

DISPOSITIF NORMAL DES AVANT-POSTES
EN PAYS DE MONTAGNE

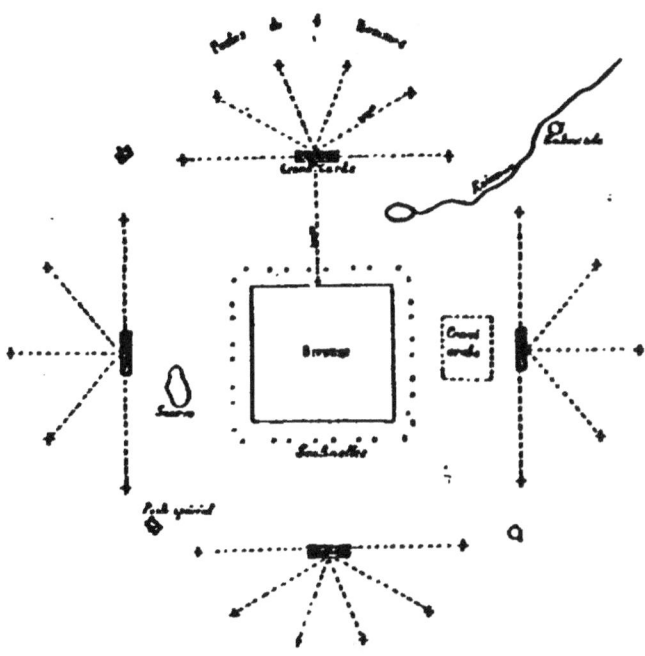

2° En pays de plaine

Pendant le jour le goum surveille au loin.

La cavalerie régulière fournit des petits postes à 2 kilomètres autour du camp, ou une ligne de vedettes à 100 mètres en avant des grand'gardes d'infanterie; celles-ci, en avant des faces, à un kilomètre environ.

La nuit, la cavalerie rentre; les avant-postes d'infanterie se rapprochent à 200 ou 300 mètres des faces, se couvrant à 30 ou 40 mètres d'une chaîne de postes de 4 hommes.

DISPOSITIF NORMAL DES AVANT-POSTES EN PAYS DE PLAINE

LE JOUR

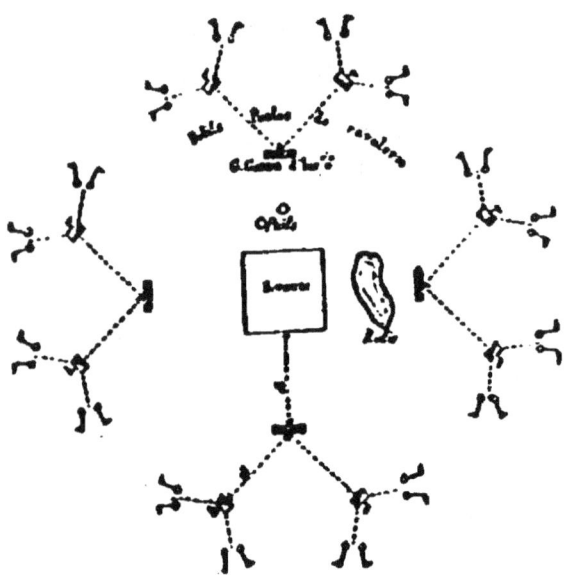

LA NUIT

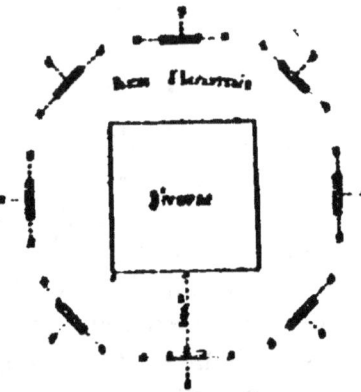

ATTAQUES DE NUIT

Attaques de nuit, moins fréquentes qu'en montagne, mais très grande vigilance nécessaire pour empêcher les voleurs (1) de chevaux, de chameaux ou d'armes de pénétrer dans le camp.

En cas d'alerte de nuit, troupes se rassemblent sans bruit sur leurs faces respectives, rompent les faisceaux, mettent baïonnette au canon et se couchent à plat ventre. — Défense absolue de tirer. — Les officiers, debout, veillent à l'ordre et calment les hommes.

Si l'ennemi a repoussé les grand'gardes et fond sur le carré, face attaquée se lève subitement, charge en silence à la baïonnette, reprend ensuite sa place, et répète le même mouvement s'il est nécessaire.

COLONNES LÉGÈRES

Organisées pour entreprendre une poursuite directe, tenter un coup de main :

1 ou 2 bataillons sans sacs, 2 ou 3 escadrons, et quelquefois une section d'artillerie et le goum. — Le convoi, laissé en un point choisi, sous la garde d'une fraction constituée, des malades et des malingres. — N'admettre que des hommes entraînés, éprouvés, excellents marcheurs.

Infanterie entraînée, sans sac, peut faire 60 à 70 kilomètres en 18 à 19 heures; elle peut soutenir, pendant 5 jours au moins, des marches de 45 à 50 kilomètres.

Halte à chaque point d'eau, ou bien toutes les heures ou heures et demie.

(1) Les voleurs de chevaux sont d'une adresse prodigieuse; ils profitent des nuits sans étoile et sans lune et sont toujours nus.

Après 6 ou 8 heures de marche, grand'halte d'une heure (café).

Après 10 ou 12 heures de marche, long repos de deux ou trois heures (soupe de conserve).

Infanterie entraînée peut faire plusieurs jours de suite de 70 à 80 kilomètres en 24 heures, avec un mulet pour 2 hommes.

Pour combattre, tout le monde met pied à terre ; les animaux sont entravés.

COMBAT

1° En pays de montagne

Kabyles, excellents tirailleurs, harcèlent les colonnes en marche, mais de préférence les flancs-gardes et l'arrière-garde. — Sont particulièrement aptes à la guerre d'embuscade, à la défense des positions et des localités ; assurent toujours leur ligne de retraite.

Savent occuper très judicieusement les obstacles naturels et les positions. — Prennent, en général, un très grand front, et se forment sur une seule ligne, avec des sentinelles sur les flancs et les pitons, pour prévenir de tous les mouvements. — Défendent de préférence les points dominants et d'accès difficile.

Construisent parfois des retranchements ; savent combiner une attaque de front avec une attaque de flanc ou de revers, mais manquent de discipline et de cohésion.

Mal armés ; sujets aux défaillances et aux paniques, dès que leur ligne de retraite est menacée.

Dès que le combat paraît imminent, établir le convoi dans une position défensive, protégé par une forte garde, 1/4 de ses forces. — Entraver les bêtes de somme ; faire asseoir les convoyeurs ; les fusiller à la moindre tentative de rébellion.

Avant-garde et artillerie tâtent l'ennemi ; feux à grandes distances (1.000 à 700 mètres) ; puis, le flanc d'attaque découvert, y porter le gros des forces.

Ne déployer que le nombre d'unités nécessaires ; s'avancer en ordre compact et ne pas engager des hommes isolés ; tenir tout son monde groupé dans la main.

Manœuvrer pour dérouter l'ennemi, en lui opposant l'ordre et la cohésion qui lui manquent.

Ne prendre la formation de combat que vers 3 ou 400 mètres ; chaîne restant groupée par escouades, soutiens à rangs serrés à 100 mètres de la chaîne, réserve à 200 mètres des soutiens.

Combiner attaque de front avec attaque de flanc, et attendre pour pousser à fond la première que la seconde ait commencé.

En cas de difficultés de terrain, faire déposer les sacs. Courtes haltes pour rétablir l'ordre et permettre aux hommes de reprendre haleine.

Les deux attaques arrivées à 200 ou 150 mètres, feu rapide et assaut.

Prolonger la poursuite par des feux jusqu'à ce que la dispersion de l'ennemi soit aussi complète que possible. Ne pas se laisser entraîner à une poursuite à travers des broussailles ou des accidents de terrain où il reprendrait l'avantage.

N'engager qu'une partie de la cavalerie, l'autre restant en réserve.

En cas d'échec, retraite par échelons, en commençant par l'échelon le plus avancé, l'échelon supérieur se retirant le dernier. — Se maintenir sur les crêtes. — Si l'on est serré de trop près, faire de vigoureuses reprises de main ; si un échelon est arrêté par l'ennemi, le faire dégager par la réserve.

2° En pays de plaine

Arabe nomade, cavalier incomparable, brave, audacieux, sobre et d'une endurance extraordinaire. — Plus discipliné que le Kabyle ; extrêmement mobile, en général impalpable, a l'instinct de la guerre. — Tient son adversaire sur un qui-vive constant et l'oblige à un véritable jeu de cache-cache.

Sait profiter de ses fautes ; choisit le lieu et le moment du combat, qui n'est possible que s'il le *veut*, s'il l'*accepte* ou l'*offre*. — Par contre, moins tenace au feu que le Kabyle, et incapable d'une action soutenue et prolongée.

Pour le soumettre, il faut atteindre ses intérêts fixes : smala, ksour, silos, points d'eau, marchés, etc... Pour cela il faut contraindre par des marches stratégiques les tribus révoltées à suivre une seule ligne d'eau ; des colonnes de flanc agissent par des lignes d'eau latérales, pendant que la colonne principale s'avance rapidement sur la trace des dissidents pour les atteindre.

Tactique des Arabes

> *El heurb fi ouaqthou dfeur.*
> La fuite prise à propos est une victoire.

Pendant la marche des colonnes. — Consiste, ou à entraîner les colonnes au loin afin de les épuiser, ou à escarmoucher pour entraver leur marche et permettre ainsi aux smalas de gagner de l'avance.

Les colonnes doivent poursuivre leur marche sans se laisser émouvoir ni retarder par les cris et les menaces d'attaque.

Dans le combat. — Les cavaliers se précipitent ventre à terre sur les carrés en poussant des cris, déchargent leurs armes, font demi-tour aussitôt, repartent au galop, rechargent leur fusil et reviennent fondre de nouveau sur les carrés ; les fantassins, dissimulés derrière les cavaliers, s'approchent le plus possible des lignes ennemies et font feu.

Troupe calme et disciplinée, maîtresse de son feu, en aura toujours raison.

Leur objectif est le convoi. — Cherchent à pénétrer, avec la cavalerie et le goum qu'ils ont ramenés, jusqu'au convoi, où ils ont toujours des intelligences parmi les sokhars (conducteurs).

Dispositions de combat

Prescrire au goum de se porter, s'il est ramené, derrière le carré de marche par les ailes extérieures, en dégageant *immédiatement* le front ; donner l'ordre aux troupes d'infanterie de tirer sans pitié sur tous les goumiers qui se rejetteraient sur elle. (Recommandation de la dernière importance (1).)

Fusiller séance tenante les sokhars qui font mine de vouloir abandonner leurs animaux, ou cherchent à provoquer du désordre ou de l'agitation dans le convoi.

Généralement l'avant-garde, l'arrière-garde et les flanqueurs suffisent pour maintenir les Arabes à distance.

Si l'attaque est très sérieuse, arrêter la colonne ; faire serrer le convoi le plus possible, et faire agenouiller les chameaux et asseoir les sokhars ; faire placer la cavalerie entre l'infanterie et le convoi ; mettre l'artillerie en batterie au point le plus favorable et faire ouvrir le feu ; colonnes latérales font face à l'extérieur ; arrière-garde serre ; échelonner les compagnies de manière à former le losange Bugeaud ; feux de salves ; baïonnette au canon ; dès que le choc est repoussé, se remettre en marche.

---

(1) Se rappeler ce qui s'est passé à Chellala en 1881.

RAZZIA

C'est l'envahissement, par la force ou par la ruse, du lieu occupé par l'ennemi, ou du dépôt de tout ce qui lui est cher, famille et fortune. Procédé barbare, mais nécessaire pour convaincre un peuple « qui ne voit le droit « que dans la force, et qui mépriserait un gouvernement « si bon qu'il fût, du jour où ce gouvernement renonce- « rait à appuyer sa volonté sur une force irrésistible « et parfois sans entrailles ».

D'après le colonel Villot, quand on veut atteindre une tribu par une poursuite directe, on doit scinder sa troupe en deux parties ; l'une garde le convoi, l'autre est poussée vivement en avant. Cette dernière est composée de : 1° cavalerie ; 2° 1 bataillon d'infanterie sans sacs ; 3° 1 bataillon d'infanterie avec sacs.

La cavalerie marche en trois échelons, à 300 mètres les uns des autres.

L'infanterie sur deux colonnes.

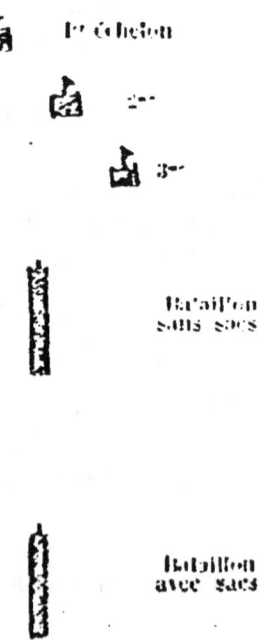

Dès que le 1er échelon aperçoit les derniers cavaliers insurgés, la cavalerie prend l'allure rapide, 10 minutes au trot, 5 minutes au pas ; arrivés à 200 mètres des Arabes, ceux-ci font généralement demi-tour pour donner le temps à la tribu de gagner de l'avance ou de changer de direction.

Sans s'engager à fond, la cavalerie tiraille, entame le combat dès que l'infanterie est en vue. Les trois échelons chargent les Arabes, qui obliquent à droite et à gauche pour faire perdre la trace de la smala.

Ne pas les suivre, mais piquer sur la smala, en se protégeant sur les ailes, dans la crainte d'un retour offensif. « Quand on est arrivé à serrer la smala à 500 mètres,
« l'on s'efforce de blesser le plus de bêtes de somme
« possible ; on tourne l'émigration, on cherche à la
« prendre en tête.

« Le commandant de l'infanterie doit être convaincu
« qu'il est le salut de la troupe qui razze, et que son de-
« voir absolu est de rester en position pour soutenir la
« cavalerie.

« Avant tout pourparler, un commandant de colonne
« doit exiger : argent, armes, otages ; après cette marque
« indéniable de soumission, on accorde l'aman. »

La troupe ou le poste qui opère la razzia s'appelle **rezzou**.

OPÉRATIONS CONTRE LES KSOUR

Les ksour s'élèvent en des points bien choisis pour la défense ; ils sont généralement bien approvisionnés et toujours établis sur une nappe d'eau. Il est très difficile de les réduire, car les projectiles de l'artillerie de montagne ne pratiquent que des trous dans leurs chemises de pisé, sans y faire la moindre brèche praticable.

Les abords d'un ksour sont généralement entrecoupés de haies de cactus, d'aloès et de fossés d'irrigation, **seguia**.

AMAN

L'aman est tantôt un sauf-conduit, tantôt une amnistie. Un Arabe a commis un méfait dans sa tribu et a dû la quitter, il ne peut y rentrer que s'il a obtenu l'aman. C'est le sauf-conduit.

Une tribu s'est révoltée, puis a abandonné le pays pour se soustraire à la répression, si elle veut revenir et si on est disposé à lui pardonner, elle demande l'aman; une tribu révoltée est-elle vaincue, elle demande également l'aman en s'engageant à une soumission complète; si on le lui accorde, le passé est oublié : voilà l'amnistie.

Trahir l'aman, ce serait vouloir renoncer pour toujours à toute influence, à tout crédit.

Il est d'usage que les tribus vaincues qui demandent l'aman fassent présent au vainqueur d'un certain nombre de chevaux d'élite, qui, dans ce cas, prennent le nom de **gada**.

CONVOIS DE CHAMEAUX.

Organisation. — Organisés avec des animaux réquisitionnés. — Il faut un **sokhar**, chamelier, pour 4 chameaux, 5 au plus. Les chameaux doivent avoir leur bât, leur **haouïa** et leur **rerara** en bon état.

Convoi sous les ordres d'un officier des affaires arabes; divisé en petits convois partiels de 100 chameaux, chacun sous les ordres d'un bach-djemmal monté; convois partiels, subdivisés en groupes de 20 à 25 chameaux.

Pour la facilité de la surveillance et des distributions, ne donner, autant que possible, à chaque **bach-djemmal**, que des objets de même nature.

Pendant les marches. — A une certaine

distance de l'ennemi, convoi marche sur le flanc le moins menacé; chameaux haut le pied (2 pour 100) à la queue.

Marcher sur un front de deux convois partiels, et par groupes de 20 à 25 chameaux, espacés à quelque distance les uns des autres.

Laisser aux chameaux une certaine liberté pendant la marche, pour leur permettre de brouter.

Ralentir la marche dans les montées et en traversant des terrains glissants.

Ne pas faire faire, s'il est possible, de haltes au convoi; celles-ci fréquemment répétées étant mortelles pour les chameaux.

A l'approche d'un point d'eau, veiller à ce que les chameaux ne se débandent pas pour se précipiter dessus.

Les chameaux du **goum** forment un petit convoi marchant à part et dont on ne s'occupe pas.

Mesures de police et de discipline. — Étrangers au convoi à n'admettre sous aucun prétexte au milieu des animaux; ordonnances d'officiers, soldats d'administration, cantiniers, marchands, etc… en seront rigoureusement proscrits; les faire marcher à part.

Garde de police particulière du convoi: une section d'infanterie et un peloton de cavalerie, autant que possible sous les ordres du chef de convoi.

Défense absolue aux hommes de s'occuper de la marche des chameaux et de frapper les **sokhars**; 4 à 5 cavaliers à la tête, quelques-uns sur les flancs, et la majeure partie en queue; la section d'infanterie en queue, les sacs portés par les chameaux.

Chutes des chargements, presque toujours dues à la négligence des sokhars; les punir sévèrement si l'accident se renouvelle.

Allure: 4 kilomètres à l'heure en terrain facile; ne pas la presser sans nécessité absolue; éviter de frapper et d'effrayer les chameaux.

Les sokhars ne peuvent être armés que si l'on peut compter absolument sur eux.

Dispositions à l'approche de l'ennemi. — A proximité de l'ennemi, se préparer à faire serrer les chameaux par les goumiers.

S'il est signalé, masser le convoi en carré, cavalerie sur les deux ailes, infanterie sur les quatre faces ; goumiers disponibles enveloppent le convoi.

Pendant le combat. — En cas de combat, faire coucher les chameaux avec les chargements et les entraver solidement. Sokhars, près de leurs bêtes, avec défense, sous peine de mort immédiate, de pousser le moindre cri.

Position agenouillée avec chargement fatigue beaucoup les chameaux ; se garder, hors du cas d'attaque, de la leur faire prendre.

Au bivouac. — Convoi campe ordinairement dans l'intérieur du carré.

Choisir un terrain doux, car le chameau ne repose pas sur le roc ou sur un terrain dur.

Chargements déposés et rangés en ligne par les sokhars, par catégories, pour faciliter vérification et chargement.

Sitôt après, envoyer chameaux au pâturage, conduits par moitié des sokhars, sous la surveillance de cavaliers indigènes, d'autant plus nombreux que le pays est plus fourré (pour ramener les bêtes qui prennent la fuite).

Au retour du pâturage, ranger les chameaux en face de leur chargement et les entraver.

Faire surveiller chaque jour l'état des **kteb** et des **haouïas**.

Pendant les séjours, faire fabriquer des cordes en alfa ; on n'en a jamais assez.

Défense de laisser allumer des feux la nuit ; silence absolu.

ÉQUIPAGE D'EAU

Eau de réserve transportée par équipage d'eau. — Chameaux chargés de tonnelets en bois à double chaîne de 40 à 50 litres.

Tonnelets et leur chargement. — Laisser les tonnelets vides le moins longtemps possible. — Ne pas enfoncer avec trop de force les bondes. — Avoir un grand nombre de bondes de rechange ; les fixer, si possible, aux tonnelets au moyen de ficelles. — Charger les tonnelets sur les chameaux la bonde en avant ; en déchargeant, les poser à terre avec précaution pour ne pas les briser.

Remplissage des tonnelets. — Pendant les séjours aux points d'eau, corvées d'eau commandées pour le remplissage des tonnelets ; en cas de presse, faire des corvées de nuit et tirer de l'eau incessamment ; faire activer le travail et le faire surveiller par des officiers.

Il serait avantageux d'employer des pompes portatives légères pour l'emplissage.

Se munir d'un ou de plusieurs chats en fer, sorte de grappins, pour retirer les objets tombés dans le puits.

Curage des puits. — Dans le Sahara, obligé le plus souvent de faire préalablement le curage des puits encombrés de matières en putréfaction avant de pouvoir en utiliser l'eau ; opération difficile et dangereuse pour laquelle il est indispensable d'avoir des hommes habitués, de préférence une brigade de puisatiers indigènes, très habiles pour cela. Les envoyer la veille au point d'eau, si possible.

Eau de l'extrême Sud. — Dans l'extrême Sud, couches supérieures de l'eau des puits sont plus ou moins corrompues ; creuser près du puits un trou d'un mètre cube environ, en garnir le fond et les parois d'une bâche imperméable et y vider la première eau qu'il ne faut pas perdre ; la donner aux chameaux ; après une heure de puisage, l'eau devient presque toujours limpide et pure.

Si la provision d'eau doit être faite dans un cours d'eau vaseux ou un redir peu profond, creuser, à 3 ou 4 mètres du bord, un trou semblable au précédent ; en garnir le fond de gravier ou de sable fin, additionnés d'alun et de charbon. — Y amener l'eau par un déversoir en lui faisant, à mi-distance, traverser, doucement et sans choc, une caisse à biscuits remplie de sable fin dont les deux faces opposées situées sur le trajet de l'eau, sont percées de trous.

Limite de conservation. — Après séjour prolongé dans les tonnelets, et par température élevée, l'eau se corrompt ; en hiver, elle reste potable pendant 8 à 10 jours.

Rations journalières. — Quantité d'eau journalière nécessaire quand on est obligé de se rationner pour une série d'étapes sans eau : 5 litres par homme, 15 par cheval ou mulet.

TROISIEME PARTIE

LANGAGE ARABE USUEL

CHAPITRE PREMIER

RUDIMENTS DE GRAMMAIRE

Fidèles à notre plan, nous n'indiquerons ici que ce qu'il est indispensable de savoir pour construire une phrase simple.

L'article

C'est le mot **el**; il est invariable.

Lorsqu'il précède un mot commençant par une de ces lettres que les grammairiens appellent solaires, l'l de l'article se contracte avec cette lettre, dans la prononciation, et disparaît en quelque sorte.

Ainsi, dans le questionnaire, où la prononciation sera figurée, nous n'écrirons pas :

el radjel, mais **er rajel**, l'homme ;
el dar, **ed dar**, la maison.

Dans le cas de substantifs, compléments les uns des autres, l'article ne se met que devant le dernier :

bab ed dar : la porte de la maison ;
bab dar el jiran : la porte de la maison des voisins.

Le substantif

Il est masculin ou féminin. Le genre neutre n'existe pas.

Pour la plupart des mots masculins, il suffit de les terminer en a, pour leur donner le caractère féminin.

brel, mulet ; **beurla**, mule.

L'adjectif

Il suit le substantif, s'accorde avec lui, et prend l'article quand le substantif est déterminé.

Un nom est déterminé quand il est précédé de l'article ou suivi d'un complément :

et triq et touila, la route longue.

Beaucoup de participes ont dans la phrase arabe la valeur d'adjectifs.

Adjectifs et pronoms démonstratifs

Pour les objets rapprochés :
hada, hadi, hadou,
qui deviennent **had'** devant l'article.

Pour les objets éloignés :
hadak, hadik, hadouk ;
ils ne supportent jamais l'élision.

Pronoms

Personnel : 1° S'il est sujet, il reste isolé dans la phrase :

ana,	enta,	houa (féminin hia)	
moi,	toi,	lui,	elle.
ahna,	entoum,	houm	
nous,	vous,	eux.	

Tu es un homme sûr : **enta radjel sadiq**.

Dans ces sortes de phrases, le verbe être ne se rend pas.

2º S'il est complément, il se joint au mot dont il est le complément; il devient affixe, c'est-à-dire joint, et s'exprime par les syllabes suivantes :

      i   ek   hou (féminin ha)
na   koun   houm

Exemples :
le pronom est complément d'un verbe :
        ata-ni,   il m'a donné
le pronom est complément d'un nom :
        dar-koum,   votre maison
le pronom est complément d'une préposition :
        ali-ha,   sur elle.

Relatif : C'est **elli** pour tous les genres. Son emploi donne lieu à une tournure spéciale qu'il faut signaler :
la maison que j'ai achetée, **ed dar elli chritha.**

Cet exemple nous montre que dans la phrase commandée par le pronom elli, on doit joindre au verbe ou à la préposition qui accompagne le verbe le pronom affixe, en le faisant s'accorder avec le substantif auquel se rapporte elli. Exemples :

le cheval que j'ai monté, **el âoud elli rkebt hou ;**
le toit d'où je suis descendu, **es sequef elli nzelt men-hou ;**
l'homme que l'on a condamné à mort, **er radjel elli hakemou ali-h bel maout.**

Men s'emploie aussi, dans le sens de celui, qui, quiconque ; il est invariable.

Ma, que, ce que ; invariable ; se rencontre aussi assez souvent.

Interrogatif: **ach koun** et **ach men,** invariables ; **achkoun and el bab,** qui est à la porte ?

Les pluriels

Nous les donnons toutes les fois qu'il est nécessaire ;

le mieux est de les apprendre, ainsi que les rares duels usités dans le langage.

Les nombres

Se reporter à l'appendice : numération.

Le verbe

Les Arabes ne font usage des verbes que lorsqu'ils y sont, pour ainsi dire, forcés, et s'en passent, par conséquent, toutes les fois qu'ils le peuvent.

Le verbe proprement dit peut être réduit à deux temps :

le passé, et l'aoriste qui servira de présent, de futur et de subjonctif.

Exemple :

Passé

1re pers. du sing. qtel-t, j'ai tué.
2e   —   —   qtel-t.
3e   —   —   qtel.
1re pers. du plur. qtel-na.
2e   —   —   qtel-tou.
3e   —   —   qtel-ou.

Aoriste

1re pers. du sing. n-qtel, je tue.
2e   —   —   t-qtel.
3e   —   —   i-qtel.
1re per. du plur.   n-qtel-ou.
2e   —   —   t-qtel-ou.
3e   —   —   i-qtel-ou.

L'impératif, vous le rendrez par l'aoriste : au lieu de dire, par ex. : *fais*, vous direz : *tu feras*.

L'imparfait, vous l'aurez en conjuguant l'aoriste avec le passé du verbe être, kan.

1re pers. du sing.   kount, j'étais.
2e   —   —   kount.
3e   —   —   kan.
1re pers. du plur.   kounna.
2e   —   —   kountou.
3e   —   —   kanou.

Ex. : kount nekteb, j'écrivais, (mot à mot, j'étais j'écris.)

Le plus-que-parfait, en conjuguant le passé avec ce même temps du verbe kan :

kount ktebt, j'avais écrit, (j'étais, j'ai écrit.)

Le conditionnel se rend par la particule loukan, (si) avec le passé pour les verbes de l'une et l'autre proposition.

Le verbe avoir n'existe pas. La tournure employée dans le langage ordinaire, est la préposition and, chez, suivie des affixes.

1re pers. du sing.   and-i, j'ai.
2e   —   —   and-ek.
3e   —   —   and-hou.
1re pers. du plur.   and-na.
2e   —   —   and-koum.
3e   —   —   and-houm.

mot à mot chez moi, chez toi, chez lui, etc...
j'ai un livre ; and-i ktab.
le livre que j'ai ; el ktab elli and-i.

Le présent du verbe être se rend par la syllabe ra, à laquelle on joint le premier affixe de la personne.

1re pers. du sing.   ra-ni, je suis.
2e   —   —   ra-k.
3e   —   —   ra-hou.
1re pers. du plur.   ra-na.
2e   —   —   ra-koum.
3e   —   —   ra-houm.

Cependant, comme les Arabes se passent volontiers

du verbe être, servez-vous simplement des pronoms personnels non affixes unis à l'attribut du verbe, qui reste sous-entendu :

   ana, moi, je.
   enta, toi, tu.
   houa, lui, il.
   ahna, nous.
   entoum, vous.
   houm, eux, ils.

ana bkheir, je suis bien portant.
houa radjel mlih, c'est un brave homme.
entoum an nas mlah, vous êtes de braves gens.

Il n'y a pas d'infinitif en arabe ; on le rend par l'aoriste :

il sait écrire, iaref ikteb (mot à mot : il sait, il écrit).

Les participes présents, caractérisés par l'addition d'un a (kateb, écrivant) ;

les participes passés, par l'addition d'un m, et très souvent d'un ou : mektoub, écrit, sont d'un usage fréquent, et s'emploient ordinairement comme en français.

De quelques locutions d'un usage fréquent

mtá

Ce mot, dérivé d'un substantif qui signifie ustensile, instrument, est d'usage courant en pays occidental. Il signifie la propriété, et peut signifier la provenance.

Nous le recommandons comme facilitant la liaison des mots et la prononciation de certains vocables.

N'est-il pas plus aisé de dire : ouejh mtâ hou (son visage) que de dire : ouejh hou.

La locution aïa a un rôle auxiliaire analogue : il me l'a donné, ata ni aïa hou ;

j'irai moi et lui, nemchi ana ou aïah,
ou encore ana ou iah.

men

men indique surtout la provenance :
chagour men hadid, une hache de fer.

ma...che

Ce sont les particules de la négation ; ma est une particule négative, et che ou chi, est le mot qui signifie chose :
ma nemchi che, je ne m'en irai pas ;
hada ma chi mlih, ceci n'est pas bon.

chi interrogatif.

chi placé après un mot tient lieu des particules interrogatives ; celles qui sont en usage dans la langue écrite ne s'employant pas dans le langage.
ktebt che lel ouzir, as-tu écrit au ministre ?
Le plus souvent le caractère interrogatif est donné par le ton de la voix.

ma zal

Mot à mot : il n'a pas cessé. Sert à rendre *encore* appliqué à la durée ; *encore* dans le sens d'*augmenter*, *ajouter*, se rendant par zid :
houa ma zal mrid, il est encore malade ;
ma zal ma kteb li, il ne m'a pas encore écrit ;
ma zal ma ja che, il n'est pas encore venu.

belli

belli signifie que ; composé de bi, avec, et elli, que, ce que :
goult lhou belli jaou, je lui ai dit qu'ils sont venus.

ala khater

Signifie parce que : spécial au langage parlé.
ma jit ch, ala khater ana mrid,
je ne suis pas venu parce que je suis malade.

Notation et transcription des mots arabes

Il est impossible à nos caractères, à moins de les charger de tant de signes conventionnels qu'ils constituent un nouvel alphabet, de rendre la valeur des caractères arabes.

La seule chose qui importe au débutant, est d'avoir une prononciation approximative ; cette prononciation suffit pour être compris lorsqu'il s'agit de sujets simples et se rapportant à la pratique de tous les jours.

Le sin et le çad sont représentés par **s**.

Les divers **t** arabes, les divers **d**, sont traduits par **t** ou **d** ; le mot n'étant jamais isolé, il n'en résultera ni méprise, ni contre sens.

le **kaf** par un **k** ;

le **gaf** par un **q** ;

le **raïn** et le **ra**, par **r**, toujours pour simplifier. La prononciation en sera évidemment faussée ; mais en admettant que nous ayons représenté le **raïn** par le **gh** conventionnel, il nous resterait encore à expliquer comment on doit prononcer ce **gh**, car la réunion de ces deux lettres n'amène pas le lecteur non instruit à proférer un **r** guttural.

Toutefois ce que nous ne faisons pas pour le **raïn**, nous sommes obligés de le faire pour le **kha**. C'est une des lettres les plus difficiles à prononcer, et comme elle n'a pas de représentant, même approximatif, chez nous, force nous est de la figurer.

Nous la représentons par le signe conventionnel **kh**.

Ceux de nos lecteurs qui auront fait de l'allemand, sauront qu'ils auront à le prononcer comme le **ch** allemand ; ceux qui savent l'espagnol, qu'ils ont à lui donner la prononciation du **jota**.

Les autres, en prononçant comme s'il y avait **kr**, seront encore compris, surtout si la lettre est initiale : entre la prononciation khoubz et kroubz, la différence n'est pas assez grande pour changer le sens.

Les diverses aspirées arabes, qui sont à exactement parler des expirées, sont traduites par h. L'aspiration au commencement et dans le corps du mot n'est point difficile; nous en avons en français des exemples : *hache, véhémence*. Seule l'aspiration finale présente une difficulté qu'aplanira l'usage.

Les diverses lettres ayant le son a sont représentées par a.

Le aïn est rendu par un â, en lui donnant quelque chose de guttural.

Le **ta marbouta** porte le son a ; mais s'il est suivi d'un complément ou d'un affixe, l'a s'élide, et le t se fait sentir par la liaison avec le mot qui suit. Exemples :

beurla bouïa, la mule de mon père ;

beurlet oummi, la mule de ma mère ;

kelbet i, ma chienne.

Le djim est représenté par j.

Les consonnes sans voyelles, et elles sont nombreuses, sont affectées du son e muet.

Les syllabes, en, in, an, oun, se prononcent éne, ine, ane, oune, sans insister sur l'e muet.

CHAPITRE II

ART DE QUESTIONNER

Questionner dans une langue que l'on ne connaît pas est assurément une chose difficile, mais non point impossible. Car, s'il est vrai que la continuation de l'interrogatoire suppose l'intelligence des réponses, il n'est pas moins vrai que celui qui interroge a pour lui l'avantage de commander à la réponse, de pouvoir en préparer la forme, et la réduire par une question précise à son expression la plus simple et la plus claire.

Nos questions, cela va sans dire, sont conçues de façon à réaliser cet avantage.

Quelques règles cependant doivent être données, quelques précautions recommandées.

Ayez toujours lu, au moins une fois, la phrase que vous allez prononcer devant l'indigène.

Lisez nettement, séparez ce qui doit être séparé, unissez ce qui doit être uni ; attachez-vous à donner l'intonation que demande le sens ; conformez votre débit à la ponctuation. Efforcez vous, en un mot, de parler ce que vous lisez.

Ainsi ne dites pas :

« ma hou che fel bit? » *n'est-il pas dans la chambre,* comme vous diriez :

« ma hou che fel bit, » *il n'est pas dans la chambre.*

Si l'indigène fait une réponse inintelligible, soit à cause de l'abondance des mots, soit à cause de la volubilité du débit, n'hésitez pas à exiger une réponse sobre, précise, que vous puissiez comprendre. La chose se peut ; et il ne faut pas oublier que c'est à vous que revient le gouvernail de la conversation. Arrêtez donc le flux des paroles par un bref :

« **esket !** » *silence*,

ou « **esmâ !** » *écoute*.

Répétez votre injonction, s'il le faut ; et, votre interlocuteur une fois arrêté, engagez-le à parler avec calme ou à répondre catégoriquement.

Prenez dans la série des phrases suivantes, que vous ferez bien d'apprendre par cœur, dès le début, celle qui conviendra le mieux :

« **ma teketter che el klam,** » *ne dis pas tant de paroles*.

« **ferez klamek,** » *parle distinctement*.

« **jaouebnî bila aou nam,** » *réponds-moi par oui ou par non*.

Ou bien si vous désirez faire répéter la phrase :

« **me smât che soua soua ; goul marra tania,** » *je n'ai pas bien entendu ; dis une seconde fois*.

Ne craignez pas d'user assez souvent du mot esmâ ; intercalez-le dans vos questions. Ce mot, dont vous aurez vite possédé le sens, vous le direz aisément avec l'intonation voulue, et il colorera votre débit ; en outre il forcera l'attention sur telle ou telle partie de votre phrase.

Si vous craignez de n'avoir pas été compris, demandez-le :

« **smât ?** » *as-tu entendu ;*

« **fehemt ouilla la ?** » *as-tu ou non compris*.

Si la réponse est négative :

« **ma smât che,** » *je n'ai pas entendu ;*

« **ma fehemt che,** » *je n'ai pas compris ;*

reprenez votre question.

Quand vous donnez un ordre important, ne vous contentez pas de demander à l'Arabe s'il a compris ; il peut avoir compris, mais à sa façon et pas à la vôtre. Faites-lui répéter vos paroles ; dites-lui :

« **goul li kima goult lek,** » *dis-moi comme je t'ai dit*.

Ne vous laissez pas aller à une exagération de l'amour propre ; que votre entourage, français ou arabe, ne vous influence pas, ne vous déconcerte pas ; peu importe ce que l'on pensera de vos débuts et de vos tâtonnements.

Soyez donc patient et tenace et obligez-vous à l'être. Mais par dessus tout, gardez-vous de la colère ; sous son impulsion, vous auriez vite fait de mettre pêle-mêle les **ra et les raïn, les ha et les kha**, et vous ne diriez plus rien d'intelligible.

N'oubliez pas que si vous avez quelque peine à comprendre votre interlocuteur, votre prononciation neuve et vos inévitables hésitations de langue devant certaines aspirées ou certaines gutturales, lui font largement partager cette peine ; ce ne serait pas une petite vanité de croire qu'avec si peu d'efforts, votre parler a pu être impeccable.

Soyez donc indulgent pour celui à qui vous parlez, croyez plutôt que l'obstacle vient de vous.

Cherchez à prononcer comme il est écrit : vous finirez toujours par être compris, et c'est là la grande affaire.

Quant à acquérir ce je ne sais quoi qui donnera à vos mots l'air arabe, et dont l'absence, heureusement, n'empêche pas de se faire comprendre, comptez pour l'acquérir sur le temps et le séjour dans le pays, c'est-à-dire sur la pratique.

Il y a un défaut très commun, et qu'il faut à tout prix éviter, celui de mettre des aspirations là où il n'en faut pas ; il peut en résulter les plus singuliers contre-sens.

Par exemple :

amama, *turban*, avec un h, devient **hamama**, *pigeon*.

La question posée, concentrez toute votre attention sur la réponse.

N'accordez qu'une importance relative à la mimique, aux gestes, souvent multipliés et confus.

Si la réponse est un oui,

« anam, » « mlih ; »

ou un non,

« la, » « lala, » « abadan, »

le geste sera clair, mais le langage le sera tout autant.

Si la réponse est compliquée, en partageant votre attention entre les gestes et le langage, vous diminueriez certainement vos chances de comprendre.

Exigez le geste, autant que possible, lorsqu'il s'agit de direction, de mouvement, de dimensions...; dites à l'indigène :

« ouarri li bel ied, » *montre-moi avec la main.*

Usez vous-même du geste dans les mêmes conditions, mais avec sobriété et surtout avec précision.

L'indigène vous répond ; vous entendez des mots qui vous paraissent inconnus, ne vous y attachez pas ; ne réfléchissez pas un seul instant à leur endroit, vous perdriez sans profit l'entente du restant. Attendez avec confiance le mot connu, le mot prévu, le terme que vous avez employé dans la demande, et qui, presque sûrement, reparaîtra dans la réponse.

Vous demandez :

« had et triq touilat ouilla qçira? » *cette route est-elle longue ou courte.*

Quel est le mot que vous devez attendre dans la réponse ? N'est-ce pas évidemment touila ou qçira? Vous entendrez en effet très probablement l'un ou l'autre ; et vous aurez ainsi la réponse sous forme d'un seul mot. C'est là le cas le plus simple ; celui où il vous aura été, par exemple, répondu :

« touila, » *elle est longue.*

Mais on peut vous répondre la même idée sous une autre forme et vous dire :

« ma hi chi qçira, » ou bien « rir qçira, » *elle n'est pas courte.* Réponse presque aussi aisée à comprendre que la première.

Si malgré la précision de la question, la réponse vous arrive enveloppée de détails forcément inintelligibles, ramenez-la à la précision et à la nudité requises.

Vous obtiendrez ainsi une parcelle de vérité, et, de parcelle en parcelle, vous arriverez à savoir tout ce que voulait vous dire votre interlocuteur dans une longue phrase à sa façon.

Reprenons le précédent exemple :

D. « had et triq touilat ouilla qçira ? »

R. « koul ouahad igoul ala raîhou ; ià Sidi ! toucel bad ioumin; hada houa elli naref hou. »

Évidemment vous n'avez rien compris ; besoin est de faire préciser. Vous commanderez :

« jaouebni bi kelmet ouahada : touilat ouilla qçira, la rir, » *réponds-moi un seul mot : long ou court ; pas plus.*

Votre homme qui avait quelques doutes sur votre mode d'appréciation des distances, puisqu'il vous disait : « *chacun juge à sa façon; tu arriveras en deux jours, c'est tout ce que je sais,* » voyant votre embarras, vous répondra suivant son appréciation à lui : « touila, » par exemple. Vous savez donc que la route est longue, au moins pour un Arabe.

Vous poursuivez votre interrogatoire :

« qeddäch lena bach noucelou ; ou nhnou rakebin ala ez zouaïl ? » *combien nous faudra-t-il pour arriver ? nous sommes montés.*

Attention à la réponse ! Vous aurez à en dégager le mot capital, le seul qui vous intéresse, celui qui exprimera la mesure du temps. Revoyez dans un coup d'œil les divers mots qui peuvent vous être servis ; vous allez entendre l'un d'entre eux, sachez-le saisir au passage, et le démêler d'avec le reste, s'il ne vous arrive pas seul.

On vous répondra peut être :

« ioumin, » *deux jours,*

ou bien :

« toucel bad ioumin, » *tu arriveras en deux jours;*
ou encore :

« tsir ioumin, » *tu marcheras deux jours;*

mais c'est toujours ioumin, *deux jours*, qui reviendra dans la réponse, de quelque façon qu'elle soit tournée.

Vous serez donc tout aussi bien renseigné que si vous aviez été de force à comprendre la première longue phrase ; vous aurez mis seulement un peu plus de temps.

Pour ceux qui suivront ces quelques conseils, notre questionnaire ne sera pas un outil sans emploi : avec de la patience et de l'attention, ils sauront comprendre et se faire comprendre ; et d'autant mieux que le même travail de réflexion, l'interlocuteur le fait de son côté. Car nous avons supposé celui-ci animé de bonne volonté ; pour celui qui ne serait pas dans ce cas, quelques connaissances que vous ayez, vous n'en tirerez rien de clair et de profitable.

Méfiez-vous surtout de ceux qui se hâtent de vous répondre :

« ma nefehem che el françaouïa, » *je n'entends pas le français;*

neuf fois sur dix, ils ont passablement compris ce que vous avez dit, et, à coup sûr, ils savent que ce n'est pas en français que vous avez parlé ; c'est une manière de refuser l'entretien. Avec ces indigènes, vous n'aurez rien à faire, tant que par quelque moyen ils ne seront pas revenus à d'autres sentiments.

CHAPITRE III

QUESTIONNAIRE GÉNÉRAL

Les phrases de notre questionnaire sont les unes des ordres, les autres des questions.

Nous avons séparé les mots de leurs affixes, afin de rendre plus facile pour le lecteur le changement de personne de ces pronoms, au cas où il voudrait modifier la phrase.

Enfin nous répétons encore une fois, que pour arriver à se faire comprendre aisément, il est indispensable de prononcer toutes les lettres, et de se conformer à nos recommandations des pages 172 et 173 sur notre notation et notre transcription des mots arabes, et des pages 175 et suivantes sur l'art de questionner.

PHRASES USUELLES

Interrogatives

Qu'est-ce? . . . .
Qui frappe? (s. ent. à la porte) . . . . . .
Qu'est-ce que cela? . . . .
Que dites-vous? . . . .
Que veux-tu? . . . .
Que fais-tu là? . . . .
Que dit-on? . . . .
Quel âge as-tu? (1) . . . .
Quelle heure est-il? . . . .
Quelles nouvelles? . . . .
Où sommes-nous? . . . .
D'où es-tu? . . . .
Où demeures-tu? . . . .
Où vas-tu? . . . .
D'où viens-tu? . . . .
Comment t'appelles-tu? . . . .
Comment se nomme...? . . . .
Combien d'hommes? . . . .
Combien de chevaux avez-vous? . . . . . .
Combien cela coûte-t-il? . . . .
Pourquoi ne vient-il pas? . . . .

---

(1) Ne posez cette question que s'il y a absolue nécessité, car les Arabes n'ayant pas de registres de l'état civil, ignorent en général leur âge. S'il vous est répondu négativement, demandez si l'année où l'on est né n'a pas été signalée par un événe-

PHRASES USUELLES

Interrogatives

Achkoun ?
Achkoun and el bab ?
Ouach hada ?
Ach tegoul ?
Ach tchab ?
Ach touassi hena ?
Ach igoulou en nàss ?
Qeddâch fi omr-ek.
Qeddâch es sâa ?
Ouach el akhbar ?
Faïn ouqefna ?
Menaïn enta ?
Ouaïn tesken ?
Ouaïn machi ? (s. ent. enta).
Menaïn jit ?
Ouach esm-ek ?
Ouach esm-kou ?
Qeddâch men redjal ?
Qeddâch men kheil and-koum ?
Qeddâch issoua hada ?
Alâch ma ja cho ?

---

ment remarquable, et lequel. Avec ce renseignement et la connaissance de l'histoire du pays, vous arriverez à déduire l'âge approximatif.

Pourquoi as-tu fait cela ? . . . .
Comprends-tu le français ? . . . .
Comprends-tu ce que je dis ? . . . .
Qui est-ce qui dit cela ? . . . .
Qu'y a-t-il à faire ? . . . .
Quel est ton avis ? . . . .
Me connais-tu ? . . . .
Connais-tu un tel ? . . . .
Te souvient-il de cela ? . . . .
Veux-tu venir avec moi ? . . . .
Dis-moi. . . . .
Donne-moi . . . .
Tout est-il prêt ? . . . .
Qu'est-ce que ça me fait ? . . . .

Affirmatives

Oui. . . . .
Volontiers. . . . .
C'est vrai. . . . .

Négatives

Non . . . .
Cela m'est impossible. . . . .
Cela n'est pas vrai . . . .
C'est un mensonge . . . .

Impératives

Entrez . . . .

Aläch fält hada?
Tefehem chi el françaouia?
Tefehem chi klam-i?
Achkoun igoul hada?
Ouach namel?
Ouach raï-k?
Tarref-ni?
Tarref chi si flan?
Tetdeker hâda?
Thab-chi temchi maïa?
Goul l-i.
Ati-ni.
Koul chi ouajed?
Ouach andi fi-h?

Affirmatives

Ii — Nâm.
Ma da bi-a.
Bessah.

Négatives

Lala — La.
Hada mouhal.
Ma chi sahih.
Hâda kedeb.

Impératives

Edkhol.

Sortez . . . .
Ne va pas si vite. . . . .
Va plus vite. . . . .
Va tout droit . . . .
Marche . . . .
En avant . . . .
En arrière. . . . .
Tourne à droite. . . . .
— à gauche. . . . .
Viens par ici. . . . .
Monte . . . .
Descends . . . .
Montons à cheval . . . .
Allons . . . .
Partons. . . . .
Ne t'attarde pas . . . .
Faites place . . . .
Tu ne t'en iras pas . . . .
Va-t'en . . . .
Arrête . . . .
Attends un moment. . . . .
Reste ici . . . .
Parle bas . . . .
Parle lentement . . . .
Dis la vérité. . . . .
Qu'on se le dise . . . .
Sachez que . . . .
N'oublie pas ce que je t'ai dit. . . . .

Okhroj.
Ma temchi che fissa hakdak.
Raouel.
Emchi qbâla qbâla.
Sir.
Qeddam.
Oura.
Dour lelimin.
Dour lelissar.
Adji menha.
Atla.
Enzel.
Nerkebou
la allah.
Nrohou.
Ma tebta che.
Khalli et triq.
Ma temchiche.
Emchi — Roh.
Ouguef.
Asbeur chouïa.
Tgâd henna.
Tetkellem bessout ouati.
Tetkellem bel âqel.
Goul es sah.
Igoul el hader lel raïb.
Ikoun fi alem-koum belli.
Ma tensa che elli goult l-ek.

Assieds-toi . . . .
Lève-toi. . . . .
Tiens-toi debout . . . .
Pour interpeller un passant inconnu et de classe inférieure : . . . .

LOCUTIONS FAMILIÈRES

J'en doute. . . . .
Je suis content . . . .
C'est beau. . . . .
Cela me surprend . . . .
Il faut prendre patience . . . .
J'ai ouï dire que... . . . .
Je vais avec toi. . . . .
Aujourd'hui. . . . .
Hier . . . .
Avant-hier . . . .
Demain. . . . .
Après demain . . . .
Tous les jours . . . .
A peu près . . . .
Tôt. . . . .
Tout de suite . . . .

EXCLAMATIONS

S'il plaît à Dieu ! . . . .
Dieu soit loué ! . . . .

Oqòd.
Qoum.
Ouqef.

Ia radjel !

LOCUTIONS FAMILIÈRES

And-i chek fi-h.
Ana ferhan.
Hajat adîma.
Hajat ajiba.
Lazem tesbeur.
Smât belli....
Nemchi ana ou ia-k — Nemchi mâ-k.
El ioum.
El barah.
Aouel el barah.
Rodoua.
Bâd rodoua.
Koul ioum.
Betteqrib.
Bekri.
Bih fih.

EXCLAMATIONS

In cha Allah !
El hamdou lilah !

Par la vérité de Dieu! . . . .
Ecoute! . . . .
Silence! . . . .
Gare! . . . .
Prends garde! . . . .
A moi! (sens de « au secours! ») . . . .
Merci! . . . .

ADVERBES

Ici . . . .
Dessus . . . .
Dessous . . . .
Loin (de) . . . .
Proche (de) . . . .
Dedans . . . .
Dehors . . . .
Auprès . . . .
Autour (de) . . . .
Alors. Puis. Ensuite . . . .
Maintenant . . . .
Plus . . . .
Assez . . . .
Trop . . . .
Peut-être . . . .
Encore { *appliqué à la durée du temps* . . . .
{ *dans le sens d'ajouter, augmenter* . . . . .

Ou haq Rebbi!
Esma!
Esket!
Bal-ek!
Rodd bal-ek!
Adjiou-ni, ia nass!
Ketter kheir-ek!

ADVERBES

Hena.
Fouq.
Taht.
Baïd (*ala*)
Qrib (*men*).
Dakhel.
Kharrej — Berra.
And.
Daïr saïr (*bi*).
Men bad.
Drouq — Dik saa.
Akter.
Barka.
Iasser.
Imken.
Ma zal.
Zid.

PRÉPOSITIONS

Dans (pour dedans). . . . .
Sur. . . . .
Contre . . . .
Avec. . . . .
Entre. . . . .
Sans . . . .

CONJONCTIONS

Et . . . .
Ou . . . .
Ni . . . .
Mais. . . . .

LE TEMPS

Quel temps fait-il aujourd'hui ? . . . .
Y a-t-il du vent ?. . . . .
Est-il fort ? . . . .
A-t-il plu hier ? . . . .
— cette nuit ?. . . . .
Fait-il froid ? . . . .
Fait-il du brouillard ?. . . . .
Y a-t-il de la neige ? . . . .

PRÉPOSITIONS

Fi.
Ala.
Ala.
Mâ (*pour les personnes*).
Bi (*pour les choses*).
Bin (1).
Bla.

CONJONCTIONS

Ou.
Ouilla.
La (2).
Oualakin.

LE TEMPS

Kifach el hal el ioum ?
Kan chi rih ?
Errih qouïa ?
Cebbet che en naou amess ?
— fel lil ?
Kan chi beurd ?
Kan chi dbab ?
Kan chi telj ?

---

(1) Entre toi et moi : bin-i ou bin-ek.
(2) Ni ceci ni cela : la hada ou la hadak.

Y a-t-il un endroit où nous puissions être à l'abri de la pluie ? . . . .
Le temps est beau aujourd'hui . . . .

LES POLITESSES

Bonjour ! . . . .
Bonsoir ! . . . .
Merci ! . . . .
Comment allez-vous ? . . . .
Comment va votre père ? . . . .
Comment va votre famille ? . . . .
Je vais bien . . . .
Et vous ? . . . .
Présentez mes hommages à vos parents . . . .
Faites-moi ce plaisir. . . . .
Je vous en prie. . . . .
Très volontiers. . . . .
Dieu vous conserve ! . . . .
Dieu vous donne le salut ! . . . .
Dieu vous aide ! . . . .
Dieu vous console ! . . . .
Dieu vous protège ! . . . .
Dieu vous pourvoie ! . . . .
Dieu vous contente ! . . . .
Adieu ! . . . .
A votre santé ! . . . .
Que Dieu lui soit miséricordieux . . . .

Kan chi madreb netkhalessou fi-h men el ma?
El hal mlih el ioum.

LES POLITESSES

Sbah el kheir!
Msa el kheir!
Ketter kheir-ek!
Ouach hal-ek?
Ouach hal baba-k?
Ouach hal ahal-ek?
Ana bkheir.
Ou enta?
Tessellem li ala oualdi-k.
Amel li had el mzïa.
Ou rass-ek.
Ala rass-i ou aïn-i.
Iâtik es saha!
Isselem-ek!
Allah iâoun-ek!
Allah isseber-ek!
Allah isseter-ek!
Allah irezq-ek!
Allah iqenna-k!
Besselama!
Fi khatr-ek!
Iraham-hou Allah!

Le défunt un tel . . . .
Sois le bien venu. . . . .
Soyez les bien venus . . . .
Salut ! . . . .

DANS UNE VILLE

Y a-t-il un hôtel ? . . . .
    — un « fondouk » ? (1) . . . .
    — un « dardiaf » ? (2) . . . .
Y a-t-il une chambre à coucher ? . . . .
Est-elle propre ? . . . .
Y a-t-il un lit ? . . . .
Conduis les animaux au fondouk . . . .
    — — à l'écurie . . . .
Tu les y attacheras . . . .
Va à la gare, chercher mes bagages . . . . . .
Va au bureau des voitures . . . .
Tu montreras à l'employé cette feuille de papier (bulletin
    de bagages) . . . .
Tu la lui donneras . . . .
Tu apporteras mes affaires chez moi . . . . . .
Où est le quartier de... ? . . . .
    — la rue de... ? . . . .

---

(1) Hôtellerie arabe.
(2) Maison des hôtes.
(3) On répond souvent à ce salut en disant alik es selam. Et pourtant, d'après un ancien auteur arabe, on ne doit employer alik es selam, ni en parlant, ni en écrivant, à moins qu'il ne s'a-

El merohoum flan.
Marhaba bi-k !
Marhaba bi-koum !
Esselam ali-k ! (3).

DANS UNE VILLE

Kan chi khan ? — Kan chi outil ?
—   fendek ?
—   dar ed diaf ?
Kan chi bit ? nebat fi-h.
Houa neqi ?
Kan chi frach ?
Eddi ez zouaïl lel fendek.
—   lel couri.
Terbet-houm fi-h.
Roh lel gara, takhod es snadiq mtâ-i.
Roh le birou mtâ el kraress.
Touarri le saheb el birou had el karta elli ktiba
   fi-ha.
Tâti-ha l-hou.
Djib haouaïdj-i and-i.
Ouaïn houma mtâ... ?
—   zenka mtâ... ?

---

gisse d'oraisons funèbres ou d'adieux aux morts. On rapporte
du Prophète qu'un homme l'ayant salué par ces mots alik es
selam, il lui aurait dit : « alik es selam se dit des morts, dis au
contraire : es selam alik. »

Où est la maison de Monsieur...? . . . .
 — la poste? . . . .
 — le palais? . . . .
 — le bureau de tabac? . . . .
 — la mairie? . . . .
 — la mosquée? . . . .
 — le tribunal? . . . . . .
 — le bain maure? . . . .
Suis-je encore loin de...? . . . .
Par où faut-il passer pour aller à...? . . . .
Prenez à droite. . . . .
Prenez à gauche . . . .
Veux-tu me conduire à...? . . . .
Je te paierai pour ta peine . . . .
Je voudrais visiter la mosquée.. . . . .
A qui m'adresser? . . . .
Y a-t-il des curiosités à voir? . . . .
 — — en ville? . . . .
 — — dans les environs? . . . .
Je voudrais voir la séance des Aïssaoua . . . .
Où sont les souqs? . . . .
Conduis-moi au souq. . . . .
 — — des armuriers . . . .
 — — des bijoutiers . . . .
 — — des brodeurs. . . . .
 — — des selliers . . . .
Où est la station des voitures? . . . .
Cocher, es-tu libre? . . . .

Ouaïn dar esseïed... ?
— dar el bouchta?
— dar el hakem?
— hanout ed doukhan?
— dar el mir?
— el djemâ ?
— dar ech cherâ ?
— dar el hammam ?
Ana ma zelt baïd men... ?
Menaïn nakhod bach noucel l... ?
Khod alelimin.
Khod alelissar.
Tchabb chi toucel-ni le... ?
Nâti-k haqq-ek.
Ma da bî-a loukan net farradj ala el jamâ.
Achkoun, nessal-hou ?
Kan chi ajaïb netfarradj ali-houm ?
— fel blâd ?
— fi fahas el blâd ?
Ma da bî-a loukan nechehed mqamet Aïssaoua.
Ouaïn el as souaq?
Toucel-ni les souq.
Toucel-ni lesouq es slahadjta.
— es seïarin.
— et terazin.
— es seradjin,
Ouaïn el blassa iouqefou fi-ha el kraress ?
Ia moul el karoussa, enta rîr mechroul ?

Combien pour me conduire d'ici à... ? . . . .
Fouette les chevaux, et marche vite. . . . .
Arrête-toi devant... . . . .

AU CAFÉ MAURE

Garçon ! . . . .
Un café. . . . .
Un café sucré . . . .
— sans sucre . . . .
Un verre de sirop. . . . .
De l'eau. . . . .
Du sucre et un citron . . . .
Une cuillère. . . . .
Jouons-nous aux dames ? . . . .
J'ai gagné . . . .
J'ai perdu. . . . .
Donne-nous un jeu de dames. . . . .
Y a-t-il ce soir « bitta » (1). . . . .

AU BAIN MAURE

Où est le bain maure ? . . . .
Y a-t-il du monde dans la salle du bain ? . . . .
Voici ma bourse. . . . .
— ma montre. . . . .
— mes boutons de manchettes . . . .

---

(1) Fête de nuit consistant en concert et danse.

Qeddách náti-k bach toucel-ni men hena le...?
Saouet el kheil, ou emchi fissá.
Touguef and....

AU CAFÉ MAURE

Ia qahouadji !
Fendjal mtâ qahoua.
Qahoua haloua.
Qahoua mourra.
Kass sirou.
Ma.
Sekker ou qaress.
Renjaïa.
Nelâbou che beddama ?
Rlebt.
Khessert.
Ati-na louha mtâ ed dama.
Kan chi bitta bâd el âcha ?

AU BAIN MAURE

Ouaïn dar el hammam ?
Kan chi nâss fi bit el hammam ?
Hahou tezdam-i.
Hahi saat-i.
Hahoum qotlat el kemam.

Renferme-les . . . .
Je ne veux pas m'attarder au bain. . . . . . .
Reviens vite. . . . .
Lave-moi la tête au savon . . . .
Masse-moi sur les reins. . . . .
Donne-moi de l'eau fraîche. . . . .
Cette eau est trop chaude . . . .
Ajoute de l'eau froide . . . .
Ne me serre pas ainsi la tête. . . . .
Essuie-moi . . . .
Donne-moi mes effets . . . .
Rends-moi les objets que j'ai déposés . . . . .
Voici le prix du bain . . . .
Et ceci est pour le garçon . . . .

LE MARCHÉ

Quand y a-t-il marché ? . . . .
Combien ceci ? . . . .
Combien t'a-t-on offert de ce tapis ?. . . . . .
—   de ce cheval ? . . . .
C'est cher. . . . .
C'est bon marché. . . . .
C'est neuf. . . . .
C'est vieux . . . .
C'est ton dernier prix ? . . . .
Diminue quelque chose . . . .
Je t'en donne... . . . .

Takhzon-houm.
Ma nehab che nebta fi bit el hammam.
Ouelli fissâ.
Arsel rass-i bessaboun.
Edlouq-ni fi daher-i.
Ati-ni ma bared.
Had el ma sekhoun bezzâf.
Dir fi-h ma bared.
Ma tâsseb che rass-i hakdak.
Emsah-ni.
Ati-ni kâch-i.
Rodd l-i el haouaïdj elli oudât-houm and-ek.
Haou haqq el hammam.
Ou hada lel mouchtou.

LE MARCHÉ

Ouaqtâch es souq ?
Beqeddach hada ?
Qeddach ataou-k fi had ez zerbia ?
— fi had el âoud ?
Hada rali.
Hada rekhis.
Hada jedid.
Hada qdim.
Hadi hia kelmet-ek el ekhranïa ?
Neqqess choura.
Nâti-k fi-h...

Je n'ajouterai rien . . . .
Je le prends pour le prix que tu m'as dit. . . . . . .

Tu me l'enverras à la maison. . . . .
Mon domestique ira chez toi le chercher . . . .
Je ne l'achète pas. . . . .
Je ne paye pas au comptant . . . .
Je te paierai au commencement de chaque mois. . . .
J'aurai un compte chez toi . . . .
Où est le maître de la boutique ? . . . .
Dis-lui de venir. . . . .
Je suis venu le payer . . . .
Donne-moi mon compte. . . . .
Il est juste. . . . .
Il est faux. . . . .
Tu as compté en plus. . . . .
Je ne reviendrai plus chez toi. . . . .
Ce même objet est meilleur marché chez un autre. . . .

POUR ACHETER

Conduis-moi aux souqs . . . .
Montre-moi un burnous. . . . .
    —   —   blanc . . . .
    —   —   noir . . . .
    —   —   de laine . . . .
    —   —   de soie. . . . .
    —   —   de drap . . . .

Ma nzid cho.
Nakhod-hou ou nâti-k es souma elli touafi gna fi-ha.
Tbât-hou le dar-i.
Khedim-i idji-k bach ied di-h.
Ma nechri-hou cho.
Ma nekhalless cho bel qabd.
Nekhalless fi ras koul chehar.
Ikoun l-i hassab ând-ek.
Ouaïn moula el hanout ?
Goul l-hou idji.
Jit nâti l-hou ed draham.
Ati-ni hassab-i.
Houa qedd qedd.
Houa kadeb.
Hassebt bezziada.
Ma nerjâ cho mechtari ând-ek.
Had echchi baïn-hou rekhiss ând ouahad akher.

POUR ACHETER

Emchi mâ-ia lel as souaq.
Ouarri li bernouss.
— — abiad.
— — akehal.
— — souf.
— — harir.
— — melf.

Je le veux épais . . . .
— mince . . . .
— grand . . . .
— pour enfant . . . .
As-tu des ceintures en soie ? . . . .
As-tu des étoffes arabes ? . . . .
Montre-moi quelque chose de mieux . . . .
As-tu des souliers brodés ? . . . .
— — pour femmes ? . . . .
— — pour enfants ? . . . .
As-tu quelque chose à vendre ? . . . .
Fais-moi un paquet ficelé . . . .
Tu me l'enverras à l'hôtel avec la quittance . . . . .
Et je paierai le porteur . . . .
As-tu des poignards ? . . . .
— pistolets ? . . . .
— poudrières sculptées ? . . . .
— fusils damasquinés ? . . . .

— un coffre peint ? . . . .
— — sculpté ? . . . .
— une glace arabe incrustée de nacre ? . . . .
— un plateau de cuivre à devises ? . . . . . .

Si tu n'as pas de monnaie, je déposerai la somme au bureau du commandant, où tu la retireras . . . . .

Nehabb-hou khechin.
— reqiq.
— kebir.
Nehabb bernouss led drari.
And-ek chi hazam harir.
— nsaïj mesnouâin chreul-koum ?
Ouarri l-i chi kheir men hada.
And-ek chi sebabet metrouzin ?
— — len nsa ?
— — led drari ?
— lel biâ ?
Terrelef-hou bi karet ou tehezem-hou bi hebila.
Tebât-hou li fel outul, ou et toueil bied el hamel.
Ou nedfâ le-hou ed draham.
And-ek chi khenajer ?
— — bechatel ?
— — kourbaïa menqoucha ?
— — mekaheul mesnouâin chreul dem-cheuq ?
— — sandouq mezaoueq ?
— — — menqouch ?
— — mraïa ârbia mzouena bessedef ?
— — senia (sahan) nehass fi-ha (fi-h) ktiba ?
Ida ma ând-ek che es sarf, noudâ es souma fi birou el hakem, teddiha men ând hou.

POUR CHANGER

Voici un billet de banque ; donne-m'en de la monnaie. .
Y a-t-il un changeur ? . . . .
Rends-moi de la monnaie d'or . . . .
    —   —   d'argent. . . . .
Cette pièce ne passe pas . . . .
Donne-m'en une autre. . . . .
Quel est le prix du change ? . . . .

ACHETER UN CHEVAL

Je veux un cheval solide. . . . .
Qui soit bon trotteur . . . .
Qui soit bon marcheur . . . .
Qui galope bien . . . .
Qui aille l'amble . . . .
Qui ne morde pas. . . . .
Qui ne rue pas. . . . .
Qui ne bute pas . . . .
Qui ne trottine pas . . . .
Qui n'ait aucun défaut . . . .
Alezan . . . .
Blanc. . . . .
Noir . . . .
Bai . . . .
Je te paierai ce que tu voudras . . . .

POUR CHANGER

Haou karet mtâ el banka ; âti-ni es sarf.
Kan chi serraf ?
Rodd-li sekek mtâ deheb.
    —   — fadda.
Had es seka ma chi jaïza.
Ati-ni rir hadi.
Qeddach es serafa ?

ACHETER UN CHEVAL

Nehab nechri hessan qouï.
Ikhozz mlih.
Imchi mlih.
Irked mlih.
Iharouel.
Ma iâdd che.
Ma issok che.
Ma iâter che.
Ma ihandez che.
Ma ikoun chi fi-h âïb.
Achgar.
Abiad.
Akehal.
Hamari.
Nati-k mâ tehab.

Ce cheval boite . . . .
Ce cheval est blessé sur le dos. . . . .
Il a une seime . . . .
Je veux l'essayer . . . .
    — le monter. . . . .
Si je le trouve bon, je te le paierai le prix convenu . . .

LA CORRESPONDANCE

Donne-moi du papier, une plume, de l'encre, une enve-
    loppe, de la cire . . . .
Pose le cachet au bas de la lettre. . . . .
    — au haut de la lettre. . . . . . .
Ecris l'adresse. . . . .
Va à la poste. . . . .
Tu jetteras la lettre dans la boîte . . . .
Tu demanderas s'il y a une lettre pour moi ou non. . .
    —   — un colis   — . . .
Tu achèteras un timbre de 3 sous . . . .
Le cavalier porteur du courrier est-il parti ? (ou non?)

N'y a-t-il pas un autre courrier ? . . . .
Voici une lettre ; tu la remettras à son destinataire, et tu
    me rapporteras la réponse . . . .

LOUER UNE MAISON

Dans quel quartier est ta maison ? . . . .
Quel est le montant du loyer ? . . . .

Had el âoud idlâ.
Had el âoud medbour.
Hafer-hou mechekouk.
Nehab nejereb-hou.
— nerkéb-hou.
Ida ja mlih, nâti-k es souma el mâlouma.

LA CORRESPONDANCE

Ati-ni karet, qlem, haber, rellafa, louk.
Dir et tabâ taht el mektoub.
— fouq el mektoub.
Ekteb el âlouan.
Roh lel bouchta.
Termi el braïa fes sandouq,
Tessaqsi jat-ni braïa ouilla la.
— ja-ni sandouq srir ouilla la.
Techri bi tlèta souarda tabâ mtâ el beylik.
El faress elli ieddi el braouat mcha ? (ouilla ma zal hena ?)
Ma kan chi faress akher ?
Hanu mektoub ; âti-hou le saheb-hou, ou djib-li el jouab,

LOUER UNE MAISON

Fach men houma dar-ek ?
Ach men haqq el kra ?

Es-tu le propriétaire ?. . . . .
Je suis le portier . . . .
Je suis l'agent du propriétaire. . . . .
Y a-t-il un étage ? . . . .
Combien de pièces ? . . . .
Y a-t-il une fontaine ? . . . .
    — des conduits pour l'eau de pluie ? . . . . .
    — un égout ? . . . .
    — des cabinets d'aisances ? . . . .
    — un jardin ? . . . .
    — une écurie ? . . . .
    — une terrasse ?. . . . .
Quels sont les voisins ? . . . .
Les murs sont-ils épais ? . . . .
Le toit est-il imperméable à la pluie ? . . . . .
Tu feras les réparations nécessaires . . . . . .
Veux-tu des arrhes ? . . . .
Veux-tu faire une convention ?. . . . .
Je paierai par mois . . . .
Et tu me donneras le reçu . . . .

UN DOMESTIQUE

Veux-tu travailler chez moi ? . . . .
Je te donnerai... par mois . . . .
Tu mangeras chez moi. . . . .
Tu habiteras chez moi. . . . .
Tu auras à te nourrir . . . .

Enta, moul ed dar ?
Ana baouab.
Ana oukil saheb ed dar.
Kan chi tabqa ?
Qeddach men biout ?
Kan chi aïn ?
Kan chi qouadess le ma el meteur ?
Kan chi fna ?
— bit el ma ? (knif ?)
— djenan ?
— couri ? (houch ?)
— stah ?
Ach men el djiran ?
El hiout khechan ?
Es seqef ma tenfed-hou che en naou ?
T'âmel et tarqia elli fi-ha.
Tchabb chi arboun ?
Tchabb chi nektebou âqed ?
Nekhaless fi koul chehar.
Ou tâti-ni et toueil.

UN DOMESTIQUE

Tchabb chi takhdem ând-i ?
Nâti-k... fech chehar.
Takoul ând-i.
Tesken fi dar-i.
Techri el makla men jib-ek.

Si je suis content de ton travail, je t'augmenterai . . .

Secoue les habits. . . . .
— les tapis . . . .
Brosse-les. . . . .
Nettoie les habits à la brosse . . . .
— — à l'eau. . . . .
— — au savon. . . . .
Il manque un bouton ; tu en coudras un . . . .
Le pantalon est déchiré ; tu le porteras chez le tailleur
   (chez la couturière) . . . .

Le linge est sale . . . .
Tu porteras les effets chez la blanchisseuse . . . . . .
Tu feras le compte des effets . . . .
Va chercher le linge blanchi . . . .
S'il manque quelque chose, dis-le moi. . . . .
Donne-moi le compte de la blanchisseuse. . . . . . .
Cire les chaussures. . . . .
Donne-leur du brillant. . . . .
Tu balaieras la chambre. . . . .
Tu laveras à l'eau le pavé . . . .
Tu laveras les vitres . . . .
Tu enlèveras la poussière avec une serviette . . . . .
Prends garde de ne rien casser . . . .
Fais le lit. . . . .
Change les draps. . . . .
Ajoute une couverture. . . . .

Ida redit âla khedmet-ek, nâti-k chi men ed draham ziada.
Tenfed el lebass.
— ez zerabi.
Techeŕet-houm.
Nahi el oussakh men-houm bech chita.
— — bel ma.
— — bes saboun.
Qotla naqessa; lazem tekheŕet qotla okhra.

Es seroual memzouq; teddi-h lel kheïat (lel
kheïata).
El kettan moussakh.
Teddi el qâch lel rsala.
Tehasseb-houm.
Roh, djib l-i el kettan el marsoul.
Ida chi naqess, tekheber-ni bi-h.
Ati-ni hessab er rsâla.
Tekouhel es sebabet.
Tebereq-houm mlih.
Tekness fel bit.
Tersel bel ma el gâa.
Tersel zjaj mtâ et taqa.
Tenahi er robar bi-menchef.
Andek! ma tekesser chi.
Ferrech es serir.
Beddel ed draouat.
Tzid frachia.

Mets à sécher les éponges . . . .
Mets à sécher les serviettes . . . .
Remplis d'eau la cruche. . . . .
Tu feras chauffer de l'eau pour ma toilette . . . . . .
Donne-moi la cuvette . . . .
S'il vient quelqu'un, tu diras que je n'y suis pas . . .
   —   — que je suis sorti . . . .
Tu lui donneras un siège, et tu lui diras d'attendre. . .
As-tu donné au cheval l'orge? . . . .
   — — le fourrage ?. . . . .
L'as-tu fait boire ? . . . .
L'as-tu fait sortir ? . . . .
Il est en sueur . . . .
Tu vas le bouchonner. . . . .
 — le brosser . . . .
 — curer ses pieds . . . .
 — noircir ses sabots . . . .
 — lui mettre sa couverture . . . .
 — changer sa litière . . . .
Je vais me promener, selle mon cheval . . . .
Sangle-le bien . . . .
Bride-le. . . . .
Et amène-le devant la porte . . . .
Tu attendras à la maison mon retour . . . .
Nettoie, fourbis le fourreau de mon sabre. . . . . . .
   — la bride . . . .
   — mes éperons . . . .
Place mes éperons aux bottes. . . . .

Tenechef en nchafa.
Tenechef el mnachef,
Temla el briq bel ma.
Tehammi el ma lel rsil.
Ati-ni et tast (es sahan).
Ida ja-ni ahad, tgoul l-hou belli ana raïb.
  — — belli kherejet.
Tâti l-hou koursi, ou tgoul l-hou istenna fi-a.
Atit che lel âoud ech chaïr?
  — — el gourt?
Cherrebt-hou?
Kherejet-hou?
Houa ârgan.
Lazem tedlek-hou.
 — techeïet-hou.
 — tenahi el rarga men houafer-hou.
 — tekcheul rjeli-h.
 — telbess-hou bjelal-hou.
 — tebeddel et teben el meferrech taht-hou.
Rani nehaouess; tesseredj aoudi.
Techedd mlih hzam-hou.
Telejem-hou.
Ou djib-hou and el bab.
Testenna fed dar hatta narjâ.
Teneqqi, teceqqel joua mtâ es sekin.
  — — el ledjam.
  — — ech chabir.
Dir ech chabir lel jzem.

Porte ceci chez monsieur un tel. . . . .
Tu me réveilleras à cinq heures. . . . .

UN CUISINIER

Sais-tu faire la cuisine ? . . . .
Où as-tu travaillé ? . . . .
Tu feras la cuisine. . . . .
Tu nettoieras les ustensiles. . . . .
Je te donnerai quelqu'un pour t'aider . . . .
Tu feras tous les matins le café. . . . .
Nous déjeunerons à dix heures . . . .
Nous dînons à six heures . . . .
Nous prenons le café après le repas . . . .
Nous avons un hôte ; ajoute quelque chose. . . . . . .
Je veux que la cuisine soit balayée le soir après le repas.
Je veux que tous les ustensiles soient lavés . . . . . .
Ne mets pas trop de poivre. . . . .
       —   d'huile . . . .
       —   de beurre . . . .
Sers-toi de beurre frais . . . .
Tu iras au marché acheter ce dont tu as besoin . . . .
Voici de l'argent ; tu me rendras le reste . . . .
Montre-moi ce que tu as acheté. . . . .
Combien as-tu payé cela ? . . . .
C'est cher. . . . .
Où l'as-tu acheté ? . . . .
Va chez le boucher . . . .

Eddi hada les seïd...
Teqerem-ni âla el khamsa.

UN CUISINIER

Târef chi tetebekh ?
And men khedemt ?
Teteïeb el makla.
Teneqqi el mouân.
Nâti-k tefol iâoun-ek.
Koul es sebah, teteïeb el qahoua.
Netradaou âla el âchra.
Netâchaou âla es setta.
Necherebou el qahoua bâd el makla.
And-na ouahad ed dif ; tzid fel makla.
Nehabb tekness bit el makla bâd el âcha.
Nehabb tersel koul el mouân.
Ma teketter che el felfel.
      —   ez zit.
      —   ez zebda.
Tâmel fel makla zebda tria.
Troh les souq techri ma testehaqq bi-h.
Haou draham ; trodd l-i el baqi.
Ouarri l-i ma chrit-hou.
Beqeddâch chrit-hou ?
Hada rali.
And men chrit-hou ?
Roh lel jezzar.

Va chez le boulanger . . . .
   — l'épicier. . . . .
Tu lui diras de porter à mon compte ce que tu prendras chez lui. . . . .
Tu l'as trop laissé cuire . . . .
Tu ne l'as pas laissé assez cuire. . . . .
Tu le feras rôtir jusqu'à ce qu'il devienne doré . . . .
Ne laisse pas les œufs dans l'eau plus de. . . . minutes.

Plume ce poulet . . . .
Tue ce coq. . . . .
Vide-le . . . .
Flambe-le . . . .
Epluche ces légumes . . . .

A TABLE

Mets le couvert. . . . .
Il manque un couteau. . . . .
   — une assiette . . . .
   — une bouteille de vin. . . . .
Change l'eau de la carafe . . . .
Apporte le potage. . . . .
   — la sauce . . . .
   — le ragoût. . . . .
   — le poisson. . . . .
   — le rôti . . . .
   — la salade . . . .

Roh lel khoubbaz.
— les sekakeri.
T'goul l-hou ikteb fi hassab-i koul ma teddi-h men ând-hou.
Hammit-hou iasser.
Ma hammit-hou chi kima inbari.
Techoui-hou hatta ihammer.
Ma tekhalli-che el bid fel ma iarli akter men... dekaïk.
Terreïch had el djaja.
Tedbah had es serdouk.
Tenahhi ma fi kerch-hou.
Tcharreq ez zereb mtâ-hou.
I· guecher had el khodra.

A TABLE

Ferrech et tâbla.
Mouss naqess.
Tebsi naqess.
Guerâ mtâ ech cherab naquessa.
Beddel el ma mtâ el briq.
Djib ech charba.
— el marga.
— et tadjin.
— el houta.
— el mechoui (el meaouer).
— es salada.

Apporte le dessert. . . . .
— le fromage . . . .
— le vin fin. . . . .
— les cigares . . . .
Ceci est du pain bis. . . . .
Donne du pain frais. . . . .
Qu'avons-nous à dîner?. . . . .
— à déjeuner ? . . . .
Fais la salade . . . .
Découpe le rôti. . . . .
Change les assiettes. . . . .
Présente le plat à Monsieur . . . .
Ôte le couvert . . . .
Ce qui reste des aliments tu le mettras dans l'armoire.
Donne-moi le tire-bouchon. . . . .

A LA CHASSE

Veux-tu venir chasser avec moi ?. . . . .
Ahmed ! tu marcheras derrière nous. . . . .
Prends la gibecière . . . .
— le sac . . . .
Tu y mettras le gibier. . . . .
Donne le fusil . . . .
— les cartouches . . . .
— la poudre . . . .
— le plomb . . . .
— la bourre . . . .

Djib et traz.
 — el djeben.
 — ech cherab el âtiq.
 — el garou.
Hada khoubz baït.
Djib khoubz tri.
Ouach nakoulou fel âcha.
 —   fel reda.
Amel es salada.
Teqsem el ham el mechoui.
Beddel et tebassa.
Qeddem et tebsi mtâ el makla les seïed...
Nahi el mouân men fouq et tâbla.
Ma ibqa men el makla, tdir-hou fel khazna.
Ati-ni el berrima.

A LA CHASSE

Tchabb chi tesseyed mâ-ia ?
Ia Ahmed ! telmecha oura-na.
Eddi el djebira.
Eddi ech chekara.
Tedir fi-ha es siada.
Djib el mokahala.
 — el kratess.
 — el baroud.
 — es sachem.
 — et tenchiba.

Attache le chien . . . .
Lâche le chien. . . . .
Va dans le bois . . . .
Tu rabattras le gibier vers nous. . . . .
Vise bien cette gazelle. . . . .
Voici une bande de perdrix. . . . .
Tu as manqué . . . .
Tu as touché. . . . .
Ton fusil a raté. . . . .
Le gibier est trop loin . . . .
Ne tire pas encore . . . .
La perdrix est tombée. . . . .
Elle est blessée. . . . .
Elle s'est envolée vers la colline. . . . .
Y a-t-il beaucoup de gibier dans ce pays ? . . . . . .
Tu nettoieras le fusil . . . .
Tu laveras le canon. . . . .
Tu l'essuieras avec un linge chaud . . . .
Tu feras des cartouches avec du petit plomb. . . . .
    —   — avec du gros plomb . . . . . .
    —   — avec des balles. . . . .

A LA PÊCHE

Mets les hameçons . . . .
Donne-moi la ligne. . . . .
Amorce. . . . .
Comment s'appelle ce poisson ? . . . .

Arbet et tarouss.
Sayeb et tarouss.
Emchi fel raba.
Toucel le-na es siada elli fi-ha.
Ayen qedd qedd had er rezala.
Haou ferq mtâ el hâdjel.
Ma qist che.
Qist.
Mokahalt-ek batlet.
Es siada bâïda iasser ali-na.
Ma tetlagche el ouedjh.
Taht el hadjla.
Ilia mejrouha.
Taret lel koudia.
Kan chi siada ktira fi had el blad ?
Teneqi el mokahala.
Tersel el jaba.
Temsah fi-ha bekettan sekhoun
Tâmmer el kratess bes sachem reqiq.
   —   bes sachem khechin.
   —   behabba.

A LA PÊCHE

Dir es senara.
Ati-ni el qasba.
Taâm.
Ouach esm had el houta ?

Le mange-t-on ?. . . . .
Le poisson mord-il ?. . . . .
Monte dans la barque. . . . .
Dirige-toi vers l'île.. . . . .
    — vers le rocher. . . . .
    — vers l'embouchure du ruisseau . . . .
Mets la voile. . . . .
Jette le filet . . . .
Va à la rame . . . .
Ne va pas au large . . . .

UN GUIDE (1)

Connais-tu le pays d'ici à... ? . . . .
    — la route pour aller à... ? . . . .
    — les points d'eau ?. . . . .
Connais-tu, pour bivouaquer cette nuit, un bon endroit,
    élevé, proche de l'eau, du bois et d'un douar ?. . . .
Tu nous y conduiras . . . .

EN ROUTE

Où vas-tu ? . . . .
Où mène cette route ?. . . . .
Est-elle longue ou courte ?. . . . .
En partant ce matin, quand arriverai-je au puits ?. . .

---

(1) Ne demandez pas à un Arabe combien il y a de lieues, de milles ou de kilomètres de tel point à tel autre ; c'est une exception quand il les connaît, mais n'employez avec lui que

akoulou-h en nass?
'akoul che el houta taâm es senara ?
Erkeb el felouka.
Gouedjah ila el djezira.
　　—　　ila el kef.
　　—　　ila foum el oued.
Encher el glâa.
Taïech ech chebka.
Emchi bel megdaf.
Ma temchi che bâïd.

UN GUIDE

Taref chi el blad men hena le... ?
　　—　　et triq elli toucel le... ?
　　—　　el aïoun ?
Taref chi moudâ nbatou fi-h ou houa âli, grib
　　men el aïn ou er râba ou ed douar?
Toucel-ni elih.

EN ROUTE

Ouïn machi ?
Ouaïn teddi had et triq ?
Touila ouilla qsira ?
Ida mchit es sbah bekri, âla qeddâch noucel lel
　　bir ? (lel hassi ?)

---

les termes de comparaison s'exerçant sur des contrées qui vous
sont mutuellement connues, par exemple : « Y a-t-il aussi loin
de tel endroit à tel endroit, que de tel point à tel autre point? »

La route est-elle bonne pour les bêtes ? . . . .
Y a-t-il des montées et des descentes ? . . . .
Y a-t-il de la boue ? . . . .
Est-elle empierrée ? . . . .
Traverse-t-elle la plaine ? . . . .
   — la montagne ? . . . .
Y a-t-il le long de la route de l'herbe que puissent brouter les chameaux ? . . . .

Comment est le lieu de l'étape ? . . . .
Y a-t-il un puits ? . . . .
 — une source ? . . . .
 — une rivière ? . . . .
L'eau est-elle bonne ? . . . .
Y a-t-il un abreuvoir pour les bêtes ? . . . .
Ce puits est-il propre ? . . . .
Y a-t-il de l'herbe pour les bêtes ? . . . .
Y a-t-il une forêt tout près ? . . . .
Trouverons-nous du bois sec ? . . . .
Y a-t-il dans le pays des voleurs ? . . . .
   — des coupeurs de routes ? . . . . .
Trouverons-nous en route un village où acheter des provisions ? . . . .

Où trouver un guide sûr ? . . . .
   — des bêtes de somme marchant bien ? . . . .
O homme ! tu vas me conduire à… . . . .
Je te paierai pour ta peine.. . . . .

Et triq mliha lez zouaïl?
Kan chi fi-ha aqba, hadra?
Kan chi rarga?
Mferrecha bel hajer?
Tegtâ es sahel? (el outa?)
— ed djebel?

Kan chi âla toul et triq âcheb, iakoulou-houm el djemal?
Kifâch el mouqef? (el mehalla?)
Kan chi bir? (hassi?)
— aïn?
— oued?
El ma mlih?
Kan chi haoud mebni lez zouaïl?
El bir neqi?
Kan chi âcheb lez zouaïl?
Kan chi raba qriba?
Noujedou chi hateb iabess?
Kan chi fel blâd khian?
— — gatâïn et triq?

Nelgaou chi fet triq dechera (douar), nechriou fi-ha chi men el makla? (âouïn?)
Ouaïn noujedou delil amin?
— zouaïl machîa?
Ia radjel! tousselni ila...
Nâti-k haqqe-k.

Dis donc, ô homme! n'as-tu pas rencontré des troupes sur ton chemin?. . . . .
Où se dirigeaient-elles?. . . . .

MARÉCHAL-FERRANT & SELLIER

Y a-t-il un maréchal-ferrant?. . . . .
Visite les fers de ces animaux . . . .
Ferre ce cheval. . . . .
Place ce fer à chaud. . . . .
Y a-t-il un sellier?. . . . .
Répare-moi cela séance tenante. . . . .
Je suis pressé . . . .
Tu coudras une courroie à… . . . .
Tu changeras cette courroie. . . . .
— cette boucle . . . .

AU BIVOUAC

Nous sommes arrivés. . . . .
Arrêtez les mulets . . . .
Agenouillez les chameaux . . . .
Apportez ici tous les bagages. . . . .
Apportez ici le sac où est ma tente. . . . .
Tiens cet animal par la bride. . . . .
Saisis cette cantine pour l'empêcher de tomber . . . .
Etendez la tente par terre, de manière que sa porte soit par ici . . . .

la radjel! ma lqit che assaker fel triq?
Ilaïn kanou itouejjahou.

MARÉCHAL-FERRANT & SELLIER

Kan chi semmar?
Chouf fi houafer had ez zouaïl.
Tessemmer had el Aoud.
Tedir es sefiha ou hia sekhouna.
Kan chi serradj?
Terragâ hada, bi flh.
Ana mezroub.
Tekheïet sir bi...
Tjedded had es sir.
— had halqa.

AU BIVOUAC

Rana ousselna.
Ouqefou el bral.
Barekou el baïr.
Djibou hena es senadiq kou'-houm.
Djibou hena ech chekara elli kheïmet-i fi-ha.
Hakem srimet had ez zaïla.
Hakem had es sandouq, ma itih che.

Ncherou el kheïma ala el ard, ikoun bab-hou menha.

Enfoncez les piquets..................
Dressez le mât....................
Montez la tente...................
Relâchez un peu la toile..............
Elle est trop étirée................
Ote les piquets de la corde ; mets à leur place une petite botte de drinn..................

Creuse le sable jusqu'à mi-bras...........
Mets le drinn au fond du trou et remplis-le de sable..
Apporte les cantines dans la tente..........
Porte dehors les pierres..............
Nettoie le sol dans l'intérieur de la tente......
Brûle les herbes à cet endroit-ci..........
Vous allez démonter la tente............
Mettez en ordre les piquets ; je vais les compter....
Mets-les dans leur sac..............
Renfermez les affaires...............
Les animaux ont-ils bu ?.............
  —   — mangé l'orge ?..........
Bâtez les animaux................
Surveillez les bêtes déjà chargées..........
Et maintenant, partons !.............

EN MISSION TOPOGRAPHIQUE

En partant au point du jour, à quel moment arrive-t-on au sommet du djebel...?..............

Rechegou el mouateg.
Ouqefou es sari (er rkiza).
Nsebou el kheïma.
Arekhfou choura el kettan.
Houa mejboud iasser.

Nahi el mlazem men el rtâ ; dir fi madreb-houm hezimet ed drinn.
Hafer er remel qedd nouss ed drâa.
Dir ed drinn fel hofra ou redem-ha ber remel.
Djib es snadiq fel bit.
Eddi berra el hajer.
Neddef el ârd dakhel el bit.
Hareg el âcheb elli fi had el madreb.
Drouq tefekou el kheïma. —Tehedemou el kheïma.
Tessefou el mlazem ; rani nehasseb-houm.
Dir-houm fech chekara mtâ-houm.
Khemelou el haouaïdj.
Cherebou chi ez zouaïl?
Klaou chi ech chaïr?
Tbardâou ez zouaïl.
Ender âla ez zouaïl, âli-houm es senadiq.
Drouq nrohou, ia nâss !

EN MISSION TOPOGRAPHIQUE

Ida rahelt men hena and el fedjer, ouaqtach noucel le ras ed djebel... ?

Tu porteras cette boîte (à instrument) et tu iras doucement ; aie garde de ne pas casser ce qu'elle contient.

Conduis-moi au sommet de... . . . .
    —   sur ce... . . . .
    —   dans ce... . . . .
    —   près de ce... . . . .
Les chevaux peuvent-ils monter par ici?. . . . .
    —   —   descendre par ici?. . . . . . .
Indique-moi toutes les sources du voisinage et les eaux stagnantes . . . .

Du haut de cette butte, voit-on le djebel...? . . . . .
N'aperçois-tu pas des signaux? . . . .

LOCALITÉS

Quel est ce village? . . . .
Quelle est cette ville?. . . . .
Y a-t-il une kasbah? . . . .
Y a-t-il beaucoup de rues? . . . .
Y a-t-il une place dans l'intérieur?. . . . .
Les maisons sont-elles bâties en pierres ou en torchis?.
Y a-t-il dans le village une maison du gouvernement?.
Y a-t-il un local pouvant servir de prison?. . . . . .
Y a-t-il des boulangers? . . . .
    —   — menuisiers? . . . .
    —   — maréchaux-ferrants ? . . . .

Tchemel had es sandouq, ou temchi bel âqel;
bal-ek ma tkesser che elli fi-h.
Toussel-ni ila ras had...
— ila had...
— ila had...
— qrib men had...
El khil itlâou men hena?
— ihebetou men hena?

Alem-ni bel aïoun ou el mroudj, elli fi had el blâd.
Ida tlât fouq had el coudia, nchouf che djebel...?
Ma tchouf che nouader?

LOCALITÉS

Had ed dechra kifâch esm-ha?
Had el blâd   —   —   ?
Kan chi qasba?
Kan chi zenak iasser?
Kan chi blassa fi el ouest?
Ed diar mebniin bel hajer ouilla bettin?
Kan chi fed dechera dar lel beylik?
Kan chi dar nehabbessou fi-ha en nâss?
Kan chi khoubaz?
— nejar?
— semmar?

Y a-t-il des cordiers? . . . .
— — selliers? . . . .
— une auberge? . . . .
— des jardins ? . . . .
Le village est-il entouré d'un mur défensif? . . . . .
— — fossé défensif? . . .
La population est-elle agricole? . . . .
S'y tient-il un marché périodique? . . . .
Quel jour? . . . .
Quel est le chef du village? . . . .
— de la ville? . . . .
Y a-t-il des fermes dans les environs? . . . .

FORÊTS

Y a-t-il des clairières? . . . .
Peut-on la traverser facilement? . . . .
Y a-t-il des chemins qui la traversent? . . . .

COURS D'EAU

Y a-t-il un pont? . . . .
— un gué? . . . .
Est-il difficile? . . . .
Y a-t-il dans le fond du gué du sable? . . . .
— — des pierres? . . . .
Y a-t-il beaucoup d'eau en ce moment? . . . .
Le courant est-il rapide? . . . .

Kan chi radjel isnâ el hebal?
— serradj?
— khan? (outil, taberna?)
— djenaïn?
Kan chi sour daïr saïr bel blâd?
— khendeq . — ?
En nass flahin?
Kan chi souq koul jemâ?
Ach men ioum?
Achkoun hakem fed dechera?
— fel blâd?
Kan chi ahouach fel fahas?

FORÊTS

Kan chi fi raba mouada bla chedljour?
Iguetâ-ha el abed bla tâab?
Kan chi teurqan fi-ha?

COURS D'EAU

Kan chi gantra?
— maqtâ?
Saïb al ez zouaïl?
Gâa mtâ el oued meferrech ber remel?
— — bel hadjer?
Kan chi ma kttr had el ouäqt?
Ijri el ma bel qoua?

Un piéton peut-il le traverser en ce moment ? . . . . .
Après la pluie, les crues durent-elles longtemps ? . . . .

PLAINES

Peut-on passer partout ? . . . .
Y a-t-il des canaux d'irrigation ? . . . .
— des fossés ? . . . .

ADMINISTRATION INDIGÈNE

Au bureau

Ouvre la porte. . . . .
— la fenêtre . . . .
Pousse la porte. . . . .
Ferme la porte, la fenêtre . . . .
Balaie le sol avant que j'arrive . . . .
Etends la natte. . . . .
Range les livres, les registres, les papiers . . . . . .
Essuie la table, les plumes. . . . .
Mets de l'encre dans l'encrier. . . . .
Allume la bougie, la lampe. . . . .
Mets-y de l'huile, du pétrole . . . .
Allume le feu avant que j'arrive . . . .
Coupe la mèche . . . .
Jette ta cigarette : on ne fume pas dans le bureau . . .

Da el ouäqt trass iqder igtâ el oued?
Ida men ketret en naou fad ma el oued, qeddäch men ez zeman houa ibqa fard.

PLAINES

Ijouz che el abed fi koul moudâ?
Kan chi souagui?
— khenadeq?

ADMINISTRATION INDIGÈNE

Au bureau

Teftah (tehall) el bab.
— (—) et taqa.
Rodd el bab.
Terleq el bab, et taqa.
Tekness el ard qbel qedoum-i.
Ferrech el haçira.
Tesseff el ktoub, el defater, el kouaret.
Temsah el tabla, el aqlam.
Ammer ed douaïa bel midad.
Techâal ech chemâ, el guendil.
Tämmer-hou bez zit, bel gaz.
Tougued el hateb qbel qedoum-i.
Guess ef ftila.
Taïech el garou : ma nehabb che techreub ed doukhan fel birou.

Vois s'il y a des gens à la porte. . . . .
Dis-leur de prendre patience . . . .
   — de revenir demain. . . . .
Reste à la porte, tu viendras au coup de sonnette . . .
Dis à un tel de venir . . . .
Monsieur l'interprète est-il dans son bureau ? . . . . .
Porte-lui cette lettre pour qu'il la traduise . . . .
   — ce rapport du caïd pour qu'il le traduise. . .

Plaintes et réclamations *(chekaïa)*

Y a-t-il beaucoup de monde à la porte ? . . . .
Dis-leur de ne pas faire de bruit. . . . .
Fais entrer les premiers arrivés. . . . ' . . .
De quoi te plains-tu ? . . . .
De qui te plains-tu ? . . . .
Qui t'a frappé ? . . . .
Qui t'a volé ? . . . .
L'as-tu vu ? . . . .
As-tu des témoins ? . . . .
Il faut les amener. . . . .
Comment s'appellent-ils ? . . . .
Il faut dire la vérité. . . . .
Le faux témoignage est sévèrement puni. . . . .

Tu vas jurer sur le Coran. . . . . :
C'est entendu, je prends note de ton affaire . . . . . .
   — je m'occuperai de ton affaire. . . . . .

Roh tchouf kan chi en näss ånd el bab.
Goul le-houm isseberou.
— . idjiou rodoua.
Tegåd and el bab, ou tji-ni kif tesmå ben naqouss.
Goul le... idji-ni.
Es seïed et teurjman fi birou mtâ-hou ?
Tåti l-hou had el mektoub itarjem-hou.
— er rabour elli kteb-hou el caïd itarjem-hou.

Plaintes et réclamations *(chekaïa)*

Kan chi näss ktir ånd el bab ?
Goul le-houm isketou.
Tedekhel aoualen men ja el aouel.
Bach techteki.
Bachmen techteki.
Achkoun dereb-ek ?
Achkoun sereq mal-ek ?
Cheft-hou ?
Andek chi chehoud ?
Lazem tjib-houm.
Ouach el assami mtâ-houm ?
Lazem tgoul es sah.
Ech cheched el kadeb moujebat ali-h åqouba kebira.
Tehallef bel qoran.
Mlih ; nekteb hajt-ek.
— ; nechterel bi hajt-ek.

A un autre..........................
Introduis le prisonnier................
Reconduis-le en prison................
Je te condamne à 8 jours de prison.........
      — à l'amende de 10 douros......
Et tu rendras le bien volé..............
Quelle est ton affaire?................
Ton cas est difficile.................
Où est ton adversaire?................
Retournez à votre douar...............

EN TOURNÉE

Salut ! Je viens te visiter et te demander l'hospitalité..
Montre-nous où nous devons descendre (de cheval)..

Qu'y a-t-il de nouveau ?..............

Les gens sont-ils paisibles ?............

Se plaignent-ils de quelqu'un? (de quelque chose ?)..
Travaillent-ils aux champs ?............
Commercent-ils ?..................
Est-ce une année de bonne récolte ?.........
      — de cherté (de disette) ?........
Vous êtes-vous mis à moissonner ?..........
Reste-t-il encore à moissonner ?...........
Quel est votre genre de culture ?...........
Avez-vous des grains pour les semailles ?.......

Lelli bad.
Tedekhel el mehabouss.
Teddi-h lel habs.
Nehakem ali-k bi tsmania aïem fel habs.
— bi achra douara khetla.
Ou trodd el mal el mesrouq.
Ouach amer-ek ?
Hajt-ek saïba.
Ouaïn saheb hajt-ek.
Touelliou le douar-koum.

EN TOURNÉE

Es selam ali-k ! jit nzour-ek ou ana dif Allah.
Ouarri le-na faïn nenzelou.
Ouach el akhbar ?
Ach kan, ach ma kan ?
En naïss bel âfia ?
En naïss mehanitn ?
Ichtekou bi ahad ? (bi chi ?)
Ikhdemou fez zerâ ?
Ikhdemou fet tajera ?
El âme, âme saba ?
Es sena, senet el rela ?
Achtereltou bel hessad ?
Ma zeltou che tehessedou ?
Ouach tezrâou ?
And-koum chi zrâa ?

Avez-vous de l'eau ? . . . .
Avez-vous des malades ? . . . .
Quel jour se tient votre marché ? . . . .
Y a-t-il eu des vols ? . . . .
       —   incendies ? . . . .
       —   meurtres ? . . . .
Y a-t-il des coupeurs de route dans le pays ? . . . . .
Y a-t-il des gens embusqués dans la forêt ? . . . . .
       —   —   dans la montagne ? . . .
Y a-t-il beaucoup d'affaires devant le cadi ? . . . . .
Les gens vendent-ils leurs troupeaux au marché ? . .
       —   —   chevaux   —   ? . .
Qu'est-ce qu'on dit sous les tentes ? . . . . · . . .
Les sauterelles sont-elles venues ? . . . .
Ont-elles dévasté ou non ? . . . .
Quand part la tribu pour le Sahara ? . . . .
Les troupeaux vont-ils bien ? . . . .
Y a-t-il eu de l'herbe cet hiver dans le Sahara ? . . .
Les puits, les sources, comment sont-ils ? . . . . . .
La rivière a-t-elle débordé cet hiver ? . . . .
Et votre caïd, êtes-vous satisfait de lui ? . . . .
Est-il dans la voie de Dieu ? . . . .
N'est-il pas injuste vis-à-vis des gens ? . . . .
Votre cadi juge-t-il avec impartialité ? . . . .
Est-il incorruptible ? . . . .
Votre mosquée est-elle en bon état ? . . . .
A-t-elle besoin de réparations ? . . . . · . . . . .
L'impôt est-il rentré ? . . . .

And-koum chi ma ?
Kan chi mrad fi-koum ?
Ach men ioum, es souq ?
Serqou ?
Hareqou el rieb ?
Qtelou chi abed ?
Kan chi qatâin et triq fel blâd ?
Kan chi nâss mtkhabîn fel raba ?
— — fel djebel ?
Kan chi nâss ktir elli jabou hajt-houm lel cadi ?
En nâss ibiâou renem-houm fes souq ?
— khil-houm — ?
Ouach goul nâss el guiatin ?
Jat chi el jerad ?
Klat ouilla la ?
Ouaqtâch temchi ahal el ârch les Sahara ?
El renem bel kheir ?
Had ech cheta, nebtet el âcheb fes Sahara ?
El abiar, el aïoun, ouach hal-houm ?
Ech cheta fad el oued ?
Ou caïd-koum, entoum ferhanin bi-h ?
Houa fi sabil Allah ?
Ma idlem che en nâss ?
Cadi-koum iqdi bes soua ?
Ma iakoul che er rachoua ?
El jamâ mtâ-koum ma zal sahih ?
Ma istehaq che bi khedmet el bennaïn ?
Defâou che er rerama ? (el lezma ?)

Celui qui n'a pu payer pour cause de misère, l'État l'exonérera. . . . .

Les hommes sont-ils tous allés aux prestations ? . . .
Il faut qu'ils acceptent ce travail imposé; c'est dans l'intérêt de la tribu. . . . .

A-t-on travaillé à la route de...? . . . .
A-t-on nettoyé le puits de... ? . . . .
A-t-on creusé un puits à...? . . . .
A-t-on comblé les fossés de...? . . . .
A-t-on fait écouler les eaux d'irrigations des jardins dans le chott ? . . . .
Comme l'a prescrit le commandant l'année dernière. .
Cet été l'épidémie (malaria) a-t-elle été violente ? . . .
Votre caïd, votre cheikh, votre cadi, est un homme de bien. . . . .
Obéissez-lui en tout. . . . .
Demain tu prépareras le déjeuner de bonne heure, nous monterons à cheval avant le lever du soleil. . . . . .

RÉQUISITIONS

Où est le chef de ce village ? . . . .
    —   de ce douar ? . . . .
    —   de la tente ? . . . .
    —   le cheikh de la fraction ? . . . .

Elli ma khalles che el lezma men ketra chegget-hou, el beylik iâfi-h men er rerama.
Mchaou en näss jemiâ-houm les sekhera ?

La boudd ikhdemou had el khedma el mlazema ; hia fi menfât arch-koum.
Khedemou chi fet triç...?
Nedefou chi bir...?
Heferou chi bir bi...?
Redemou chi khenadeq...?

Jraou che ma souagui el djnaïn ila ech chött ?
Kima qal es seïed el hakem el âme elli fat.
Fes sif achteded el oukhem ?

Caïd-koum, chikh-koum, cadi-koum, radjel salah.
La boudd tetiâou-h fi koul chi.

Rodoua, in challah ! tetebekh el makla bekri, nerkebou and el fedjer.

RÉQUISITIONS

Oua"n chikh ed dechera ?
— kebir ed douar ?
— moula el kheïma ?
— chikh-el-ferka ?

Où est le caïd ou son khalifa ? . . . .
Dis-lui de venir ici sur le champ . . . .
Je suis . . . .
J'ai un ordre que voici du... m'autorisant à réquisitionner ce dont nous avons besoin, contre remboursement au prix de vos marchés . . . .

Voilà la liste des prix, qui m'a été remise par le commandant supérieur de... (l'administrateur de...) . . .

Tu vas me fournir : . . . .
... quintaux d'orge . . . .
...   —   de paille . . . .
... pains. . . . .
... moutons . . . .
... poules . . . .
... œufs. . . . .
... outres d'eau. . . . .
... charges de bois . . . .
Tout cela rendu ici, sous peine d'amende à... . . . .

Pour demain matin, avant le point du jour, devront se trouver réunis ici : . . . .

Ouaïn el kaïd ouilla el khalifa ?
Goul l-hou idji-ni bih fih.
Ana...

Haou mektoub si... iamer-ni neddi men ånd-koum ma nestehaq bi-h ou nâti el haq el djaïz ånd-koum.

Hadi hia jeridet el assâr âta-ni aïa-ha es scïed el hakem el askeri elli-bi... (el hakem es civil elli-bi...)
Tji-ni bi :
... qintar chaïr.
... — teben.
... khoubz.
... kebch.
... djaj.
... bid.
... guereb fi-houm el ma.
... hemlat heteub.
Djib hena hada el koul ouaqt el..., ouilla nejâl ali-k bel khetla...

Rodoud sebah, ånd el fedjer (1), lazem ikoun hena :

---
(1) Ne jamais oublier en parlant de l'avenir, d'ajouter « in challah ! » si Dieu le veut !

Un guide sûr, bien monté, connaissant parfaitement le pays et la route à suivre pour aller à... . . . .

... chameaux; ... mulets (1) . . . .
Avec leurs bâts en bon état et leurs rerara (doubles sacs¹).
Un sokhar pour 4 chameaux. . . . .
— pour 2 mulets . . . .
Ils apporteront chacun les cordes nécessaires pour les chargements, et des entraves pour leurs bêtes . . . .
Ils seront pourvus de... jours de vivres et de leurs outres. . . . .
Le guide sera payé ... francs par jour. . . . .
Chaque sokhar, chaque muletier sera payé ... francs par jour. . . . .
Le prix de location de chaque animal sera de ... francs par jour. . . . .

PRISONNIER DE GUERRE

De quelle tribu es-tu ? . . . .
De quelle fraction es-tu ? . . . .
Pourquoi vous êtes-vous soulevés ? . . . .
Où se trouvait votre smala lorsque tu as été pris ? . .
Où allait-elle ? . . . .
Où se trouvait votre troupeau ? . . . .
Où sont vos silos ? . . . .

---

(1) Demander toujours un nombre d'animaux supérieur à celui qui est nécessaire, afin de se réserver l'avantage d'un triage.

Delil, rakeb ala haçan mlik, âaref el blâd ou et triq elli toussel le...
... djemal; ... bral.
Ali-houm bradâ sahah ou reraïr.
Ouahad es sokhar, issouq arbâ djemal.
— — berelin.

Ou bi-houm el hebal mtâ es snadiq, ou el âqala lez zouaïl.
Idjibou ez zad le...aïem, ou el guereb mtâ-houm.
Nâtiou led delil... franc koul ioum.

Nâtiou le koul ouahad men es sokharin, el berra-lin ... franc koul ioum.
Ou kra ez zaïla ... franc koul ioum.

PRISONNIER DE GUERRE

Arch-ek ouach esm-hou ?
Men aï ferka enta ?
Alâch harektou ?
Nehar elli hakemou-k ouaïn kanet zmalt-koum ?
Ouaïn kanet temchi ?
Ouaïn kan el renem mtâ-koum ?
Ouaïn el mtamir ?

ÉMISSAIRE

Tu vas te rendre au milieu de nos adversaires pour y recueillir les renseignements suivants : . . . .

Si tu dis vrai, je te récompenserai par ... douros. . . .
Quels sont les chefs qui commandent ? . . . .
Aux ordres de qui obéissent-ils ? . . . .
Où se trouvent les smalas en ce moment ? . . . . . .
Où sont les troupeaux ? . . . .
Où sont les silos ? . . . .
Sont-ils garnis ? . . . .
L'ennemi n'a-t-il pas détruit des puits ? . . . .
En a-t-il empoisonné ? . . . .

ESPION

Gare à toi ! Ne me trompe pas . . . .
Si tu mens, je te fais fusiller sur le champ . . . . . .
Si tu consens à dire la vérité, je te promets l'aman et ... douros comme récompense. . . . .

Quand as-tu quitté les tiens ? . . . .
Où étaient-ils ? . . . .
Où étaient leurs smalas ? . . . .
— leurs troupeaux ? . . . .
Quelle mission t'a-t-on donnée ? . . . .

ÉMISSAIRE

Temchi le mehallet el âdïan ou testekheber fima rani ngoul l-ek.
Ida cedeqt nekafi-k mkafia... douro.
Ouach assami el kebar ?
Achkoum el hakem (el kebir) fi-houm ?
Ouaïn ez zemala da el ouâqt ?
Ouaïn el renem ?
Ouaïn el mtamir ?
Fi-houm el heuboub ?
El âdïan redemou chi el abiar ?
Rmaou chi semm fi-houm ?

ESPION

And-ek ! ma trallet-ni che.
Ida kdebt, namer bi mout-ek.

Ida goult es saha, nâti-k el aman ou ... douro bez ziada.
Ouaqtâch bqit nâss blâd-ek ?
Ouaïn kanou ?
Ouaïn kheïma mtâ-houm ?
— renem mtâ-houm ?
Bâch amerou-k ?

Qui ?. . . . .
Où les tiens devaient-ils se rendre ? . . . .
Doivent-ils nous attaquer ? . . . .
Attendent-ils notre attaque ? . . . .
En cas d'attaque de notre part, où doivent se retirer les
   smalas ? (les troupeaux ?). . . . .

Les tiens ont-ils projeté une razzia de nos tribus alliées ?
Combien les tiens sont-ils de cavaliers ? . . . .
    —   —   fantassins ? . . . . . .
Où sont vos silos ? . . . .
    —   provisions ? . . . .
Vos provisions sont-elles près d'être épuisées ? . . . .
Vos munitions   —   ? . . . .
Y en a-t-il parmi les tiens qui soient disposés à deman-
   der l'aman ? . . . .
Sont-ils nombreux ? . . . .

Ach men amer-ek ?
Ouaïn habbou iousselou näss bläd-ek ?
Fi raï-houm iheujemou âli-na ?
Igâdou chi hatta neheujemou ali-houm ?

Loukan gatelna-houm faïn iamenou men jiouch-na
  ahal el kheïma ? (er renem ?)
Habbou chi irezzou habab-na ?
Qeddäch men fersan fi-koum ?
  — men trarsa — ?
Ouaïn el mtamir?
  — el heuboub ? (ez zad ? el makla ? el mouna ?)
El aouin ma zal ând-koum ?
El baroud — ?

Kan chi fi-koum men ihabbou iteulbou el aman ?
Haoum ktir ?

CHAPITRE IV

QUESTIONNAIRE MÉDICAL

A LA CONSULTATION

Y a-t-il des malades ?............
Beaucoup ou peu ?..............
Dis-leur d'attendre ....
Je vais revenir................
Fais l'appel..................
Fais-les entrer un à un ....
Entre......................
Assieds-toi..................
Lève-toi....................
Couche-toi...................
Depuis quand es-tu malade?........
Est-ce la première fois ?..........
De qui as-tu reçu les soins ?........
Un médecin arabe ?.............
Où as-tu mal ?................
J'ai mal à la tête..............
    —   à la gorge ....
    —   à la poitrine ....
    —   au ventre ....
    —   au côté ....
    —   aux articulations ....
    —   à la main ....
    —   au pied..............
As-tu de l'insomnie ?.............
As-tu du cauchemar ?............

A LA CONSULTATION

Kan chi nàss mrad ?
Ktir ouilla qelil ?
Goul le-houm istennaou.
Rani rajâ.
Aqra el assami.
Tedekhel-houm ouahad bâd ouahad.
Adkhel.
Oqod.
Qoum.
Erqed.
Men aï ouàqt enta mrid ?
Hadi hia el mara el aoula ?
Achkoun daoua-k ?
Tebib arbi ?
Ouach ioujâ-k ?
Ioujâ-ni rass-i.
   — grajm-i.
   — cedr-i.
Toujâ-ni kerch-i.
   — jenb-i.
   — mefacel-i.
   — ied-i.
   — rejel-i.
Tebat chi faten ?
Inzel chi ali-k bou tellis ?

As-tu du vertige ? . . . .
As-tu des fourmillements, des démangeaisons ? . . . .
Entends-tu bien ? . . . .
As-tu des bourdonnements d'oreille ? . . . .
As-tu bonne vue ? . . . .
Je vois comme un brouillard . . . .
J'ai une taie sur l'œil . . . .
As-tu saigné du nez ? . . . .
As-tu mauvaise bouche ? . . . .
Es-tu altéré ? . . . .
As-tu appétit ? . . . .
As-tu vomi ? . . . .
As-tu de la diarrhée ? . . . .
Es-tu constipé ? . . . .
Vas-tu tous les jours à la selle ? . . . .
Souffres-tu quand tu vas à la selle ? . . . .
— quand tu urines ? . . . .
Urines-tu du sang ? . . . .
Tousses-tu ? . . . .
Craches-tu ? . . . .
Craches-tu du sang ? . . . .
Quand te prend la fièvre ? . . . .
Tous les jours ? — Tous les 2 jours ? . . . . . .
Y a-t-il de la fièvre dans ta contrée ? . . . .
As-tu maigri depuis que tu es malade ? . . . . . .
Un scorpion m'a piqué. . . . .
Une vipère — . . . .
Un chien m'a mordu . . . .

Tedoukh chi?
Testchass chi betenmil?
Tesmâ chi soua soua?
Tesmâ chi tezenzin?
Tebesser chi mlih?
Nchouf kif debab.
Biad fi aïn-i.
Raft chi?
Foum-ek mour?
Enta atchan?
And-ek chi chahoua lel makla?
Reddit chi el makla?
Kerch-ek jaria?
Enta mahassour?
Tgâd chi koul ioum al el ard?
Toujâ-k chi kerch-ek kif tgâd al el ard?
— — tboul?
Tboul chi beddem?
Tssal chi?
Temej chi?
Temej chi beddem?
Ouaqtâch takhod-ek el hemma?
Koul ioum? — Koul ioumin?
Kan chi oukhem fi blâd-ek?
Dâaft chi men ouâqt elli enta mrid?
Léssat-ni aqreb.
— lefâa.
Add-ni kelb.

Marche..............
Lève la main...........
— le bras...........
— le pied...........
Etends la main..........
— le bras..........
— le pied..........
Laisse aller ton bras.......
— ta jambe........
Ne remue pas..........
Respire bien...........
Arrête ta respiration........
Tousse.............
Compte, un, deux, etc.......
Compte mes doigts........
Regarde-moi...........
Baisse-toi...........
Où est ta blessure?.......
Ote ton bandage.........
Avec quoi t'a-t-on frappé?.....
Avec le poing?.........
— une pierre?........
— un bâton?........
— un couteau?.......
D'un coup de feu?........
Es-tu tombé?..........
T'es-tu évanoui?.........
A-t-on extrait la balle?......

Emchi.
Arfâ ied-ek.
— drâ-k.
— redjel-ek.
Medd ied-ek.
— drâ-k.
— redjel-ek.
Rekhef drâ-k.
— redjel-ek.
Ma tcharrek chi.
Etnefss mlih.
Ouqef nefss-ek — Habess nefss-ek.
Koh.
Hasseb ahad, tenin, ou ma bâd.
Added souaba-ni.
Chouf fi-a.
Tabess.
Ouaïn jerhat-ek?
Nahi el assaba.
Bach medroub?
Medroub bel ied?
— be hajra?
— be debbous?
— be mous?
— bel habba?
Seqtet?
Trachit?
Kharejou chi er ressassa?

Va acheter une feuille de papier timbré pour le certificat.

Pour qui viens-tu ? . . . .
Parce que ta femme est malade ? . . . .
    — ton père   — ? . . . .
    — ta fille   — ? . . . .
    — ton fils   — ? . . . .
Quel âge a-t-il environ ? . . . .
Tête-t-il encore ? . . . .
Oui — Non. . . . .
Rend-il des vers ? . . . .
Ta femme est-elle enceinte ? . . . .
Quand a-t-elle accouché ? . . . .
L'enfant est-il mort ? . . . .
Voici des pilules de quinine . . . .
Tu en prendras 10 ce soir . . . .
    —   — demain matin . . . .
    —   — avant de manger . . . .
Voici un sel . . . .
Tu le feras fondre dans un verre d'eau . . . .
Et tu boiras le tout . . . .
C'est une purge . . . .
Voici une potion . . . .
Tu en prendras la valeur d'une cuillerée . . . .
A deux heures d'intervalle . . . .
A trois heures d'intervalle . . . .
Voici une poudre . . . .
Tu en feras 4 portions . . . .

Roh techri karta fi-ha tabâ mtâ el beylik, nekteb
ali-ha chehadet-i.
Lamer men jit?
Ala khater mert-ek mrida?
— baba-k mrid?
— bent-ek mrida?
— ould-ek mrid?
Qeddâch fi omr-hou betteqerib?
Ma zal irdâ?
Nâm — La.
Irodd chi hanach el kerch?
Mert-ek habela?
Ouaqtâch ouldet?
Mat chi el oulid?
Hahoum habba mtâ qina.
Tesret el achta achra men-houm.
— rodoua sbah achra men-houm.
— qbel el makla —
Chouf had el meleh.
Tdir-hou fi kass ma idoub.
Ou techreb-hou.
Houa tenqta.
Chouf had el cherba.
Techreb men-ha mil el mererfa.
Koul saatin.
Koul tlata souaïa.
Chouf had ed dqiq.
Teqsem-hou arbâ aqsam.

Tu en prendras une chaque heure..............
— chaque jour..............
Tu mettras dans l'eau chaude cette feuille (cataplasme Lelièvre et analogues)..............
Afin qu'elle soit humectée..............
Tu l'appliqueras sur l'endroit enflé..............
Tu feras bouillir avec de l'eau cette racine..............
— — ce sel..............
Tu feras fondre ceci dans l'eau..............
Tu laveras avec la solution l'endroit malade..............
— — blessé..............
Tu te frotteras tous les soirs avec cette pommade..............
Tu instilleras de ce collyre le matin..............
— le soir..............
Tu te laveras la tête avec du savon..............
Ensuite tu y mettras cet emplâtre..............
Tu te rinceras la bouche avec ceci..............
Tu te gargariseras..............
Tu renifleras cette eau..............
— cette poudre..............
Tu mettras cette bande..............
Il faut que je te cautérise..............
— t'incise..............
— t'ampute du bras..............
— — de la jambe..............
Sinon tu mourras pourri..............
Tu as une maladie grave..............
Ce ne sera rien..............

Teblâ qsemm koul sâa.
— — koul ioum.

Tdir fel ma essekhoun had el karet.
Hatta icherreb el ma.
Tdir-hou al el madreb el menfoukh.
Tralli bel ma had el arouq.
— had el melch.
Had ed doua tedaoueb-hou bel ma.
Tersel bi-h el madreb el mrid.
— — el medjrouh.
Tedehen nefs-ek bi had ech cheham koul achîa.
Teqetter had ed doua fi aïni-k es sebah.
— — el achîa.
Tersel rass-ek bes saboun.
Ou men bâd tdir ali-h had el lessqa.
Temesmes foum-ek bi had ed doua.
Tetererer.
Techem had el ma.
— had ed dqiq.
Tchazem rouh-ek bi had el açaba.
La boud nekoui-k bennar.
— necherret jeld-ek.
— neqtâ drâ-k.
— — redjel-ek.
Ouilla tmout ou enta menten kif el jifa.
Ali-k mard chedid.
La bâss ali-k.

Il faut que tu entres à l'hôpital . . . .
Il faut que tu restes à l'hôpital jusqu'à la guérison. . .
Si tu ne prends pas les médicaments, je te ferai sortir
    de l'hôpital aussitôt . . . .

POUR UNE AUTOPSIE

Mettez le cadavre par terre. . . . .
    —   sur ces pierres . . . .
    —   sur la table. . . . .
Otez les linges . . . .
De quoi est-il mort, à ce qu'on dit ? . . . .
Etranglé ? . . . .
Frappé d'un coup de couteau ? . . . .
    —   de pierre ? . . . .
    —   de feu ? . . . .
Depuis combien de temps est-il mort ? . . . .
Où l'a-t-on trouvé ? . . . .
Est-il mort de suite ? . . . .
    —   en route ? . . . .
Est-il rentré chez lui ? . . . .
A-t-il parlé ? . . . .
Tiens le bras. . . . .
  — la jambe. . . . .
Retournez le corps . . . .
Enveloppez-le avec les linges. . . . .

Lazem tedkhol fes sbitar.
Lazem teqâad fes sbitar hatta tebra.

Loukan ma takhod che ed douaoua, elli atit-houm le-k, 'ou allah nekharrej-ek bih fih men es sbitar.

POUR UNE AUTOPSIE

Dirou el meïet ala el ard.
— had el hajra.
— et tabla.
Nahiou el kefen.
Bach mat, ala goul en nâss ?
Makhnouq ?
Medroub bel mous ?
— be hajra ?
— be habba ?
Men aï ouâqt houa meïet.
Ouaïn lgaou-h.
Mat chi fih bih ?
— fet triq ?
Rejâ chi le dar-hou ou houa madroub ?
Ach gal ?
Chedd ed drâa.
— er redjel.
Teqellebou el meïet.
Telebessou-h bel kefen

Chassez les mouches . . . .
Va me chercher de l'eau. . . . .
Verse-moi de l'eau sur les mains . . . .
Nettoyez les instruments. . . . .

EN TOURNÉE DE VACCINATION

Dis-leur de se laver le bras gauche . . . .
N'ayez pas peur, il n'y a pas de mal. . . . .
Surveille-les, chaouch ; qu'ils laissent sécher sans essuyer l'endroit où j'ai vacciné. . . . .

Si tu as des boutons et de la fièvre, sois sans crainte. .

C'est bon signe. . . . .
Tu es garanti de la petite vérole. . . . .

Abâdou ed deban.
Jib li ma.
Soub el ma ala ied-i,
Teneqqou el amouass (ed douzan).

EN TOURNÉE DE VACCINATION

Goul le-houm irselou drâa-houm el isra.
Ma tekhaf chi, ma kan bass.

Ender ali-houm, ia chaouch ! lazem iqâadou hatta ikoun jeld-houm iabess; ou ma imsahou chi el moudâ elli fesdet fi-h.
Ida nadet el habba ou khedat-ek el hemma, ma tekhaf che.
Hada delil el kheir.
Hada iâfi-k men el djedri.

CHAPITRE VI

MNÉMOTECHNIE

La première difficulté que rencontre le commençant est dans le fait de retenir les mots.

Dans cette langue si différente de nos langues d'Europe, chaque mot est pour l'étudiant un groupe de lettres, ne répondant à rien de connu de lui ; dans le domaine de sa mémoire, il sera un étranger sans relations, pour lequel il faudra ouvrir une case spéciale. Si seulement il était possible de loger ce nouveau venu dans une case déjà ouverte avec quelques congénères installés là depuis longtemps, combien serait aplanie la difficulté !

C'est cette solution à laquelle prétend la mnémotechnie, dont la pratique, au début, est tout à fait recommandable. Son action, dans l'espèce, est assez limitée, mais, bien dirigée, peut donner quelques utiles résultats.

Cependant, avant d'aller plus loin, disons qu'il y a mnémotechnie et mnémotechnie ; qu'il en est une bonne et une mauvaise.

La mauvaise, et plus d'une mémoire rebelle aux vocables arabes l'a employée, consiste à représenter le mot, la phrase arabe, par un mot, une phrase française de son approchant, mais de sens forcément différent, et de se rappeler l'un en songeant à l'autre. Pour vous souvenir, par exemple, du mot *atrous*, qui veut dire *bouc*, n'allez point songer au mot français *atroce* ; ces deux mots se lieraient forcément dans votre esprit, et vous finiriez par croire que ce n'est pas sans raison que cet animal a pu être chargé des péchés des peuples.

N'employez jamais de semblables moyens pour aider

votre mémoire; le résultat ne vaudrait pas l'effort par lequel vous feriez violence à votre raison.

La vraie mnémotechnie, celle qui est de bon aloi, procède de toute autre façon.

Dans les langues européennes, dans le français notamment, il y a un certain nombre de mots dérivés de l'arabe, ou rapprochables par la forme et le sens des vocables arabes, sans qu'il y ait toutefois entre eux de filiation bien établie.

Utilisez cette origine, cette analogie du sens et de la forme; bientôt quelques douzaines de vocables seront ainsi obtenus; puis autour d'eux se grouperont leurs dérivés. Vous aurez ainsi un premier noyau dont vous serez sûr. Il deviendra la base de vos opérations mnémotechniques.

Il suffit, en effet, de pouvoir lire les caractères arabes pour s'apercevoir que beaucoup de mots sont constitués par les mêmes caractères, et pour constater que, si les points diacritiques (1) venaient à être omis, il serait impossible de distinguer ces mots entre eux.

Ces mots ont donc une certaine ressemblance; on peut leur prêter, pour les besoins de la cause, une cer-

---

(1) Ces points diacritiques, qu'une distraction peut si aisément faire mettre à tort, sont une des imperfections du système graphique des Arabes. Voici, à l'appui de ce dire, une anecdote que nous avons trouvée dans un recueil de morceaux choisis à l'usage des écoles d'Orient :

« Un jour, vint à moi un jeune homme qui se prétendait mé-
« decin. Pourquoi, me dit-il, Galien, dans son traité de l'hygiène,
« a-t-il défendu de saigner tout astrologue, **el mounjem**. »

« Par Dieu, répondis-je, Galien n'en a rien écrit; et dans quel
« but l'aurait-il fait ? »

« Je vais vous convaincre d'après le texte, reprit mon homme,
« en tirant de sa manche un volume qu'il se mit à feuilleter
« jusqu'à ce qu'il trouvât le passage où je lus : On ne saignera
« point celui qui est en état d'indigestion, **el moutekhem**. »

Pour se faire une idée de cette erreur de lecture, il faut savoir que l'n et le j du premier mot ne diffèrent du t et du kh du second, que par les points diacritiques.

taine parenté. C'est cette ressemblance, cette parenté supposée, qui pourra de nouveau aider vos efforts de mémoire ; ces nouveaux mots ainsi acquis ont à leur tour leurs dérivés naturels.

Au bout de peu de temps on peut arriver par là à posséder de mémoire les vocables principaux, le reste viendra tout seul, et le premier noyau fera, par la pratique, boule de neige.

Nous donnons de ceci deux exemples :

1° Nous supposons que par artifice mnémotechnique vous ayez acquis le mot **tàrif**, qui signifie connaissance, et dont nous avons fait en français le mot *tarif* et le verbe *tarifer*. Vous aurez bien vite possédé les mots de la même racine, tels que le verbe **aref**, connaître, savoir ; le mot **araf**, devin ; le substantif **maarefa**, connaissance acquise, notion.

Si vous déplacez dans le mot écrit en arabe le point diacritique de façon à changer le **fa** en **gaf**, vous obtenez le verbe **areg**, suer, le substantif **areg**, sueur.

2° Le mot bien connu en français, **harem**, vous a permis de retenir le verbe arabe **harem**, défendre ; le mot **haram**, défendu, illicite au point de vue religieux ; le mot **maharema**, mouchoir.

Si vous mettez, le mot étant écrit en arabe, un point diacritique sur le ra, vous en faites le verbe **hazem**, qui veut dire ceindre, et dont vous aurez **hazam**, ceinture.

Nous donnons ci-dessous, outre un certain nombre de dérivés de l'arabe, quelques mots n'ayant de relation avec lui que leur analogie de forme et de sens, et qui pourront servir de base à des rapprochements mnémotechniques :

En français :

Alcôve.......... **El qobba.** Ce mot, en effet, ne signifie pas seulement dôme, mais encore, cabinet, baldaquin.

Algèbre............ **El jabr**, réduction. L'algèbre est la science de la réduction. Le verbe **jeber**, veut dire réduire, remettre en place (les os luxés, les fragments d'un os fracturé, par exemple).

Amiral............ **Amir el rhal**, commandant du convoi (maritime), titre et fonction qui existaient au temps des Maures d'Espagne. Le verbe **amer** signifie commander.

Calibre............ **Qalib**, moule où l'on coule les métaux.

Degré............ **Darja**, échelle, gradin, marche.

Felouque............ **Flouka**, barque.

Khalife............ **Khlef**, laisser après soi; khalifa, lieutenant.

Macabre............ **Maqbara**, plur. maqabir, cimetière, qeber, tombeau, etc...

Mamelouk............ **Mamlouk**, qui est possédé, participe passé du verbe **melek**, posséder, etc...

Mascarade............ **Maskhara**, bouffonnerie. Le verbe **sekher**, se moquer, etc...

Matraque—Trique. **Mterga**, marteau; treg, frapper; triq, chemin.

Maugrebin............ **Maghribi**, occidental; gherb, ouest; gherbi, étranger; ghrab, corbeau, etc...

Minaret............ **Manara**, lieu où se trouve une lumière, tour; nar, feu; nour, lumière, etc...

Miroir............ **Mraîa**, verre, miroir, lentille; ra, voir, verbe employé surtout dans la rédaction.

Mohammed............ **Hammed**, louer, bénir.

Sorbet...............	**Chorba**, boisson rafraîchissante ; le verbe **chereb**, boire ; **cherrab**, buveur, etc...
Talmud.............	**Telmid**, élève.
Vizir................	**Ouzir**, ministre.
Acheter.............	**Achtera**, ou plus simplement **chra**.
Baiser..............	**Boussa**.
Bras................	**Drâ**.
Casser..............	**Kesser**.
Corne...............	**Guern**.
Guider..............	**Qad**, conduire.

En espagnol, citons :

Alcantara..........	**el qantra**, le pont.
Almaden...........	célèbre par ses mines de mercure, dans lequel se trouve le mot **mâden**, métal.

En allemand :

Erde, terre,	rappelle	**Ard**, de même signification.
Matratze, matelas,	—	**Metrah**,	—
Platte, dalle,	—	**Blata**,	—
Rabe, corbeau,	—	**Rerab**,	—
Spinat, épinards,	—	**Sbenakh**,	—
Sporn, éperon,	—	**Chbour**,	—

CHAPITRE VI

VOCABULAIRE GÉNÉRAL

Nous indiquons :

1º pour les noms, le singulier, le pluriel et les duels usités ;

2º pour les adjectifs, le masculin, le féminin et le pluriel pour les 2 genres ;

3º pour les verbes, la 1re et la 3e personne du passé, la 1re de l'aoriste, et le participe passé toutes les fois qu'il y a quelque utilité.

Pour les verbes qui se construisent avec une préposition, nous avons indiqué la préposition usuelle en lui donnant pour complément provisoire, suivant le cas, soit le mot chi, qui signifie chose, soit le mot ahad, qui signifie quelqu'un. Le lecteur n'aura qu'à remplacer l'un de ces mots par le substantif qu'il désire employer.

A

Abattoir.......	Medbah, mdabah.
Abeille.........	Nahla, nahel.
Ablutions......	Oudou.
Abri (se mettre à l'...).	Tkhallest, tkhalles, netkhalles men chi.
Abricot........	Mechmacha, mechmach.
Accorder.......	Atit, ata, nâti.
(sens général)	
Accorder.......	Touafeqt, touafeq, ntouafeq ala chi
(s'..., sur)	
Acheter........	Chrit, chra, nechri, mechri.
Acide..........	Qaress, qaressa, qaressin.
Admirer.......	Tferrejt, tferrej, netferrej.
(un paysage)	
Affaire.........	Daoua — Amer, amour.
Âge...........	Omr.
Agenouiller....	Barekt, barek, nbarek.
(faire..... les chameaux)	
Agent..........	Oukil, oukla.
Aider..........	Aouent, aouen, naouen.
Aigle..........	Nser, nsoura.
Aiguille........	Ibra, ibari.
Ail............	Tsoum.
Aile...........	Djenah, adjenah.
Aimer.........	Habbit, habb, nhabb, mhaboub.
Air............	Haoua.
Ajouter(...à).....	Zädt, zad, nzid fi chi.
Aller (s'en...).... {	Roht, rah, nroh.
	Mchit, mcha, nemchi.
Aliments.......	Makla.
Allumer	Chaalt, chaal, nchaal, mchaoul.
(... le feu, la bougie)	
Allumettes.....	Kebrit — Allamit.

Amande	Louza, louz.
Amble (aller l'...)	Harouel, iharouel.
Amende	Khetiya, khetiyat.
Amer	Mour, moura, mourin.
Ami	Habib, habab.
Angle	Chouqa — Rokna.
Anneau	Helq, haleq.
Année	Sna, snin.
Ancien	Qdim, qdima, qdem.
Ane	Hamar, hamir.
Apporter	Jebt, jab, njib.
Apprendre (une connaissance)	Alemt, àlem, nàlem, màloum be chi.
Araignée	Ankbout.
Arc	Qous, aqouas.
Arc en ciel	Qous en nebi.
Arcade	Qous, aqouas.
Argent { métal	Fadda.
monnaie	Draham.
Arme	Slah, aslha.
Armoire	Khezana, khezaïn.
Arrêter	Ouqeft, ouqef, nouqef.
Arriver	Oucelt, oucel, noucel.
Arroser	Sguit, sga, nesgui, mesgui.
Artichauts	Qernoun.
Artilleur	Tobji, tobjia.
Asperge	Sekoum.
Asseoir (s'...)	Qaadt, qaad, nqaad.
Assiette	Tebsi, tebassi.
Attacher (une bête)	Rebett, rebet, nerbet, marbout.
Attaquer (quelqu'un)	Hejemt, hejem, nehejem ala ahad.
Attarder (s'...)	Btit, bta, nebta.
Atteindre (une pierre)	Lehaqt, lehaq, nelhaq.
Atteindre (d'un projectile)	Qist, qas, neqis.

Attendre (espérer)	Stennit, stenna, nestenna fi...
Attendre (prendre patience)	Sbert, sber, nesber.
Augmenter	Kettert, ketter, nketter.
Autorités	Hokkam.
Autre	Akher, okhra, okhrin.
Autrefois	Bekri.
Autruche	Naâma, naam.
Avertir	Khebert, kheber, nekheber.
Avouer	Qerrit, qerr, nqerr.

B

Babouches	Belra, bler — Baboudj.
Bagages	Qech — Haouaïdj.
Baguette (le test)	Mdeg.
Bain	Hammam.
Balai	Meslaha, messalah.
Balance	Mizan, mouazen.
Balayer	Knest, knes, neknes, meknous.
Balle (le test)	Reçaça, reçaçat.
Balustrade	Derbouz, drabez.
Banane	Mouza, mouz.
Bande { troupe	Ferq.
Bande { à lister	Açaba, açabat.
Banlieue	Fahas.
Barbe	Lahia.
Barbier	Haffaf, haffafin.
Baril	Bermil, bramel.
Barque	Felouka, feloukat.
Bât	Bardâ, bradâ.
Bâter	Bardat, barda, nbarda, mbarda.
Bâtir	Bnit, bna, nebni, mebni.

Bâton............	Debbous, dbabes.
	Mterg, mtareg.
	Assa, assaoua.
Bécasse.........	Hamar el hadjel.
Besoin (avoir...)...	Estehaqqit, estehaqq, nestehaqq.
Beurre..........	Zebda.
Bijoutier.......	Seyar, seyarin.
Blanc...........	Abiad, beïda, bid.
Blé.............	Qmeh.
Blesser.........	Jraht, jrah, nejrah, mejrouh.
Bleu............	Azraq, zarqa, zourq.
Bœuf...........	Ferd, afrad.
Boire...........	Cherebt, chereb, nechreb.
Bois (à brûler)....	Hateb.
Bois (de construction)	Khechba, khecheb.
Boîte...........	Sandouq, senadiq.
Bon.............	Mlih, mliha, mlah.
Bon marché....	Rekhis, rekhissa, rkhas.
Bottes..........	Tezma, tzem.
Bouclier........	Tars, atras.
Bouche.........	Foum.
Boucher........	Seddit, sedd, nsedd, mestoud.
(...une bouteille)	
Boucher (le).....	Djezzar, djezzarin.
Boucle..........	Halga, haleg.
Boue............	Rarga.
Bougie..........	Chmâa.
Bouillir,........	Rla, iarli.
Bouilloire......	Rlaïa.
Boulanger......	Khabbaz, khabbazin.
Boulet..........	Koura.
Bourre (le fusil)...	Tenchiba.
Bouteille.......	Qrâa, qrâat.
Boutique.......	Hanout, houanet.
Bras............	Drâa, draaïn (*duel*).
Brebis..........	Nadja, nadjat.

Bride.......... Ledjam, ledjamat.
Brider......... Lejemt, lejem, nelejem, mlejem.
Briller (astre...).. Berreqt, berreq, nberreq.
Brique { ordinaire. Ladjoura, ladjour.
{ séchée au soleil. Toub.
Briquet........ Znad.
Briser......... Kessert, kesser, nkesser, mkesser.
Broche......... Seffoud, sfafed.
Broder......... Trazt, traz, ntroz, metrouz.
Brosse......... Chita, chitat.
Brosser........ Cheyett, cheyet, ncheyet, mcheyet.
Brouillard..... Dbab.
Broussailles.... Raba, rieb.
Bruit.......... Hass.
Brûler......... Hareqt, hareq, nhareq, mharouq.
Butte.......... Qoudia.
Butter......... Ater, iater.

C

Cabane......... Gourbi, graba.
Cacher......... Khabbit, khabba, nkhabbi, mkhabbi.
Cacher (se...).. Tkhabbit, tkhabba, netkhabbi, metkhabbi.
Cachet......... Tabâ, touaba.
Cadeau......... Hedia, hediat.
Cadenas........ Qfel, qfal.
Café........... Qahoua.
Café (faire le...)... Taïebt... el qahoua.
Cafetier....... Qahouadji.
Caille......... Semmana, semmanat.
Caisse......... Sandouq, senadeq.

Camp............	Mohalla, mehall.
Canne...........	Khizrana, khizranat.
Canon...........	Medfâ, medafâ.
Canon (de fusil)....	Djaba, djabat.
Canonnier......	Tobji, tobjia.
Capitaine.......	Coptan.
Caravane.......	Qofla, qfoul.
Carotte.........	Zroudia.
Carreau (en faïence)	Zlaïdja, zlaïdj.
Carreau (en terre)	Qirati.
Cartouche......	Qertas, qrates.
Cascade........	Cherchera, chercherat.
Casser (briser)....	Kessert, kesser, nkesser, mkesser.
Cavalier........	Fares, fersan.
Cavalerie......	Khiala.
Cave...........	Dahliz.
Ceindre (.. avec)..	Hazemt, hazem, nhazem, mehzoum bi chi.
Ceinture.......	Hazam, hazamat.
Céleri..........	Krafes.
Cendre.........	Remad.
Cerises	Habb el melouk.
Cervelle........	Moukh.
Cesser.........	Zelt, zal (sert à exprimer en langage parlé l'idée que nous rendons par encore. Ex. : il pleut encore, ma zal el mteur, mot à mot, la pluie n'a pas cessé).
Cesser (...de faire)..	Ikfi.
Chacal.........	Dib, diab.
Chaîne.........	Selsela, slassel.
Chaise.........	Koursi, krassa.
Chaleur........	Sekhana.
Chaleur (du soleil).	Qaïla.
Chambre.......	Bit, biout.
Chameau.......	Djemel, djemal.

Chamelier......	Djemmal, djemmalin.
Chamelle......	Naga, niag.
Chandelier....	Mesbah, msabah.
Changer {remplacer	Beddelt, beddel, nbeddel, nbeddel.
{monnaie.	Serreft, serref, nserref, nserref.
Charbon.......	Feham.
Chardon.......	Khorchef.
Charger (...un fusil)	Ammert, ammer, nammer, nammer.
Charogne......	Djifa, djaïf.
Charrue.......	Mehrat, mharet.
Chasse........	Siada.
Chasser.......	Seyedt, seyed, nesseyed.
Chat..........	Qatt, qetout.
Chaud.........	Sekhoun, sekhouna, sekhounin.
Chauffer (faire...)	Hammit, hamma, nhammi.
Chaux.........	Djir.
Chemin........	Triq, terqan.
Cheminée......	Medkhena, medakhen.
Cher..........	Rali, ralia, ralin.
Chercher......	Fettecht, fettech, nefettech (ala — chi).
Cheval........	Aoud, khil — Heçan.
Cheveux.......	Chaâra, chaâr.
Chèvre........	Maza, maïz.
Chien {animal...	Kelb, klab.
{le fusil...	Znad.
Chose.........	Chi, achia.
Chou..........	Krenbit.
Cible.........	Nichan.
Ciel..........	Sma.
Cigare........	Garou, gouarra.
Cimetière.....	Maqbera, mqaber.
Ciseaux.......	Mqas.
Citadelle.....	Qla, qasba.
Citerne.......	Djob.
Citron........	Qares.
Citrouille....	Kabouïa.

Clef............	Meftah, mfatah.
Cloche.........	Naqous, nouaqes.
Clou...........	Mesmar, msamer.
Cochon........	Hallouf, hallalef.
Coing..........	Sferjel.
Col (cou)..........	Raqba.
Col (géographie)...	Tenia — Khanga.
Colle...........	Lesqa.
Collier.........	Qlada, qlaïd.
Colonel........	Coronil.
Colonne........	Arsa, arcs.
Colorier........	Zaoueqt, zaoueq, nzaoueq, mzaoueq.
Combat........	Trad, tradat.
Combattre.....	Qatelt, qatel, nqatel.
Combler.......	Redemt, redem, neredem, merdoum
Commandant...	Hakem, hokkam.
Commander(...)	Hakemt, hakem, nhakem fi näss (gens).
Commerçant...	Tajer, toujar.
Compagnon....	Saheb, ashab.
Comprendre....	Fehemt, fehem, nfehem, mfehoum.
Compter.......	Hassebt, hasseb, nhasseb, mhassoub.
Concombre....	Khiar.
Condamner.....	Hakemt, hakem, nhakem (ala ahad-be
(...quelqu'un)	chi).
Conduire {	Oucelt, oucel, noucel ila...
	Souqt, saq, issouq.
Conduite (eau)...	Mizab.
Congé..........	Tesrih.
Connaître......	Areft, aref, naref, marouf.
Contenter......	Qnât, qna, neqnâ.
Convoi.........	Qofla.
Coq............	Dik, diouk.
Corbeau........	Rerab, rerban.
Corbeille.......	Sella, slel.
Corde..........	Hebel, hebal.

Cordon............	Qitan, qiaten.
Corne.............	Guern, groun.
Corridor..........	Zenka.
Côté (direction)....	Djiha, djouaïh.
Coucher (se...)...	Rqedt, rqed, nerqed.
Coudre............	Kheyett, kheyet, nkheyet, mkheyet.
Coussin............	Gfa, gfef.
Couleur	Loun, alouan.
Coup..............	Derba, derbat.
Coup (de fusil).....	Ouejh, oujouh.
Couper............	Qtât, qtâ, neqtâ, meqtoua.
Couper (au ciseaux)	Qessit, qess, nqess, mqsous.
Cour (de maison)...	Fna.
Court.............	Qsir, qsar.
Coussin...........	Mkhadda — Ouçada.
Couteau { de table	Khodmi, khdama.
{ de poche	Mous, mouas.
Couvercle.........	Rta, rtaouat.
Couverture { de lit	Frachla, frachlat.
{ de cheval	Djlal, djlalat.
Couvrir...........	Rattit, ratta, nratti, mratti.
Craindre	
(...de quelqu'un)....	Khouft, khaf, nkhaf men.
(...pour quelqu'un)..	— — — ala.
Cresson...........	Rchad.
Creuser...........	Hafert, hafer, nhafer, mhafour.
Cri................	Ayat.
Crochet...........	Mokhtaf, mokhatef.
(de guerre)	
Crosse (de fusil)...	Srir.
Cruche............	Qla, qlel.
Cuillère...........	Mrerfa, mraref.
Cuire (bien...).....	Tayebt, tayeb, ntayeb, mtayeb.
Cuisine...........	Metbakha.
Cuisinier..........	Tabakh, tabakha, tabakhin.

Cuisse........	F'khed, afkhád.
Cuivre........	Nehas.

D

Dalle..........	Blata, blat.
Datte..........	Temra, tmar.
Déborder (rivière).	Fad, ilid.
Debout........	Ouaqef, ouaqefa, ouaqefin.
Déchirer.......	Mzeqt, mzeq, nemzeq.
Décoration.....	Chiâa.
Dedans........	Dakhel.
Défaut........	Aïb, aïoub.
Défendre......	Harremt, harrem, nharrem, haram.
Dégainer......	Sellit, sell, nsell, mesloul.
Dehors........	Kharedj — Berra.
Déjeuner......	Traddit, tradda, ntradda.
Demain........	Rodoua.
Demander.....	T'lebt, tleb, ntleb, metloub.
Démolir.......	Heddit, hedd, nhedd.
Démonter	
(...se mécaniser)...	Feqqit, feqq, nefeqq.
(...une tente)......	Hedemt, hedem, nehedem, mehedoum.
Dent..........	Sna, asnan.
Dépôt.........	Oudia.
Derrière.......	Oura.
Descendre { de cheval.	Nzelt, nzel, nenzel.
les escaliers.	Habett, habet, nhabet.
Désobéir......	Açit, aça, naçi.
Dessert.......	Traz.
Dessous.......	Taht.
Dessus........	Fouq.
Détente (du fusil)...	Gras.

Dette	Din, dioun.
Devant	Qoddam.
Différence	Ferq.
Difficile	Saïb, saïba, saab.
Diminuer	Neqest, neqes, neneqes, menqous.
Dîner (le)	Acha.
Dîner (verbe) ..	Tâchit, tâcha, ntâcha.
Dire	Goult, gal, ngoul.
Dire (... vrai)	Sedeqt, sedeq, nsedeq.
Diriger (se...)	Touadjeht, touadjeh, ntouadjeh.
Dispute	Douass.
Disputer (se...)	Tedaouest, tedaoues, netdaoues.
Doigt	Sbâ, souabâ.
Domestique	Khedim, khedima, khodam.
Dommage	Khesara.
Donner	Atit, ati, nâti.
Dos	Daher.
Dot	Cedaq, cedaqat.
Doucement	Bessiassa.
Doux	Halou, haloua, halouin.
Drap ordinaire	Melf.
Drap de lit ...	Izar, izour.
Dresser (la tente) ..	Nessebt, nesseb, nenseb, mensoub.
Dur	Qassi, qassia, qassin.

E

Eau	Ma.
Eau .... (de fleurs d'oranger)	Ma zehar.
Eau-de-vie	Araqi.
Echelle	Selloum, slalem.
Eclair	Braq.
Eclaireur	Chouaf.

École............	Jamâ, jouama.
Écorce...........	Qechra, qechour.
Écorcher........	Slekht, slekh, neslekh, mesloukh.
Écosser.........	Qechert, qecher, nqecher, mqecher.
Écouter.........	Smat, smâ, nesmâ, mesmoua.
Écrire...........	Ktebt, kteb, nekteb, mektoub.
Écuelle..........	Tassa.
Écurie...........	Estabel — Couri.
Égal (plus).......	Mestoui.
Égorger.........	Dbaht, dbah, nedbah, medbouh.
Égout (les eaux) .	Qna, qnoua.
Embellir........	Zeyent, zeyen, nzeyen, mzeyen.
Embuscade.....	Kemin, kemnaouat.
Emploi.........	Oudif, oudaïf.
Emporter....... (emmener)	Eddit, edda, neddi.
Emprisonner...	Habest, habes, nhabes, mhabous.
Enclume.......	Zebra, zebrat.
Encre...........	Midad.
Endroit.........	Madreb, mdareb.
Enfant..........	Ouled, aoulad.
Enfoncer.......	Recheqt, recheq, nercheq, merchouq.
Enlever........	Nahit, naha, nenahi.
Ennemi.........	Adou, ádian.
Ensuite........	Men bad.
Enterrer.......	Defent, defen, ndefen, medfoun.
Entonnoir.....	Mohguen, mohaguen.
Entre..........	Bin.
Entremise.... (par l'... de)	Ala ied...
Entrer.........	Dekhelt, dekhel, nedkhel.
Envelopper....	Rellelt, rellef, nerellef, merellef.
Environ........ (à peu près)	Idji.
Environs (les)....	Fahas.
Envoler (s'...)....	Tar, itir.

Envoyer .... Rselt, rsel, nersel, mersoul.
Epais .... Khechin, khechina, khechan.
Epaule .... Ktef, aktaf.
Eperon .... Chbour, chabir.
Epinards ...... Sbinakh.
Epingle .... Msak, msassek.
Eponge .... Nechafa, nechachef.
Epouser ...... Tzaouedjt, tzaouedj, netzaouedj.
Escalier ...... Drouj.
Esclave .... Abed, abid.
Espion .... Jaçous, jouaçis.
Essayer .... Jerebt, jereb, nejreb.
Essuyer ...... Msaht, msah, nemsah, memsouh.
Estomac ...... Mâda.
Etablir (fixer) .... Jâalt, jâal, nejâal, mejaoul.
Etage .... Tabqa, tabqat.
Etagère .... Merfâ, mrafa.
Etain .... Qezdir.
Etape .... Mouqef.
Etau .... Zeyar, zeyarat.
Eté .... Sif.
Etendre { le linge Nechert, necher, nencher, menchour.
{ par terre. Ferrecht, ferrech, nferrech, mferrech.
Eteindre ...... Tfit, tfa, netfi.
Etoile .... Nedjma, nedjoum.
Etranger ...... Berrani, berrania.
Etre .... Kount, kan, ikoun.
Etrier .... Rkab, rkabat.
Etroit .... Diyek, diyeka, diyekin.
Etui .... Jaba, jâab.
Eventail ...... Mrouha, mraouah.

F

Fabriquer......	Senât, senâ, nesnâ, mesnoua.
Facile.........	Sahel, sahela, sahelin.
Factionnaire...	Assas, assassin.
Faible.........	Daïf, daïfa, dâaf.
Faim..........	Djouâ.
Fainéant.......	Kassel, keslan.
Faire.........	Amelt, amel, nâmel, mamoul. Ouassit, ouassa, nouassi. Fâlt, fâl, nfâl, mfaoul. Dirt, dar, ndir.
Falloir (il se faut).	Ilzemni — Lazem.
Falot..........	Fnar, fnarat.
Famille........	Ahal.
Fantassin......	Terras, trarsa.
Farine.........	Dqiq.
Fatigué { être... adjectif.	Aït, aïa, naïa. Aïân, aïana, aïanin.
Femme........	Mra, nsa.
Fenêtre........	Taqa, touaqi.
Fente..........	Cheqqa, cheqqat.
Fer { métal....... à cheval......	Hadid. Sfiha.
Ferme.........	Haouch, ahouach.
Fermer { sens général une ass clef....	Rlegt, rleg, nerleg, marloug. Qefelt, qefel, neqfel, meqfoul.
Ferrer (un cheval)..	Semmert, semmer, nessemmer, msemmer.
Festin.........	Oulima, oulimat.
Fête...........	Aïd, aïad.
Feu...........	Nar,

Feuille..........	Ouarqa, ouraq.
Fève............	Foula, foul.
Fiancé..........	Arous.
Fiancée.........	Aroussa.
Fièvre..........	Hemma.
Figue...........	Kermous.
Figue (de barbarie).	Henndi.
Figure..........	Ouedjh, oudjouh.
Fil	Kheït, khiout.
Fille (jeune)......	Tofla, toflat.
Fin (mince...).....	Rqiq, rqiqa, rqaq.
Finir............	Khallest, khalles, nkhalles, mkalles.
Flèche..........	Sehem, seham.
Fleur...........	Nouara, nouar.
Fleuve..........	Ouad, ouidan.
Foin............	Gourt.
Fois............	Marra — *2 fois :* marretin.
Fond...........	Qâar.
Fondements....	Sas, siçan.
(d'un édifice)	
Fontaine........	Aïn, aïoun.
Force...........	Qoua.
Force (de...).....	Bessif.
Forcer..........	Kellest, kellef, nkellef.
Fort............	Haddad, haddadin.
Forgeron	Qoui, qouia, qouin.
Forteresse	Qlâa, qlâat.
Fortune (chance)..	Zehar.
Fossé...........	Kendeq, khenadeq.
Fou	Mahboul, mahboula, mahboulin.
Fouetter........	Saouett, saouet, nsaouet.
Four	Koucha, kouch.
Fourbir.........	Seqqelt, seqqel, nesseqqel, messeqqel.
Fourmi.........	Nemla, nemel.
Fourneau.......	Kanoun, kouanin.
Fourreau.......	Joua, jouaoua.

Fraise.........	Tout el ard.
Frapper........	Drebt, dreb, ndreb, medroub.
Frère..........	Khou, khouan.
Frire..........	Qlit, qla, neqli, meqli.
Froid..........	Berd, berda, berdin.
Fromage.......	Jeben.
Fruit..........	Fakia, fouaki.
Fuir...........	Harebt, hareb, nhareb.
Fumée.........	Doukhan.
Fumer.........	Chreb ed doukhan (*boire de la fumée*).
Fumier........	Zebel.
Fusil..........	Mokahala, mokahel.
Fusil (à 2 coups)...	Magroun, magaren.

G

Gagner........	Rbaht, rbah, nerbah.
Gagner........ (l'emporter sur)	Relebt, releb, nerleb, marloub.
Galon..........	Chrit, chertan.
Galoper........	Reked, ireked.
Garde..........	Assa.
Garnir......... (remplir, charger avec)	Ammert, ammer, nâmmer, mâmmer.
Gâteau.........	Halaoua.
Gauche........	Isser, issera.
Gazelle.......	Rezala, rezlan.
Général........	Géninar.
Genet..........	Guendoul.
Genou.........	Rokba, rkaïb.
Gens..........	Nass.
Gerboise......	Jerboua, jeraba.
Glace {à miroir	Mraïa.
{de la	Djelid.

Glisser	Zleqt, zleq, nezleq.
Glu	Alq.
Gomme	Semer.
Gorge	Garjouma, grajem.
Goudron	Qatran.
Grain	Habba, habbat.
Graisse	Dehen.
Grand	Kebir, kebira, kbar.
Grappe	Anqoud, anaqed.
Gras	Smin, smina, sman.
Gratuitement	Blach.
Grenade	Romana, romanat.
Grenier	Makhzen.
Grenouille	Djerana, djeran.
Grillage (de la fenêtre)	Chbaïk.
Griller	Chouit, choua, nechoui, mechoui.
Grive	Mergoub el jorlal, mragueb el jorlal.
Gros	Khechin, khechina, khechan.
Groseille	Aneb et taleb.
Gué	Maqta — Mjaz.
Guerre	Harb.
Guide	Delil, della.
Guidon (fusil)	Debbana.

H

Habile	Chater, chatera, choutar.
Habiller	Lebest, lebes, nlebes, melbous.
Habiter	Skent, sken, nesken.
Habitude	Aada, aouaïd.
Hache	Chagour, chouaguer.
Haie	Zereb, zroub.
Haricot	Loubia.

Hâter (s..)	Raouelt, raouel, nraouel.
Haut	Ali, alia, alin.
Herbe	Hachich.
Hérisson	Guenfoud.
Heure	Saa, souaïa.
Hibou	Bouma.
Hier	Amess.
Hirondelle	Khotaïfa, khtaïf.
Hiver	Chta.
Homme	Radjel, redjal.
Hôpital	Sbitar.
Hôte	Dif, diaf.
Huile	Zit.
Humide	Mneddi, mueddia, mueddin.
Humidité	Neda.
Hyène	Debâ, debouâ.

I

Impossible	Mouhal.
Impôt	Rerama.
Incendie	Hariqa, haraïq.
Inconnu	Mejhoul, mejhoula, mejhoulin.
Infanterie	Méchia.
Infect	Menten, mentena, mentenin.
Informer (s'...te)	Estekhebert, estekheber, nestekhebert fi chi.
Insalubre	Moukhem, moukhema, moukhemin.
Insecte	Baoucha, baouch.
Insulter	Sebbit, sebb, nessebb.
Insurger (s'...)	Harekt, harek, iharek.
Interprète	Tordjman, tordjmanat.
Intérêt	Faïda.

Interroger	Salt, sal, nessal.
	Saqsi, saqsa, nessaqsi.
Ivre..........	Sokran, sekrana, sekranin.
Ivrogne.......	Skarji.

J

Jamais........	Abadan.
Jardin........	Jnan, jnaïn.
Jarre.........	Tebria, tebriat.
Jaune.........	Sefer, sefra, soufr.
Jeter.........	Rmit, rma, nermi.
Jeune.........	Serir, serira, srar.
Jeûner........	Soumt, sam, nessoum.
Joue..........	Khad, khedoud.
Jouer.........	Lâbt, lâb, nlâb.
Jour..........	Ioum, aïam — Nehar, neharat.
Juger.........	Qdit, qda, neqdi.
Jument........	Fars, farsat.
Jurer (serment par)	Haleft, halef, nehalef bi...
Juste.........	Adel, Adela, adelin.
Justice (humain)..	Cheraa.

L

Lâche.........	Khaouaf, khaouafa, khaouafin.
Lâcher (laisser aller)	Sayebt, sayeb, nsayeb.
Lâcher (la bride).	Tleqt, tleq, netleq, matlouq.
Laine.........	Souf.
Laisser.......	Khallit, khalla, nkhalli.

Lait (ordinaire)	Halib.
Lait (aigre)	Raïb.
Lait (petit lait)	Chenin — Leben.
Laitue	Khess.
Lance	Mezrag, mzareg.
Langue	Lsan, lsanat.
Lanière	Sir, siour.
Lanterne	Fnar, fnarat.
Large	Arid, arida, arad.
Latrine	Knif, knaïf.
Laurier	Rend.
Laurier-rose	Defla.
Laver	Rselt, rsel, nersel, mersoul.
Légume	Khodra.
Lentille	Adess.
Lentisque	Deroua.
Lettre (missive)	Braïa, braouat.
Lever (se...)	Qoumt, qam, nqoum.
Lever (en parlant des semences)	Nad, inoud.
Lèvre	Chareb, chouareb.
Licol	Rsen, arsan.
Liège	Fernan.
Lièvre	Erneb, eraneb.
Lime	Mebred, mbared.
Limon	Lim.
Linceul	Kefen, kefan.
Lion	Seba, sboua.
Lire	Qrit, qra, naqra.
Lit	Frach, frachat.
Livre	Kteb, ktoub.
Loin	Baïd.
Long	Touil, touila, toual.
Louer	Krit, kra, nekri, mekri.
Lourd	Tqil, tqila, tqal.
Lumière	Daou.

Lune .... Qmer.
Lunettes .... Nadour, nouader.

M

Maçon .... Bnaï, buaïn.
Maigre .... Daïf, daïfa, dâaf.
Maillet .... Mterqa, mtareq.
Main .... Ied, iedin (*duel*).
Maïs .... Mestoura.
Maison .... Dar, diar.
Maître .... Rebb, arbab — Moula, moualin.
Mal .... Cherr.
Malade .... Mrid, mrida, mrad.
Manche (d'Habit).. Kmoum, kmaïm.
Manger .... Klit, klà, nakoul.
Marché .... Souq, assouaq.
Marcher .... Tmechit, tmecha, netmecha.
Maréchal-ferrant. Semmar, semmarin.
Marier (se ...) .. Tzaouedjt, tzaouedj, netzaouedj.
Marmite .... Qedra, qedour — Borma, broum.
Marteau .... Mterqa, mtareq.
Masser (se faire).. Deleqt, deleq, nedleq, medlouq.
Mât (de bois) ... Rkiza, rkaïz.
Matelas .... Mtrah, mtarah.
Matin .... Sbah.
Mauvais .... Ma menhou che, ma menha che, ma menhoum che.
Méchant .... Qbih, qbiha, qbah.
Mèche .... Ftila, ftaïl.
Médecin .... Tebib, tobba.
Meilleur (...que). Kheir (*men*).
Melon .... Betikha, betikh.
Menthe .... Nanâ.

Mentir........	Kedebt, kedob, nekdeb.
Menton........	Deqna.
Menuisier......	Nejar, nejarin.
Mer..........	Bahar.
Mère.........	Oum.
Mesurer....,...	Qest, qas, nqis.
Mettre (sens général)	Hattit, hatt, nhott, mhatout.
Mettre........ (... en sûreté contre)	Ament, amen, namen ohi men ahad.
Mettre........ (... en ordre, en rang)	Sefft, seff, nseff, mseffef.
Mettre (...en dépôt).	Oudât, oudâ, nouda, mouda and ahad.
Meurtre........	Qtel, qtila.
Midi..........	Nous en nehar.
Miel..........	Assel.
Ministre.......	Ouzir, ouzara.
Minuit........	Nous el lil.
Mirage........	Serab.
Moins que.....	Aqel men...
Mois..........	Chehar, chehour.
Moitié........	Nous.
Monnaie......	Flous — Draham.
Montagne......	Djebel, djebal.
Montant (de toise).	Rkiza, rkaïz.
Montée (côte).....	Aqba, Aqbat.
Monter {sens général	Tlat, tla, natla.
{ à cheval.	Rkebt, rkeb, nerkeb.
Montre........	Saa, souaïa.
Montrer (faire voir).	Ouarrit, ouarra, nouarri.
Morceau.......	Tarf, atraf.
Mordre........	Addit, add, nadd, madoud.
Mors.........	Fas, fissan.
Mort..........	Mout.
Mortier........	Bargli.
Mosquée.......	Jama, jouama.
Mot...........	Kelma, kelmat.

20

Mou............	Merkhi, merkhia, merkhin.
Mouche........	Debbana, debban.
Mouchoir......	Maharema, maharem.
Mouiller.......	Bellit, bell, nbell, mebloul.
Moulin.........	Mtahena, mtahen.
Mourir........	Mett, mat, nmout.
Moustiquaire...	Namoussia.
Moustique.....	Namoussa, namous.
Moutarde......	Khardel.
Mouton........	Kebch, kebach.
Moyen.........	Taouil.
Mulet..........	Brel, bral.
Muletier.......	Bach hamar.
Mur............	Haït, hiout.
Mûr............	Taïeb, taïba, taïbin.
Mûre (fruit)......	Touta, tout.
Musette........	Amara, amaïr.

N

Nager..........	Aoumt, âm, nàoum.
Nappe.........	Ktan — Sofra.
Navet.........	Left.
Neige..........	Telj.
Nettoyer.......	Neqqit, neqqa, nenqqi, menqqi.
Nez............	Nif.
Nier...........	Nkert, nker, nenker.
Noce...........	Ars, aras.
Nœud..........	Aqda, aqdat.
Noir...........	Akchal, kahla, kohl.
Noicir.........	Kahelt, kahel, nkahel.
Noix...........	Jouza, jouz.
Nombreux.....	Ktir, ktira, ktirin.
Nommer.......	Semmit, semma, nsemmi, msemmi.

Nouer	Aqedt, aqed, naqed, maqoud.
Nouveau	Djedid, djedida, djedad.
Nouvelles	Akhbar.
Nuage	Sehaba, sehab.
Nuit	Lil, liali.

O

Obéir	Taåt, taå, ntla.
Occuper	Chrelt, chrel, nchrel, mechroul
Occuper (s...) ..	Echterelt, echterel, nechterel bi...
Œil	Aïn, aïnin (duel).
Œuf	Beïda, bid — Adma, Adam.
Oignon	Besla, bsel.
Oiseau	Tir, tiour.
Olive	Zitouna, zitoun.
Olivier	Chejret ez zitoun.
Ombre	Dell.
Or	Deheb.
Orage	Guerra.
Orange	Tchina, tchinat.
Ordonner (...à).	Amert, amer, namer bi chi.
Ordre	Amer.
Ordre (mettre en...)	Sefft, seff, nseff, mseffef.
Oreille	Ouden, oudenin (duel).
Orge	Chaïr.
Orphelin	Itim, itima, itama.
Os	Adem, Adam.
Oseille	Homaïda.
Otage	Merehoun, mrahin.
Oter	Nahit, naha, nenahi.
Oublier	Nsit, nsa, nensa.
Ouïe	Semâ.

Outre............	Guerba, guereb.
Ouvrir (sens général)	Hallit, hall, nhall, mhaloul.
Ouvrir (une ou clef)	Ftaht, ftah, neftah, meftouh.

P

Paille............	Teben.
Pain.............	Khoubz.
Panier...........	Qoffa, qfef.
Panthère.........	Rebar.
Parasol..........	Mdalla, mdallat.
Pardonner........	Rahemt, rahem, nrahem, mrehoum.
Parler...........	Tkellemt, tkellem, netkellem.
Parmi............	Fi.
Part.............	Qesma, qesmat.
Partager.........	Qsemt, qsem, neqsem, meqsoum.
Partir...........	Mchit, mcha, nemchi. / Rahelt, rahel, nrahel.
Pas..............	Khatoua, khatouat.
Passer...........	Jouzt, jaz, njouz.
Passer (... la nuit)	Bett, bat, nbat.
Passoire (à couscous)	Keskas, ksakes.
Pastèque.........	Delaâ, delaât.
Patience.........	Esbeur.
Pâturage.........	Mraa, maraï.
Pauvre...........	Fqir, fqira, foqara.
Payer............	Defaât, defaâ, nedfaâ, medfoua. / Khallest, khalles, nkhalles, mkhalles.
Pays.............	Blad, beldan.
Peau.............	Jeld, jeloud.
Pêche (fruit)....	Khoukha, khoukh.
Pêcher (le poisson)	Estedt (el hout), ested (el hout), nested (el hout).
Peigne...........	Mechta, mchati.

Peler	Guechert, guechor, negcher.
Pelle	Bala, balat.
Perdre (sens général)	Telleft, tellef, netellef.
Perdre (ses affaires) au jeu	Khessert, khesser, nkhesser.
Père	Bou.
Perdrix	Hajla, hajel.
Permettre	Serraht, serrah, nserrah.
Persil	Madnous.
Peser	Ouzent, ouzen, nouzen.
Petit	Serir, serira, srar.
Peu	Qlil.
Peu (un...)	Chouia.
Peur	Khouf.
Peut-être	Yemken.
Pie	Agag.
Pied	Redjel, redjelin (*duel*).
Peine	Hajra, hajrat.
Pigeon	Hamama, hamamat.
Pilon	Mcheras, mehares.
Pioche	Fas, fissan.
Pipe	Sebsi, sebassa.
Piquet	Mouteg, mouateg.
Pistolet	Bachtoula, bchatel — Kabous, kouabes.
Place	Rahba — Blaça (1).
Plaindre (se...)	Echtekit, echteka, nechteki bi...
Plaine	Outa.
Plaisanter	Kahkaht, kahkah, nkahkah.
Planche	Louha, louh.
Plat (en métal)	Seni — Schan.
Plat (en bois)	Qsah.
Plâtre	Jebs.
Plein	Melian, meliana, melianin.

(1) Mot *sabir* que l'on retrouve dans l'expression *ouled blaça*, voyou.

Pleuvoir.......	Sebbet en naou (*il a plu*) ; tseub en naou (*il pleuvra*).
Plomb { métal... / de chasse.	Recace. / Sachem.
Pluie.........	Naou.
Plume { à écrire... / d'oiseau ..	Qlem, aqlam. / Richa, rich.
Plumer	Reyecht, reyech, nreyech, mreyech.
Plus (...que)....	Akter men...
Plusieurs......	Bâd.
Poche.........	Jib, jioub.
Poignard......	Khendjar, khenadjer.
Poignée.......	Guebda.
Poire.........	Landjaça, landjas.
Pois..........	Jelban.
Pois chiches ...	Homes.
Poison........	Sem.
Poisson.......	Houta, hout.
Poitrine.......	Ceder.
Poivre........	Felfel.
Poix..........	Zeft.
Pommes.......	Tefah.
Pommes de terre	Batata.
Pont..........	Qantra, qnater.
Pontet........	Gous.
Porte.........	Bab, biban.
Porte-monnaie.	Tezdam, tzadem.
Porter........	Hamelt, hamel, nhammel.
Portier........	Bouab.
Pou	Guemla, guemel.
Poudre	Baroud.
Poule.........	Djaja, djaj.
Pourpier......	Redjila.
Pourri........	Khamej, khameja, khamejin.
Pourvoir	Rezeqt, rezeq, nerezeq, merzouq.
Poutre........	Khachba, khacheb.

Prendre........	Khedit, kheda, nakhod.
Près..........	Qrib.
Présent.......	Hader, hadera, haderin.
Présenter.....	Qedèmt, qedèm, nqeddem.
Prêt..........	Ouadjed, ouadjeda, ouadjedin.
Prêter........	Selleft, sellef, nsellef.
Prier.........	Sallit, salla, nsalli.
Printemps.....	Rebiâ.
Prise (de tabac)....	Nefa — Chemma.
Priser........	Chemmit, chemm, nchemm.
Prisonnier....	Mahbous, mahboussa, mahboussin
Prisonnier.... (de guerre).	Assir.
Prix..........	Qima.
Profond.......	Rameq, rameqa, rameqin.
Promener (se...)	Haouest, haouess, nhaouess.
Promettre.....	Ouadt, ouad, nouad.
Propre........	ndif, ndifa, ndaf.
Protéger......	Settert, setter, nesseter.
Prune.........	Aïn el bagra (œil de vache).
Puce..........	Berrouta, berrout.
Puits.........	Bir, biar.
Punir.........	Aqebt, aqeb, naqeb.
Pur...........	Safi, safia, safin.

Q

Quand.........	Ouaqtüch.
Quart.........	Rboa.
Quartier......	Houma, houmat.
Quelquefois...	Bad marrat.
Questionner...	Selt, sal, nsal.
Que...........	Elli.
Queue.........	Zâka.
Quitter.......	Fareqt, fareq, nfareq.

R

Raconter...... Hakit, haka, naki.
Radis......... Fedjel.
Raisin........ Aneb.
Raisin (sec)...... Zbib.
Ramener...... Reddit, redd, nrodd.
Rançon........ Fdoua.
Rapide........ Khefif, khefifa, khefaf.
Raser......... Haffeft, haffef, nhaffef.
Rasoir........ Mous, amouas.
Rassasier (être...) Chebat, chebâ, nechbâ.
Rat........... Far, firan.
Rater......... Bettel, ibettel.
  (ne pas le tuer)
Raye.......... Left.
Ravin .... Chaaba, chaab.
Razzier....... Rezzit, rezza, irezzi.
Receveur ..... Khaznadji, khaznadjia.
Récolte .... Ralla.
Récompenser .. Kafit, kafa, nkafi.
Reçu (quittance).... Toucil.
Régime (grappe)... Arjoun, arajen.
Registre....... Defter, dfater.
Relâcher (détenir) Rkheft, rkhef, nerkhef, merkhouf.
Religion....... Din.
Rempart....... Sour, assouar.
Remplir ...... Mlit, mla, nemla.
Renard .... Tâleb, tâaleb.
Rencontrer.... Lguit, lga, nelga.
Rendre .... Reddit, redd, nrodd, merdoud.
Renfermer.... Khemelt, khemel, nkhemel, mkhemel.
Renouveler.... Djeddedt, djedded, nejedded.

Réparer........	Raqqat, raqqa, nraqqa, mraqqa.
Répondre......	Jaouebt, jaoueb, njaoueb.
Reposer (s...)..	Ertaht, ertah, nertah.
Reprocher (...).	Loumt, lam, nloum, ala ahad.
Résider........	Outen, aoutan.
Respirer.......	Tnefest, tnefes, netnefes.
Rester........	Bqit, bqa, nebqa.
Retarder......	Btit, bta, nebta.
Retourner..... (être de retour)	Rjât, rjâ, nerja.
Retourner (s'en ..)	Ouellit, ouella, nouelli le... (vers).
Réunir........	Jemât, jemâ, nejmâ.
Réveiller (s...)..	Noudt, nad, nenoud.
Réveiller (quelqu'un)	Qeyemt, qeyem, nqeyem.
Riche.........	Reni, renia, renin.
Rideau........	Izar, izour.
Rien..........	La chi — Hatta chi.
Rincer........	Chellelt, chellel, nchellel.
Rire..........	Dahakt, dahak, ndahak.
Riz...........	Rouz.
Ronce........	Chouk.
Rond.........	Mkaouer, mkaouera, mkaoueriu.
Rose..........	Ouarda, ouardat.
Roseau.......	Qasba, qseb.
Rosse.........	Djadour, djouader.
Rôtir (faire...)....	Chouit, choua, nechoui, mechoui.
Rouge........	Ahmer, hamra, houmr.
Rougir........ (devenir rouge)	Hamer, ihamer.
Rouiller (s...)...	Tsedded, itsedded.
Route.........	Triq, terqan.
Rue	Zenka, zenak.
Ruer..........	Sokk, issokk.
Ruine (mettre en...)	Kherba.
Ruine romaine.	Henchir.
Ruse..........	Heïla, heïlat.

S

Sable............	Remel.
Sabot (de cheval)...	Hafer, houafer.
Sabre............	Sif, siouf.
Sac..............	Chekara, chekaïr.
Sage.............	Aqel, aqela, oqal.
Saisir...........	Hakemt, hakem, nhakem, mhakoum.
Sale.............	Moussakh, moussakba, moussakhin.
Saluer...........	Sellemt, sellem, nesellem ala ahad.
Sang.............	Dem.
Sangle...........	Hazam, hazamat.
Sanglier.........	Hallouf er raba, hallalefer raba.
Sangsue..........	Alga, aleg.
Santé............	Saha.
Savant...........	Alem, alema, oulama.
Savoir...........	Areft, aref, naref.
Savon............	Saboun.
Sceau............	Tabâ, touabâ.
Scie.............	Menchar, mnacher.
Sculpter.........	Nqecht, nqech, nenqech, menqouch.
Seau (à eau).....	Delou.
Sec..............	Iabes, iabessa, iabessin.
Sécher (faire...)..	Nechelt, nechef, nenchef.
Secouer..........	Nefedt, nefed, nenfed, menfoud.
Secret...........	Serr, asrar.
Sel..............	Melh.
Selle............	Serdj, seroudj.
Seller...........	Serejt, serej, nserej, mserej.
Sellier..........	Serraj, serrajin.
Semelle..........	Nâl.
Semoule..........	Semid.
Sentinelle.......	Nader.

Sentir (... de soi)..	Chemmit, chemm, nchemm.
Serment.......	Iemin.
Serpent.......	Hanéch, hanach.
Serrer (comprimer).	Cheddit, chedd, nchedd, mechdoud.
Serrure.......	Qfel, aqfal.
Service.......	Khedma.
Serviteur.....	Khedim, khoddam.
Servir........	Khedemt, khedem, nkhedem.
Sévir (sus)......	Achteded, ichteded.
Si............	Loukan.
Siffler........	Seffert, seffer, nesseffer.
Signature.....	Khett el ied.
Silence.......	Sket.
Singe.........	Châdi, chouada.
Sœur.........	Oukht, khouatat.
Soie..........	Harir.
Soif..........	Atech.
Soir..........	Msa.
Soldat........	Askri, asker.
Solde (la).......	Rateb.
Soleil.........	Chems.
Solide........	Sahih, sahiha, sehah.
Sommeil......	Nâas.
Son (... de blé)....	Nokhala.
Sonnette......	Naqous, nouaqes.
Sortie (issue)......	Meslek — Makhredj.
Sortir.........	Kheredjt, kheredj, nkheredj.
Sou...........	Sordi, souarda.
Soufflet.......	Rabouz.
(de cheminée).	
Soufre........	Kebrit.
Source........	Aïn, aïoun.
Sourd........	Atrech, tercha, tourch.
Sous..........	Taht.
Souvenir......	Tefkir.
Souvenir (se... de)	Tfekert, tfeker, netfeker.

Souvent........ Koul marra.
Sucre.......... Seker.
Sueur.......... Areg.
Suie........... Hamoum.
Suivre......... Tebâ̂t, tebâ, netebâ.
Sur............ Fouq — Ala.
Sûr (certain)...... Mehaqqeq, mehaqqeqin.
Sûreté......... Aman.
Surnom......... Kounia, kouniat
Surplus........ Ziada.
Surveiller..... Harest, haress, nharess.

T

Tabac { à fumer.. Doukhan.
        { à priser... Chemma.
Tabatière...... Houket ed doukhan.
Table.......... Tabla, touabel.
Tailleur....... Kheyat, kheyatin.
Taire (se...).... Skett, sket, nesket.
Tamis.......... Rerbal, rerabel.
Tanner......... Debart, debar, ndebar.
Tasse.......... Fendjal, fenajel.
Témoigner...... Chehedt, chehed, nechehed.
Tenailles...... Koullab, klaleb.
Tenir.......... Cheddit, chedd, nchedd.
Tente.......... Kheïma, khian.
Tente (en toile).... Guitoun, guiatin.
Terrasse....... Stah, stouh.
Terre.......... Ard.
Tête........... Ras.
Tire-bouchon... Berrima.
Tirer (...la ficelle) Greust, greus, ngreuss.
Tirer (...à soi).... Jebedt, jebed, nejbed, mejboud.

LANGAGE ARABE USUEL 313

Tireur (m...)	Qias.
Tiroir	Qejer, qejar.
Toison	Bedrouna, bedrounat — Djezza.
Toit	Sqef, sqouf.
Tomate	Tmatem.
Tombeau	Gber, gbour.
Tomber	Touht, tah, netih.
Tonneau	Bermil, bramel.
Tonnerre	Rad.
Tortue	Fakroun, fekaren.
Toucher	Messit, mess, nmess.
Tour	Bordj, abraj.
Tourner	Dourt, dar, ndour.
Trace	Jourra, jourrat.
Traduire	Tarjemt, tarjem, ntarjem, mtarjem.
Traire	Halebt, haleb, nhaleb, mahalouba.
Traître	Khadâ, khadin.
Travailler	Khedemt, khedem, nkhedem, makhdoum.
Traverser	Qtât, qtâ, neqtâ, meqtoua.
Trembler	Ertadt, ertad, nertad.
Tremper	Chemmakht, chemmakh, nechemmakh.
Tromper	Rellett, rellet, nerellet.
Tronc	Jedra, jedrat.
Trop	Bezziada — Iasser.
Trot	Khozz, ikhozz.
Trou	Hofra, hofrat.
Trouver (ce qu'on a perdu)	Oujedt, oujed, noujed.
Trouver (rencontrer)	Lguit, lga, nelga.
Truffes	Terfes.
Tuer	Qtelt, qtel, neqtel, maqtoul.
Tuile	Qermoud.
Tyranniser	Delemt, delem, nedlem, medloum ala ahad.

27

U

Uriner............	Boult, bal, nboul.
Usé...............	Qdim, qdima, qdem.
Utile..............	Nafaâ.

V

Vache.............	Begra, begrat.
Valoir (coûter)....	Soua, issoua.
Vanner............	Rerbelt, rerbel, nererbel.
Veau..............	Oukrif, oukaref.
Vendre............	Bâat, bâa, nbiâ, nbioua.
Venir..............	Jit, ja, neji.
Vent...............	Rih.
Ventre............	Kerch.
Ver................	Douda, doud.
Vermicelle........	Douida.
Vérité.............	Haq.
Verre..............	Zejaj.
Verre (à boire)....	Kas, kissan.
Verrou............	Zekroum, zkarem.
Verser.............	Sebbit, sebb, nsoubb.
Vert (couleur)......	Akhdar, khadra, khoudr.
Viande............	Leham.
Vide...............	Farer, farera, farerin.
Vie................	Haïa.
Vieillard..........	Cheikh, chioukh.
Vigne.............	Kerma.
Village............	Dechera, dechour.
Ville...............	Blad, belban — Medina, meloun

Vin............	Cherab.
Vinaigre.......	Khall.
Violent (emporté)..	Marchach, marchacha, marchachin.
Vipère.........	Lefaá.
Vis............	Berrima, berarem.
Visage.........	Ouedj, oudjouh.
Viser..........	Ayent, ayen, nayen.
Visite..........	Ziara.
Visiter.........	Zourt, zar, nzour.
Vivre..........	Acht, âch, mâïch.
Voir { sens général..	Cheft, chaf, nchouf.
{ être témoin..	Chehedt, chehed, nechched.
Voisin.........	Djar, djiran.
Voler..........	sreqt, sreq, nesreq, mesrouq.
Volet..........	Defa, defef.
Vouloir........	Habbit, habb, nhabb, mhaboub.
Voyager.......	Sefert, sefer, nessefer.
Vrille..........	Bernina, berninat.
Vue...........	Nader — Rouïa.

CHAPITRE VI

VOCABULAIRE MÉDICAL

MALADIES

Accouchement.	Oulada.
Adénite	Ouelsis.
Angine	Bou khenag.
Anthrax	Habba.
Aphte	Harara.
Avortement	Trah.
Blessure	Djerha, djerhat.
Bourdonnement	Tzenzin.
Brûlure	Horqa.
Bubon	Khiara.
Calcul	Hassa.
Cancer	Habba takoul (*mot à mot : tumeur qui ronge*).
Cauchemar	Boutellis.
Chancre	Garha.
Clou	Habba.
Colique	Oudja el kerch.
Constipation	Hasser.
Contusion	Sadma.
Convulsion Crampe	Enkibad.
Crise	Chedda.

Dartre............	Hazaza (*en général toute affection de la peau qui aboutit à une desquamation*).
Défaillance.....	Mrachia.
Délire..........	Hélak.
Douleur	Oudjâ.
Douleur (cause de la...)	Ioudjâ.
Empoisonnemᵗ.	Tesmin.
Enceinte (être...)	Beldjouf — Habla.
Enflure.........	Nefkha.
Engelure........	Djelid.
Engorgement ..	Sedad.
Engourdi	Mqessah.
Enragé.........	Mekloub, meklouba.
Entorse........	Tmelmiz — Tlouya.
Epilepsie	Sraâ.
Erysipèle	Homra.
Etourdissement	Doukha.
Fièvre..........	Hemma.
Folie	Hebal.
Foulure	Tmelmiza.
Fourmillement.	Tenmil.
Fracture........	Teksir.
Gale............	Djereb.
Gangrène.......	Tekhemij el leham.
Goitre..........	Handjoura.
Gravelle........	Hassoua.
Hémorroïdes...	Bouasser.
Hernie..........	Bâdj.
Indigestion	Tokhma.
Inflammation..	Harara.
Insolation	Darbet ech chems.
Insomnie.......	Qlet ennâs.
Jaunisse........	Soffaïr.
Langueur.	Deboul,

Lèpre	Bars.
Lépreux	Abras, barsa, bors.
Maladie	Mard, amrad.
Malaise	Diq.
Morsure	Adda.
Mucosités	Belrem.
Ophtalmie	Remed.
Paralysie	Khelâa.
Perforation	Tqib.
Phtisie	Mard es sder.
Piqûre	Chekka.
Plaie	Djourha, djourhat.
Poitrine (affection de...)	Mard es sal.
Pus	Qih.
Rage	Kleb.
Règles (qui a ses...)	Haïda.
Rhumatisme	Mard el mfassel.
Rhume de poitrine	Sâala.
Rhume de cerveau	Nezla.
Rougeole	Bouzgar.
Scrofules	Khenazer.
Syncope	Mrachia.
Syphilis	El adou — Mard el kebir.
Taie	Biad.
Teigne	Fertessa.
Toux	Sâala.
Tumeur	Demla.
Uréthrite	Tosfia.
Vérole (petite...)	Djedri.
Vertige	Doukha.
Vertige (avoir le...)	Doukht, dakh, ndoukh.
Vomissement	Rdad.

INFIRMITÉS

Amputé { de la main	Megtoua el ied.
{ de pied..	Megtoua er redjel.
Aveugle	Ama, amia, amian.
Boiteux.........	Dalâ.
Borgne	Aouer, aoura, aour.
Bossu	Ahdeb, ahdba, ahdab.
Estropié.......	Saqet.
Infirmité.......	Alla, âlel.
Myope.........	Qsir en nedeur, qsira en nedeur, qsar en nedeur.
Paralysé.......	Moukhalá.
Sourd	Atrech, tercha, tourch.
Teigneux	Fertas, fertassa, frates.

THÉRAPEUTIQUE

Aloès..........	Aloua — Cebeur.
Appareil.......	Jabara, jabaïr.
(à fracture, à entorse)	
Arsenic........	Rahadj.
Bandage.......	Hazam.
Bande	Açaba, açabat.
Bande (mettre une..	Assebt, asseb, nasseb.
Baudruche	
et analogues.......	Djeld.
Béquille	Akaza, akakez.
Bistouri........	Mous.
Camphre	Qafour.
Cataplasme....	Lesqa, lesqat.
Cautériser	Qouit, qoua, nqoui.
Charpie	Tensil.

Davier............	Koullab.
Dyachilon.....	Djeld.
Emplâtre......	Lesqa, lesqat.
Epingle........	Msak, msassek.
Extrait desséché	Roub.
Fondre (tr...)..	Daouebt, daoueb, ndaoueb.
Fondre (intrans.).	Dab, idoub.
Graisse........	Cheham — Dehen.
Huile..........	Zit.
Inciser	Cherretet, cherret, necherret.
Instiller	Qettert, qetter, nqetter.
Massage.......	Delik.
Médicament....	Doua, douaouat.
Médication.....	Mdaouia.
Miel...........	Assel.
Oindre	Dehent, dehen, ndehen.
Opium	Afioun.
Pansement.....	Rbat, rbatat.
Pilule..........	Habba, habb.
Poison.........	Sem, semoum.
Pommade......	Cheham.
Potion.........	Cherba.
Poudre	Dqiq.
Purgatif	Tenqia.
Quinine........	Qina.
Réduire (une fracture, une luxation).	Jebert, jeber, njeber.
Ricin	Kheruoa.
Saigner........	Qtâ el ereg (*mot à mot* : couper la veine).
Sangsue........	Alga, algat.
Scie............	Menchar, mnacher.
Seringue.......	Hoqna — Tromba.
Sirop..........	Cherab.
Sonde (pour piste)..	Delil.
Térébenthine...	Betem.
Tisane.........	Ma doua.

Vaccin......... Fesd.
Vacciner....... Fessedt, fessed, nfessed.
Ventouses
 (poser les...)...... Hejemt, hejem, nehejem.
 (celui qui les pose)... Hejam.

DIVERS

Accident....... Ouaqla, ouaqaya.
Chute.......... Teïha.
Enterré........ Medfoun, medfouna.
Guérir (intransitif).. Brit, bra, nebra.
Guérison....... Berian.
Impotent....... Adjez
Incurable...... Ma iebrach.
Intestin....... Mesran, msaren.
Langue......... Lsan.
Malingre....... Daïf, daïfa, daïfin.
Mort........... Maout.
Nourrice....... Radiâ.
Pouls.......... Arq.
Repos.......... Raha.
Respiration.... Nefs.
Sage-femme..... Qabla, qablat.
Salive......... Rig.
Sang........... Dem.
Sein........... Bezzoula, bezazel.
Sevré.......... Meftoum, meftouma.
Soin........... Mdaouia.
Sommeil........ Nâas.
Sueur.......... Areq.
Urine.......... Boul.
Vénéneux....... Mesmoum, mesmouma, mesmoumin.

APPENDICE

CALENDRIER MUSULMAN

L'année arabe ou islamique se compose de 12 mois qui suivent le cours de la lune. Il arrive de là qu'elle commence, d'une année à l'autre, 10 ou 11 jours plus tôt dans l'année solaire.

Les mois se succèdent dans l'ordre suivant :

	Jours
Moharem	30
Safer	29
Rbia el ouel	30
Rbia et tani	29
Djoumad el ouela	30
Djoumad et tania	29
Rdjab	30
Châban	29
Ramdan	30
Choual	29
Dzou el kâda	30
Dzou el hadja	29 ou 30
Total	354 ou 355

On voit que les mois sont alternativement de 30 et 29 jours, à l'exception du dernier mois qui comprend quelquefois 30 jours au lieu de 29. L'année ordinaire est de 354 jours ; quand le dernier mois est de 30 jours, on a une année abondante ou **kébice** de 355 jours.

La lunaison moyenne étant, suivant les astronomes arabes, de 29 jours, 12 heures, 44 minutes, la durée moyenne de l'année musulmane est de 354 jours, 8 heures, 48 minutes.

Il en résulte que dans chaque période de 30 années on doit intercaler 11 années **kébices** qui sont : les 2e, 5e, 7e, 10e, 13e, 16e, 18e, 21e, 24e, 26e et 29e de chaque cycle trentenaire, à partir du 19 juin 622, date de l'Hégire, suivant l'ère Julienne, et point de départ de l'année arabe.

L'année arabe 1310, qui commence le 26 juillet 1892, est la 20e du cycle lunaire actuel.

La correspondance entre les années de l'Hégire et les années grégoriennes s'établit approximativement par les formules :

$$G = 621 + H - 0,03\,H$$
$$H = G - 621 + 0,03\,(G - 621)$$

dans lesquelles H représente l'année de l'Hégire et G l'année grégorienne correspondante.

Dans la pratique, les jours comptés par les musulmans ne sont pas toujours bien d'accord avec les jours marqués dans les calendriers imprimés. Cela vient de ce qu'ils ne comptent pour le premier jour du mois que le jour même où le croissant de la nouvelle lune devient visible pour eux, ce qui n'a lieu que le 2e jour environ après la conjonction du soleil et de la lune; mais cet inconvénient disparaît par le soin qu'ils ont de joindre à leur date le nom du jour de la semaine, ce qui permet toujours de ramener à sa véritable place le jour qu'ils ont voulu indiquer.

Les musulmans comptent leur jour à partir du coucher du soleil du jour civil précédent.

MOIS GRÉGORIENS

(PRONONCIATION ARABE)

Janvier.........	ech chhar (mois)	yennar.
Février	—	— fourar.
Mars	—	— maress.
Avril	—	— ibril.
Mai	—	— mayou.
Juin	—	— youniou.
Juillet.........	—	— youliou.
Août...........	—	— roucht.
Septembre	—	— stenber.
Octobre	—	— ktober.
Novembre	—	— nouenber.
Décembre	—	— djenber.

JOURS DE LA SEMAINE

Dimanche .	(n'har)	el had.....	(le jour)	premier.
Lundi	—	el tnin	—	deuxième.
Mardi	—	et tléta ...	—	troisième.
Mercredi..	—	el arba....	—	quatrième.
Jeudi......	—	el khmice.	—	cinquième.
Vendredi..	—	el djemâ ..	—	de la réunion.
Samedi...	—	es sebt....	—	septième.

On se borne en général à dire el had, el arba, etc., sans exprimer les mots nhar ou ioum, qui signifient jour.

DIVISION DU TEMPS

Les Arabes de la steppe ignorent en général ce que c'est qu'une montre. Donc, en demandant l'heure, on ne sera pas compris.

Afin d'arriver à une exactitude relative, les nomades admettent des divisions de la journée correspondant aux cinq prières que tout musulman doit réciter quotidiennement :

El fedjer, le point du jour, 1re prière.
Salat ed dohor, prière d'une heure après midi.
El âasser, à peu près à 3 heures du soir.
El moghreb, quelques instants après le coucher du soleil.
El âacha, vers 8 heures du soir, un peu avant le dernier repas.

Les Arabes ont en outre le midi, **nouss en nhar**, qu'ils reconnaissent parfaitement au moyen de leur ombre.

La nuit est divisée régulièrement par les chants du coq :

1er chant, **toudina loula**, 10 heures.
2e — — **et tania**, minuit nouss el lil.
3e — — **et tléta**, 2 heures du matin.
4e — — **er râba**, 4 heures du matin.

Enfin, l'instant avant l'aurore est indiqué par l'apparition de l'étoile du point du jour, **nedjma el fedjer**.

Si donc l'on veut donner un rendez-vous ou préciser l'heure d'une réunion quelconque, il faut se servir de l'une des divisions du temps indiquées ci-dessus, en l'avançant ou en la dépassant par ces mots **kbel**, avant, ou **bad**, après.

SAISONS

Le printemps	Er rbia.
L'été	Es saif.
L'automne	El kherif.
L'hiver	Ech chta.

FÊTES PÉRIODIQUES

Ras el âm	1er **Moharem** (premier jour de l'année).
El âchoura	10 **Moharem** (anniversaire de la mort des fils de Sidi Ali bou Thaleb).
El mouloud	12 **Rbia el ouel** (anniversaire de la naissance du Prophète).
Çiam	1er **Ramdan** (commencement du jeûne).
Aïd es srir ou petit Beïram	1er **Choual** (clôture du jeûne).
Aïd el kbir ou grand Beïram	10 **Dzou el haja** (en commémoration du sacrifice d'Abraham).

POINTS CARDINAUX

Nord.......... Djouf — Smaoui — Bhari.
Sud........... Kebla.
Est .... Cherg.
Ouest......... Reurb.

Cherg se dit en général des pays situés à l'Est de celui que l'on habite, cependant on désigne plus spécialement par le mot **cherg** la Syrie. **Reurb** se dit en Algérie du Maroc, mais s'applique également à tous les pays situés à l'Ouest de celui où l'on se trouve.

NUMÉRATION

Un............ ouahed, féminin : ouaheda. *Signifie aussi seul et s'accompagne alors de l'affixe :* jit ouahad-i, *je suis venu seul.*

Deux.......... { zoudj, *dont le sens propre est un couple.*
tnin.

Trois......... tlèta.
Quatre........ arba.
Cinq.......... khamsa.
Six........... setta.
Sept.......... sbâ.
Huit.......... tmania.
Neuf.......... tsâ.
Dix........... achera.

Par une règle assez inexplicable, les nombres au-dessus de dix gouvernent le singulier, tandis que ceux au-dessous gouvernent le pluriel.

Onze	hadach.	
Douze	atnach.	Lorsque ces nombres sont suivis d'un substantif, on ajoute à la désinence un n euphonique. Ex. : arbatach n diab, quatorze chacals.
Treize	tletach.	
Quatorze	arbatach.	
Quinze.........	khamstach.	
Seize	settach.	
Dix-sept	sbâtach.	
Dix-huit	tmentach.	
Dix-neuf	tsâtach.	

Vingt...........	achrin.	Ces dizaines se forment par l'addition de la terminaison in aux noms des unités dont on a retranché l'a final.
Trente	tlétin.	
Quarante	arbaïin.	
Cinquante......	khamsin.	
Soixante	settin.	
Soixante-dix ...	sbaïin.	
Quatre-vingt....	tmanin.	
Quatre-vingt-dix.	tsaïin.	

Vingt et un.....	ouahed ou achrin.	Les unités qui doivent être jointes aux dizaines sont exprimées d'abord, et puis ensuite reliées à celles-ci par la conjonction ou, excepté cependant pour 70 et 90 qui se disent sbaïin au lieu de âchra ou settin et tmanin au lieu de âchra ou tmania.
Trente-deux	tnin ou tlétin.	
Quarante-trois ..	tléta ou arbaïin.	
Cinquante-quatre	arba ou khamsin.	
Soixante-cinq...	khamsa ou settin.	

Cent	mia.	Dans un nombre composé de centaines et d'unités, on prononce d'abord les centaines, puis les unités. Ex. : 103 francs, mia ou tléta frank. Lorsqu'un nombre est composé de centaines, de dizaines et d'unités, on prononce d'abord les centaines, puis les unités, enfin les dizaines. Ex.: 125 chevaux, mia ou khamsa ou achrin âoud.
Deux cent..	mitin (duel de mia).	
Quatre cent.	arba mia.	
Six cent....	sett mia.	
Neuf cent ..	tsâ mia.	

Mille......	elf.
Deux mille.	elfin (*duel de* elf).
Trois mille.	telt elaf.
Cinq mille.	khams elaf.
Dix mille...	achera elaf.

Lorsqu'aux mille sont jointes seulement des unités, on exprime d'abord les mille puis les unités. Ex. : 1,006, elf ou setta.

Si des dizaines et des unités sont jointes aux mille, on exprime d'abord les mille, puis les unités, puis les dizaines. Ex. : 1,054, elf ou arba ou khamsin.

Enfin, pour exprimer un nombre composé de mille, de centaines, de dizaines et d'unités, on prononce d'abord les mille, puis les centaines, les unités et les dizaines. Ex. : 1,846, elf ou tman mia setta ou arbaïn.

Une demie......	nouss.
Un tiers........	et toult.
Un quart.......	er roub.

POIDS

PAYS	POIDS	VALEUR
TUNISIE	Once (oukia)	0k,031
	Metikal (1/8e de l'once).....	0, 0038
	Rattel el attari (16 onces)...	0, 496
	— es souqui (18 onces).	0, 558
	— el khdari (20 onces).	0, 620
	Kantar (100 rottel).........	49, 000
EMPIRE OTTOMAN (1)	Oka......................	1, 280
	Chéqui	0, 320
	Kantar...................	56, 400
ARABIE	Mahnd	1, 500
ÉGYPTE	Oka......................	1, 000
	Rotolo	0, 400
	Kantar	44, 470
	Once antique.............	0, 270
MAROC	Rottel el attari ;...........	0, 510
	Rotter kbir...............	0, 850
	Kantar (100 rottel).........	51, 000

(1) La Turquie est sur le point de se rallier au système des poids et mesures métriques, tout en conservant les unités anciennes. Pour les poids, il suffira d'enlever une partie mobile qui sera ménagée dans l'oka ou dans chacun de ses multiples ou sous-multiples, pour passer de cette division à la division kilogrammétrique.

MESURES DE LONGUEUR

PAYS	DÉNOMINATION DES MESURES	VALEUR en MÈTRES
TUNISIE	Drâa { Arbi (*pour les terrains*)	0m,481
	Tournpi (*pour les soieries et les toiles*)	0, 637
	Andelsi (*pour les draps*)	0, 667
EMPIRE OTTOMAN	Archinne	0, 757
	Pouce (*1/24 d'archinne*)	0, 031
	Archinne, endazé (ou *drâa pour les étoffes*)	0, 68
	Roup (*1/8 d'archinne endazé*)	0, 085
CONSTANTINOPLE	Grand drâa (*halebi* ou archinne)	0, 669
	Petit drâa (*drâa stambouli*)	0, 617
ÉGYPTE	Kassab	3, 85
	Pik hendasch	0, 64
	Pik méklas	0, 54
MAROC	Drâa	0, 57
	Cheber	0, 30

MESURES ITINÉRAIRES

PAYS	MESURES	VALEUR en kilomètres et mètres
TUNISIE	Mille (mial) valeur 3,000 draa.	1k,432
	Ayatsch	5,331
EMPIRE OTTOMAN	Mille	1,670
	Mille marin	1,479
ÉGYPTE	Mille	1,600
MAROC	*Pas de mesure légale ou généralement admise; les indigènes fractionnent les distances en journées de marche, en 1/2 et en 1/4.*	»

MESURES DE VOLUME

PAYS	MESURES		VALEUR en kilogrammes	en litres
TUNISIE	Pour les huiles : M'tal	de Tunis...	16k 000	»
		de Sousse..	18,000	»
		de Méhédia.	18,500	»
		de Sfaks...	19,000	»
		de Djerba..	32,000	»

PAYS	MESURES	VALEUR	
		en kilogrammes	en litres
Tunisie (suite)..	Pour les céréales :		
	Sâa.....................	»	3ˡ 125
	Ouiba................	»	37,50
	Käfis (*16 ouibas*)..	»	600,00
	Käfis de Béjà (*32 ouibas*)...........	»	1200,00
Empire Ottoman.	Quilot...............	»	3,50
	Alma.................	»	0,50
Égypte.........	Ardeb d'Alexandrie..	»	27,10
	Ardeb du Caire......	»	17,90
Maroc.........	Kharouba.............	»	210,00
	Muedd...............	»	26,25
	Kula.................	»	1,50

MONNAIES

PAYS	MÉTAL	DÉNOMINATION des MONNAIES PRINCIPALES	VALEUR au PAIR
Tunisie..	Or......	100 piastres (bou mia)......	60ˡ 29
		50 — (bou khamsin).	30,14
		25 — (bou khamsa ou achrin)......	15,07
		10 — (bou achera)...	6,02
		5 — (bou khamsa)..	3,01
	Argent..	5 piastres (bou khamsa)..	3,13
		4 — (bou arba)	2,50
		3 — (bou tléta).....	1,87
		2 — (riélin)........	1,25
		1 — (riél)..........	0,62

PAYS	MÉTAL	DÉNOMINATION des MONNAIES PRINCIPALES		VALEUR au PAIR
EMPIRE OTTOMAN.	Or......	500 piastres (bourse)....... 250 — .... 100 — (livre turque).. 50 — .... 25 —		113f,92 56,96 22,78 11,39 5,70
	Argent..	20 piastres............... 10 — .... 5 — .... 2 — .... 1 — .... 1,2 —		4,44 2,22 1,11 0,44 0,22 0,11
ÉGYPTE..	Or......	100 piastres (livre égyptienne) 50 — .... 20 — .... 10 — .... 5 —		25,61 12,81 5,13 2,56 1,28
	Argent..	20 piastres............... 10 — .... 5 — .... 2 — .... 1 — .... 1/2 — .... 1/4 —		5,13 2,50 1,29 0,52 0,26 0,13 0,06
MAROC...	Argent..	10 onces................ 5 — .... 2 1/2 — .... 1 — .... 1/2 —		5,82 2,70 1,35 0,54 0,27

POSITIONS GÉOGRAPHIQUES

ET VALEURS ABSOLUES DE LA DÉCLINAISON MAGNÉTIQUE

RAMENÉES AU 1er JANVIER 1892

NOMS DES LIEUX	LATITUDE NORD	LONGITUDE en degrés	en heures et minutes (1)	DÉCLINAISON occidentale (2)
Aden (Arabie)	12°46'	42°38' E	— 2ʰ50ᵐ	»
Aïn Sefra	32.45	2.59 O	+ 0.12	14°19'
Alep (Syrie)	36.11	34.45 E	— 2.19	»
Alexandrie (Égypte) ...	31.12	27.31 E	— 1.50	5
Alger	36.45	0.44 E	— 0. 3	14.49
Bagdad (Turquie d'Asie)	33.19	42. 2 E	— 2.48	»
Bereçof (bir...)	33.33	5.37 E	— 0.22	11.89
Beyrouth (Syrie)	33.54	33.12 E	— 2.12	3.19
Biskra	34.51	3.23 E	— 0.13	12.31
Boghari	35.53	0.24 E	— 0. 1	13.24
Bou Sâada	35.12	1.47 E	— 0. 7	12.58
Caïro (le) (Égypte)	30. 2	28.55 E	— 1.55	»
Chellala	35.14	0. 2 O	»	13.89
Constantine	36.20	4.17 E	— 0.17	12.18
Dakar (Sénégal)	14.40	19.48 O	+ 1.19	19 14
Damas (Turquie d'Asie)	33.30	33.57 E	— 2.15	»

(1) Cette colonne donne les éléments de la correction à faire subir à l'*heure moyenne locale* pour obtenir l'*heure légale*, c'est-à-dire l'heure de Paris.
Cette correction est *soustractive* pour tous les points situés à l'Est du méridien de Paris, et *additive* pour tous ceux qui sont situés à l'Ouest.
(2) La *variation séculaire* est actuellement d'environ — 6'. En retranchant 6' des nombres indiqués dans cette colonne, on obtiendra la déclinaison au 1er janvier de l'année suivante; pour les fractions d'années, on admettra que la variation séculaire est proportionnelle au temps écoulé.

APPENDICE 337

NOMS DES LIEUX	LATITUDE NORD	LONGITUDE en degrés	en heures et minutes	DÉCLINAISON occidentale
Djelfa................	34°40'	0°57' E	— 0ʰ 4ᵐ	13°12'
Djilma (Tunisie).......	35.16	7. 4 E	— 0.28	11.12
El Abiod Sidi Cheikh..	32.53	1.57 O	+ 0.14	13.45
El Goléa	30.33	0.30 E	— 0. 2	12.58
El Oued	33.22	4.57 E	— 0.20	11.58
Gabès (Tunisie)........	33.53	7.46 E	— 0.31	10.50
Ghardaïa..............	32.29	1.20 E	— 0. 5	12.51
Guelt es stel	35. 9	0.41 E	— 0. 2	13.24
Jérusalem (Syrie)......	31.46	32.52 E	— 2.11	»
Kairouan (Tunisie)	35.40	7.45 E	— 0.31	11. 8
Laghouat	33.48	0.33 E	— 0. 2	13.15
Mananbugu (Niger) ...	12.45	9.54 O	+ 0.40	19.25
Mascate (Arabie)	23.37	56.15 E	— 3.45	»
Mécheria..............	33.32	2.39 O	+ 0.10	14.12
Mecque (la) (Arabie)...	21.21	37.51 E	— 2.31	»
Mogador (Maroc)	31.30	12. 3 O	+ 0.48	»
Moka (Arabie).........	13.19	40.53 E	— 2.43	»
Mourzouk (Fezzan)....	25.55	11.49 E	— 0.47	»
Saint-Louis (Sénégal)...	16. 1	18.50 O	+ 1.15	18.44
Sfax (Tunisie)	34.44	8.25 E	— 0.33	10.50
Smyrne (Turquie d'Asie)	38.27	24.49 E	— 1.39	»
Souk el Arba (Tunisie).	36.30	6.28 E	— 0.25	11.28
Sousse (Tunisie).......	35.50	8.16 E	— 0.33	10.53
Suez (Égypte)	29.56	30.13 E	— 2. 1	»
Tanger (Maroc)........	35.47	8. 9 O	+ 0.32	16.26
Timboctou (Soudan)...	16.49	5.12 O	+ 0.21	»
Tougourt..............	33. 7	3.46 E	— 0.15	12.17
Tozeur (Tunisie).......	33.56	5.48 E	— 0.23	11.28
Tripoli (de Barbarie)..	32.54	10.51 E	— 0.41	10.12
Tugumaru (Niger)....	15.18	6.24 O	+ 0.25	17.26
Tunis.................	36.49	7.48 E	— 0.31	11. 7

RÉPERTOIRE ALPHABÉTIQUE

DES MOTS ARABES

CONTENUS DANS LES DEUX PREMIÈRES PARTIES

A

	Pages
Aalia	95
Aaraf	36
Aatik	102
Abid	76
Abriq	56
Açaba	34
Acheb	84
Achour	14, 15
Achoura	39
Adel (*pl.* d'adoul)	10
Adj	76
Adjaïz	34
Adjemi	93
Adjnah	51
Afladj	52, 77, 80
Agha	6

	Pages
Aghalik	6
Ahouad	87
Aïa	18
Aïat.	37
Aïd el fteur 21,	38
— el kebir 21,	38
— es srir 21,	38
Aïn 37,	97
Aïn mena	85
Aïoun 83,	85
Aïssa	17
Aïssaouas	23
Akhera	18
Alem el aroud	63
— el bena.	66
— el felk	64
— el hassab	64
— el teub	64
— el touhid	63
Alenda	86
Alima	67
Alfa 34, 86, 105, 125,	162
Amama	51
Aman 159,	160
Amara	105
Amel	9
Amin 7,	10
Anaya	7

	Pages
Anberguiz	50
Aneb	46
Aouali	25
Aoutar	60
Araq	47
Arch	5, 12, 13, 14
Areg	85
Argula	51
Artha	86
Assa	14, 135
Assaouar	54
Azel	87, 98

B

Bach agha	6
Bach djemal	160
Bachtoula	59
Bahar tahtani	85
Bahira	98
Baïra	74
Baqbaqa	56
Baraka	22, 25
Barda	111
Baroud	43
Bechara	12
Behour	83

	Pages
Beïram	38
Belra	52
Ben	25
Ben (*huile*)	68
Bendir	67
Beni Mzab	21
Bennaï	53
Berah	33
Berdoun	102
Bey	10
Beylik	13, 34
Bguer el ouach	38
Bir	98
Bit (*pl.* bioul)	54
Bit ech chaar	52, 80
Blad	54
Bordj	53
Borma	56
Bou	26
Bouchta	62
Bou djerad	88
Boun	47
Bou nafa	69
Boundj	128
Bou saadi	58
Braïa	62
Brid	63
Brim	81

Brima	50,	51
Bzaïm		81

C

Cadi	10, 11.	27
Caïd	5,	9
Cedaqa	20,	35
Cedara		51
Cedriya		51
Cefaha		73
Cenia		47
Chaalet er rih		87
Chaar		64
Chach		50
Chaouch	71,	76
Chéchla		51
Chehada	17,	34
Chehili		85
Cheikh	6,	9
Chekara		57
Chemla		52
Chiatin		17
Chih		105
Chikh		23
Chnin		46
Cherab		47

	Pages
Cheraga	89
Cherchem	44
Cherif (*pl.* chorfa)	5, 22
Cherraba	51
Chott	84, 98
Chouahed	35
Chouari	57, 77
Chtahat	41
Chtih	67
Chytes	21
Çiam	19
Coudia	84
Çouf	22, 50
Çoufi	22
Couscouss	41, 44

D

Dâa	34
Daïa	98
Daman	7
Daouïa	62
Dar (*pl.* diar)	53
Dar ed diaf	33
Dar el Islam	91
Dchicha	46
Debb	87

RÉPERTOIRE ALPHABÉTIQUE DES MOTS ARABES

	Pages
Debbana	58
Debbar	79
Debbous	59
Dechera	7, 54
Deglet en nour	46
Dehan	44
Dehina	87
Deïra	62
Delil	76
Denia	18
Derbouka	67
Dif Allah	32
Diffa	33, 34
Din	18
Diouani	61
Diss	105
Djeba	89
Djehad	20
Djema	6, 7, 11
Djemel	117
Djenan	74
Djerid	40
Djerrah	68
Djezla	16
Djezoua	47
Djezzar	77
Djillal	80
Djin	17, 37

Djoued	5
Dkeur	22
Douaouda	5
Douar	6, 53, 77
Dou el guernin	99
Douida	45
Doukhan	47
Dqiq	44, 46
Drinn	46, 86, 105
Dya	11

E

Enzel	13
Erneb	43
Erq	88

F

Fahas	54
Fakha	43
Fakharji	79
Fal	36
Fala	84
Falq	12, 65
Faqih	64
Fateha	18, 34

RÉPERTOIRE ALPHABÉTIQUE DES MOTS ARABES

Pages

Fatma	5
Fdaoua	35
Fedjer	131
Fehed	88
Felfel	44, 45
Felidj	52
Fendjal	47
Fenoun	65
Ferara	37
Ferka	6, 7
Fessal	50
Fezguia	99
Fiafi	83
Filali	79
Flissa	58
Fniq	55
Fogora	98
Fouaki	46
Foul el djemal	86
Foum	97
Fouta	49
Frach	32, 55
Ftoua	21

G

Gandoura	34, 51
Gareb el berr	113

Gasba	66
Gazetta	63
Gdra	56
Gehenem	18
Gerboua	88
Ghoul	37
Ghour	85
Gmeh	44
Goual	41
Goum	139 et suiv.
Goumbri	41, 66
Gourbi	53
Gous	58
Guebda	58
Guechabla	51
Guelmouna	51
Guelta	98
Guenfoud	88
Guerbouss	59
Guereb	77
Gueria	54
Gueurch	40
Gueurs	58
Guidah	35
Guifar	84
Guitoun	52, 77
Gtif	56, 77

H

	Pages
Habara.	43
Habbous 13,	23
Habbs.	12
Habda.	45
Habeur.	62
Hachak.	94
Hachich.	47
Haçira.	56
Had.	86
Hadar 1,	2
Haddad.	79
Hadit.	63
Hadjiu.	102
Haïk 49, 51,	53
Hakim 64,	67
Halaouła.	45
Halga.	58
Halib.	46
Hallal 21,	46
Hallouf.	45
Halou.	45
Haloua.	47
Hamada.	84
Ham el hegri.	45

	Pages
Hammam.	49
Haouïa.	114, 160, 162
Haram.	21
Harir	50, 75
Harra.	44
Hassi.	83, 98
Hazam.	52
Hazzab.	21
Heguin.	117
Hejra.	18
Heïcha.	88
Helma.	86
Hend.	57
Henné.	48, 69
Hennet el djemel	86
Herouz.	69
Hia.	87
Hokor.	14
Horr.	102
Houch.	74
Houlba.	68
Hout er remel.	88

I

Ias.	18
Ied.	45

RÉPERTOIRE ALPHABÉTIQUE DES MOTS ARABES

Pages
Iman. 21
Imoucharh. 89

J

Jaba. 58
Jabda 14
Jebar 68
Jenna 18, 48
Jerd. 88
Joua. 58
Jouak 41, 66
Journala 63
Jrida. 63

K

Kaak. 45
Kabbous. 59
Kaïna 18
Kanoun *(fourneau)* 80
Kanoun *(lois kabyles)*. 2
Kanoud djerid. 15
Kanoun zitoun 15
Kbila 7
Kebch 45
Kebir 6

	Pages
Kefen	34
Kelb	43
Keloua	45
Kesra	46
Kettan	50
Key	69
Khalifia	9
Khalkhal	81
Khammès	74
Kamsln	21
Kharadj	16
Kharbega	41
Kharedjîn	21
Kharouba	7
Khaznet el ktoub	65
Khebir	76
Kheïma	52
Khelâ	45
Khemeur	47
Khenadeg	54
Khendjar	58
Kerouf	45
Khetiya	12
Khett el ied	62
Kheyat	50
Khez	50, 75
Khilâa	50
Khiout	85

RÉPERTOIRE ALPHABÉTIQUE DES MOTS ARABES

	Pages
Khobeïz	87
Khodja	76
Khorchef	128
Khotba	21
Khott	34
Khott er remel	37
Khouan	22
Khouan (*plateau chargé*)	56
Khoubz	46
Khoudam	28, 39
Khozet el kelb	43
Koheul	48, 69
Korban	38
Kortas	59
Kouabes	79
Koumiya	58
Koursi	56
Ksar (*pl.* Ksour)	53, 54, 74, 84, 85, 159
Kteb	114, 162
Ktibet ech chitan	49

L

Lakmi	47
Leben	46
Lefaa	87
Leroui	88

	Pages
Lezma	14
Lif	80
Litam	89
Louh	65
Loul	86

M

Mâcera	77
Magroun	59
Maïda	56
Mahakma	10
Maharema	52
Maharet	73
Mahia	47
Mahra	117
Mahsoula	15
Makhlouga	18
Makroud	45
Maleki	21
Mallem	65
Maouna	32
Maqbera	34
Marbout	22
Marga	44, 45
Mat	94
Matara	56

RÉPERTOIRE ALPHABÉTIQUE DES MOTS ARABES

	Pages
Mçehef	19
Mdegg	59
Mechta	15
Mèchoui	41
Medah	41
Medaress	64
Medbah	77
Medell	52
Medfà	59
Medina	54
Medjeba	15
Meha	88
Mehal	5
Mehari	62, 117, 118
Meïta	87
Mekes	77
Mektoub	62
Melf	50
Melhafa	52
Melk	12, 13
Meredj	74
Merkh	86
Mesfouf	44
Mest	52
Mesteba	56
Mestoura	46
Metrah	54
eterg	59

	Pages
Mezoued. 46,	57
Mezrag.	57
Mhrab.	21
Midad	62
Mizan	80
Mkahel.	79
Mkhadda.	55
Mlaïka.	17
Mnagech.	80
Mobacher	63
Mokaddem	22
Mokahala	58
Mokhtef	59
Mouchtou	49
Mouddin 21, 63,	76
Mouiá	76
Moukheref.	102
Mouloud.	39
Moumen.	18
Moumia el gbouri.	68
Mourra	47
Moussa *(Moïse)*.	17
Mout	94
Mouteg *(pl.* Mouateg)	52
Mrabet	22
Mradja.	15
Mtamir	73
Mtamir er rahala	79

RÉPERTOIRE ALPHABÉTIQUE DES MOTS ARABES

Pages

Mufti 21
Mzaïs 81

N

Naach 34
Nahou 63
Naja 87
Nar 18, 95
Nas el assas 135
Nbi 17, 19
Nboua 17
Ndabat 34
Nebel 57
Negach 73
Nejar 79
Nekhass 76
Neskha 61
Neskhi 61
Nhar el djemâ 21, 35
Nhar el kiama 18
Nouba 67
Ntâ 12
Nzâ 35

O

	Pages
Oghroud 85,	87
Ouad 97,	128
Ouada	22
Ouahat	84
Ouçada	55
Oucham	49
Oudou 19,	49
Oukil	23
Oullma	41
Ouqt es selâ	21
Ouran	87
Outhan	9

Q

Qasba	53
Qassa	49
Qahoua	47
Qahouadji	47
Qebaqeb	40
Qeïas	49
Qfoul 75,	76
Qibla	19
Qlaâ	53

RÉPERTOIRE ALPHABÉTIQUE DES MOTS ARABES 359

	Pages
Qlada	81
Qlem	62
Qobba	35
Qoualeb	80
Qouintra	66
Qous	57
Qsassa	11

R

Rabouz		80
Rahala	117,	118
Rahila		117
Rahmanya		23
Raïb		46
Rallaïa		57
Ramdan	19,	22
Ras el âme		39
Razzia	158,	159
Rbab	41,	66
Rbaïa		88
Rdir	98,	129
Rebb el alamin		18
Redif		81
Redjila		128
Refar		22
Reggas		62

Rehala	52
Relila	51
Rena	66
Reqba	81
Reraba	89
Reraïr	80
Rerara	115, 160
Rerebla	45
Retass	85, 99
Reurbi	36
Rezala	43
Rezzou	118, 159
Richa en nam	76
Rieb	86
Rkâa	19
Rkiza (*pl.* Rkaïz)	52
Rla	73
Rnaï	41
Rouara	88
Rouina	46
Rsal el maouta	34
Rtaf	105, 107
Rtem	86

S

Saba	73
Saguia	74, 97, 159

RÉPERTOIRE ALPHABÉTIQUE DES MOTS ARABES

Pages

Saha	50, 95
Sahau	84
Saheb el bouchta	62
Saheb el brid	62
Sandouq	55
Sarf	63
Satla	56
Sbat	52
Sboulèt el far	128
Sebkha	98
Seffed	45
Sehar	36
Sehem	36, 57
Seker	44
Sekin	58
Senn el asd	128
Seroual	52
Seyaf	12
Seyar	80
Sfar	86
Si	94
Sidi	94
Sif	58
Simoum	85
Siouf	85
Sirat	38
Skoum	128
Slahdji	79

Slougui	43
Smala	20, 159
Smen	44
Snoussia	23
Soff	6, 7
Sonna	18
Souafa	88
Souaq	48
Souar	81
Souf	85, 88
Souq	76, 77
Soura	18
Srir	55, 58

T

Taadim el khett	61
Tabá	62
Tabla	56
Tag	53
Tahera	20
Taïebla	23
Tajin	57
Taleb	64, 69
Tanjera	56
Tarfaïan	86
Targa	89

RÉPERTOIRE ALPHABÉTIQUE DES MOTS ARABES

	Pages
Targui	89
Tebac	56
Tebel	67
Tebib	34, 67
Teber	76
Tebria	57
Tehem	84
Teka	52
Tellis	57
Temra	46
Terbiá	45
Tesbih	23
Teskera	86
Teubjia	59
Teurs	57
Tgacher	52
Thaddart	7, 9
Throud	88
Tidjania	23
Tif	37
Tir el borr	43
Tlales	80
Tolba	31, 64
Toutia	69
Touareg	89
Trab	48
Traz	46, 50
Tzeghrit	42

Y

	Pages
You-you	42

Z

Zad	46,	57
Zamila		117
Zaouïa	22, 33,	39
Zbib		44
Zebda		44
Zebra		79
Zeïta		86
Zekat	14,	20
Zemoul		85
Zenata		102
Zenbil		57
Zerbia		56
Zeriaâ		73
Ziara	22,	39
Ziban		84
Zlabla		45
Zmara		66
Znad		58
Zorreïg		87
Zouidja		74

TABLE DES MATIÈRES

	Pages
Préface	IV

PREMIÈRE PARTIE

LA SOCIÉTÉ MUSULMANE

CHAPITRE PREMIER

POPULATION

Maures	1
Koulouglis	1
Kabyles	1
Arabes	1

CHAPITRE II

TRAITS GÉNÉRAUX DE L'ORGANISATION

Organisation sociale	Arabe	Noblesse	5
		Tribus et fractions	5
		Aghaliks	6
		Djemâs	6
	Kabyle	Caractère de cette organisation	6
		Soff	6
		Anaya	7
		Tribus et communes	7

			Pages
ORGANISATION ADMINISTRATIVE	Algérie	Administration française	8
		Organisation communale	8
		Fonctionnaires	9
	Tunisie	Provinces et tribus	9
		Contrôle	9
		Service des renseignements	9
		Administration des villes	9
		Gouvernement	10
JUSTICE		Tribunaux français	10
		Cadis et leur compétence	10
		Appels	11
		En Kabylie	11
		Crimes et délits	11
		Dya (prix du sang)	11
		Loi du talion	11
		La bechara	12
		Peines	12
CONSTITUTION DE LA PROPRIÉTÉ	Algérie		12
	Tunisie		13
IMPÔTS	Algérie	Achour	14
		Zekat	14
		Hokor	14
		Lezma	14
	Tunisie	Medjeba	15
		Achour	15
		Kanoun-zitoun	15
		Kanoun-djérid	15
		Mradjas	15
		Mahsoulas	15

CHAPITRE III

RELIGION

Dogme. — De la divinité 17
Le Coran 18

TABLE DES MATIÈRES

	Pages
Prières journalières	19
Jeûne	19
Circoncision	20
Aumône	20
Pèlerinage	20
Guerre sainte	20
Viandes prohibées	20
Rites	21
Organisation sacerdotale	21
Ordres religieux	22

CHAPITRE IV
ÉTAT FAMILIAL

La famille	25
Mariage	26
Condition de la femme	27
Divorce	27
Clients — Serviteurs — Esclaves	28

CHAPITRE V
MŒURS, COUTUMES & CONDITIONS DE L'EXISTENCE

Hospitalité	Origine	31
	Hospitalité privée	31
	Maouna	32
	Hospitalité religieuse	33
	Hospitalité publique	33
Funérailles	Mort	34
	Toilette et convoi	34
	Au cimetière	34
	Tombe	35
	Après les funérailles	25
	Deuil	35
	Monuments funéraires	35
	Signaux funèbres	35
Croyances populaires	Présages	36
	Hommes doués de pouvoirs occultes	36
	Êtres surnaturels	37

		Pages
Fêtes principales	Aïd es srir	38
	Aïd el kebir	38
	El Mouloud	39
	El Achoura	39
	Ras el âne	39
	Ziara	39
Distractions et jeux	Exercices corporels	40
	Visites	40
	Réjouissances	40
	Café — Jeux — Danseuses	41
	Conteurs — Bardes	41
	Chants	42
	Fantasia	42
	Spectacles	42
Chasse		43
Nourriture	Mets	44
	Viandes	45
	Potages	45
	Pâtisseries	45
	Pain	46
	Aliments de circonstance	46
	Fruits	46
	Boissons	46
	Café	47
	Tabac	47
	Kif	48
Toilette	Ingrédients de toilette	48
	Tatouage	49
	Épilation — Rasage	49
	Ablutions	49
	Bain maure	49
Vêtement	Élégance	50
	Confection	50
	Habillement complet	50
	Burnous	50
	Sous le burnous	51
	Coiffure	51
	Pantalon et ceinture	52
	Chaussure	52

TABLE DES MATIÈRES

		Pages
Habitation	Tente	52
	Maison — Bordj — Ksar	53
	Construction	53
	Parties de la maison	54
	Villages — Villes	54
	Fortifications	54
Mobilier	Meubles	55
	Literie	55
	Sièges	56
	Nattes et tapis	56
	Tables	56
	Ustensiles de ménage	56
	Sacs	57
Armes	Armes primitives	57
	Armes de taille et de pointe	57
	Armes à feu	58
	Canon	59
	Crochet de guerre	59
	Meterg (matraque)	59

CHAPITRE VI

CULTURE INTELLECTUELLE

Écriture	Genres d'écritures	61
	Plumes — Encre	62
	Lettres	62
	Cachet	62
	Poste	62
	Journaux	63
Sciences et Arts	Limites de la science	63
	Écoles — Grades	64
	Bibliothèques	65
	Arts	65
	Architecture	66
	Musique — Chant	66
	Danse	67
Médecine	Généralités	67
	Thérapeutique	68
	Traitement	69
	Amputation	69
	Conseils au médecin français	70

CHAPITRE VII
AGRICULTURE

	Pages
Kabyle	73
Arabe	73
Fermes indigènes	74
Dans le Sahara	74
Incendies	74

CHAPITRE VIII
COMMERCE

		Pages
Généralités		75
CARAVANES	Trafic	75
	Organisation	76
MARCHÉS	Des villes	76
	Des campagnes	77

CHAPITRE IX
INDUSTRIE

	Pages
Kabyle	79
Arabe	80
Bijouterie	80

CHAPITRE X
SAHARA

	Pages
Aspects principaux	83
Autrefois et aujourd'hui	84
Végétation	86
Faune	87
Population	88

DEUXIÈME PARTIE

RENSEIGNEMENTS UTILES & DONNÉES PRATIQUES D'EXPÉRIENCE

CHAPITRE PREMIER

RELATIONS AVEC LES INDIGÈNES 91

CHAPITRE II

L'EAU

Sources	97
Rivières — Fleuves..	97
Lacs — Chott..	98
Sebkha..	98
Eaux stagnantes — Mares.................................	98
Puits..	98
Puits artésiens	98
Réservoirs..	99

CHAPITRE III

LE CHEVAL

Chevaux du Nord de l'Afrique............................	101
Dénominations suivant le degré de pureté...............	102
PRINCIPES GÉNÉRAUX DU CAVALIER ARABE. — Qualités du cheval.................	103
Nourriture	104
Boisson...	106
Hygiène — Soins...	107
Éducation	108
Travail..	108

CHAPITRE IV
LE MULET

	Pages
Généralités	111
Chargement et précautions en route	111

CHAPITRE V
LE CHAMEAU

Généralités	113
Nourriture	114
Boissons	114
Chargement	114

CHAPITRE VI
LE MEHARI

Généralités	117
Selle	117
Conduite	118

CHAPITRE VII
DONNÉES PRATIQUES
à l'usage des officiers en colonne, des fonctionnaires et des voyageurs isolés

EFFETS, ARMES ET OBJETS DIVERS A EMPORTER	Tenue		119
	Équipement, armement et accessoires		119
	Effets et objets divers à mettre :	1° Dans les sacoches et les bissacs	120
		2° Dans les cantines	120

LIT DE CAMPAGNE ET ACCESSOIRES		121
TENTE	Généralités	121
	Montage	122
	Organisation au bivouac	123

TABLE DES MATIÈRES

		Pages
Cantines, outils et accessoires de campement		123
Matériel de popote		124
Vivres		124
Combustible	Tell	125
	Hauts plateaux	125
	Sahara	125
	Principes à observer pour la coupe du bois	126
Alimentation	Aliments solides	127
	Vins et autres boissons	128
	Eau	128
Hygiène individuelle	Précautions générales	129
	Toilette	129
	Précautions sous la tente	130
	Sangsues	130
	Vipères à cornes	130
	Scorpions	130
Marches	Dispositions préliminaires	131
	Levée du camp — Départ	131
	Exécution de la marche	132
	Grandes chaleurs	132
	Neige	133
Bivouac	Choix de l'emplacement	133
	Dispositions à l'arrivée	133
	Déchargement des bagages	134
	Chevaux et animaux de bât	134
	Cuisines et feux de bivouac	135
	Distributions — Eau	135
	Service de garde	135
Orientation	D'après le soleil	135
	— la lune	136
	— l'étoile polaire	137
	— la boussole	137
	— la montre	137
Prévision du temps		137

CHAPITRE VIII

GUERRE D'AFRIQUE

		Pages
Composition des colonnes...	En pays de montagne..................	139
	En pays de plaine.....................	140
Marches......	En pays de montagne................	141
	Passage des défilés	143
	En pays de plaine	145
	Mesures d'ordre	148
Stationnement		148
Avant-postes...	En pays de montagne................	150
	En pays de plaine...................	151
Attaques de nuit		152
Colonnes légères...................................		153
Combat......	En pays de montagne................	154
	En pays de plaine...................	156
	Tactique des Arabes..... { Pendant la marche des colonnes	156
	Pendant le combat......	156
	Dispositions de combat...............	157
Razzias		158
Opérations contre les Ksour......................		159
Aman...		160
Convois de chameaux.....	Organisation........................	160
	Pendant les marches	160
	Mesures de police et de discipline	161
	Dispositions à l'approche de l'ennemi...	162
	Pendant le combat..................	162
	Au bivouac.........................	162

TABLE DES MATIÈRES

		Pages
ÉQUIPAGE D'EAU	Tonnelets et leur chargement	163
	Remplissage des tonnelets	163
	Curage des puits	163
	Eau de l'extrême Sud	163
	Limite de conservation	164
	Rations journalières d'eau	164

TROISIÈME PARTIE

LANGAGE ARABE USUEL

CHAPITRE PREMIER

RUDIMENTS DE GRAMMAIRE

L'article	165
Le substantif	166
L'adjectif	166
Adjectifs et pronoms démonstratifs	166
Pronoms	166
Les pluriels	167
Les nombres	168
Le verbe	168
De quelques locutions d'un usage fréquent	170
Notation et transcription	172

CHAPITRE II

ART DE QUESTIONNER 175

CHAPITRE III

QUESTIONNAIRE GÉNÉRAL

Phrases usuelles :	interrogatives	182
	affirmatives	184
	négatives	184
	impératives	184

	Pages
Locutions familières	188
Exclamations	188
Adverbes	190
Prépositions	192
Conjonctions	192
Le temps	192
Les politesses	194
Dans une ville	196
Au café maure	200
Au bain maure	200
Le marché	202
Pour acheter	204
Pour changer	208
Acheter un cheval	208
La correspondance	210
Louer une maison	210
Un domestique	212
Un cuisinier	218
A table	220
A la chasse	222
A la pêche	224
Un guide	226
En route	226
Maréchal-ferrant et sellier	230
Bivouac	230
En mission topographique	232
Localités	234
Forêts	236
Cours d'eau	236
Plaines	238
Administration indigène: au bureau	238
plaintes et réclamations (chekaïa)	240
en tournée	242
Réquisitions	246
Prisonniers de guerre	250
Emissaires	252
Espions	252

CHAPITRE IV

QUESTIONNAIRE MÉDICAL

A la consultation	258
Pour une autopsie	268
En tournée de vaccination	270

CHAPITRE V
MNÉMOTECHNIE 273

Pages

CHAPITRE VI
VOCABULAIRE GÉNÉRAL 279

CHAPITRE VII
VOCABULAIRE MÉDICAL

Maladies..	317
Infirmités	320
Thérapeutique..	320
Divers...	322

APPENDICE

Calendrier musulman................................	323
Mois grégoriens (prononciation arabe).............	325
Jours de la semaine.................................	325
Division du temps...................................	326
Saisons...	327
Fêtes périodiques...................................	327
Points cardinaux....................................	327
Numération	328
Poids	331
Mesures de longueur...............................	332
— itinéraires	333
— de volume	333
Monnaies..	334
Positions géographiques...........................	330

RÉPERTOIRE ALPHABÉTIQUE DES MOTS ARABES contenus
dans les deux premières parties.................... 339

Troyes, imp. MARTELET, rue Thiers, 101.

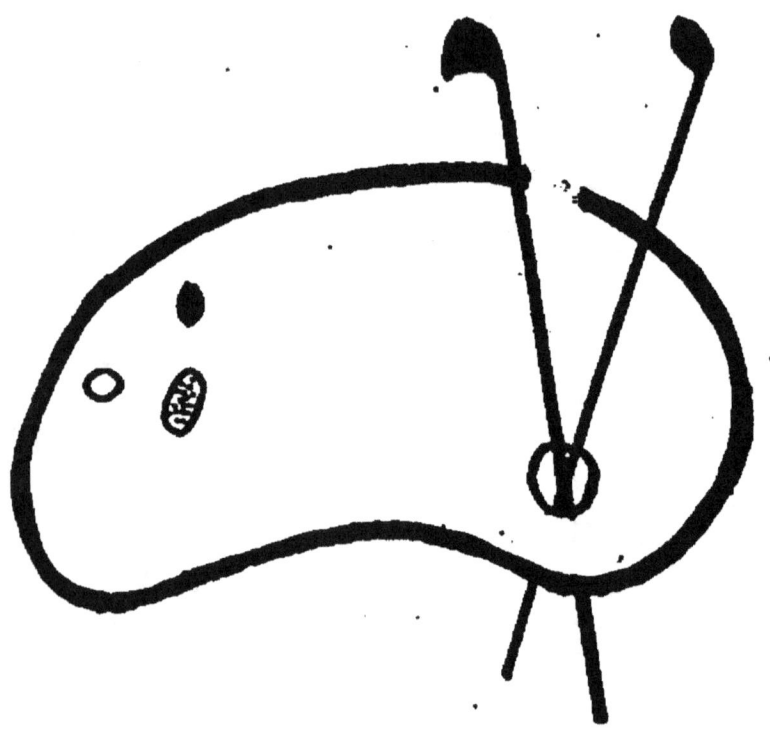

ORIGINAL EN COULEUR
N° Z 43-120-8

www.ingramcontent.com/pod-product-compliance
Lightning Source LLC
Chambersburg PA
CBHW052036230426
43671CB00011B/1675